21 世纪高等院校会展管理精品教材

U0365767

国际会展业
经典案例

刘明广 罗巍 ■ 编著

清华大学出版社
北京

内 容 简 介

本书的研究对象和一般的会展案例书侧重点有所不同，本书更加重视国际会展业经典案例的整理和分析，尤其是国际会展业不同层次、不同主体的经典案例的研究。本书力图通过宏观、中观和微观三种视角来全面呈现会展业波澜壮阔的发展历史，研究的范围涵盖了会展业的主要组成部分，研究视角集中于会展业发展过程中的经典案例，具有鲜明的典范和启发意义。适合本科会展经济与管理专业、旅游管理专业等的教学需要，同时兼顾会展行业与旅游行业培训的实际需要以及作为会展行业管理、会展公司项目发展的使用参考书。

图书在版编目（CIP）数据

国际会展业经典案例/刘明广，罗巍编著. —北京：清华大学出版社，2019.9（2025.1重印）
（21 世纪高等院校会展管理精品教材）
ISBN 978-7-302-53675-8

Ⅰ. ①国… Ⅱ. ①刘… ②罗… Ⅲ. ①展览会－案例－高等学校－教材 Ⅳ. ①G245

中国版本图书馆 CIP 数据核字(2019)第 187214 号

责任编辑：陆浥晨
封面设计：吕　菲
责任校对：王荣静
责任印制：曹婉颖

出版发行：清华大学出版社
　　　　网　　　址：https://www.tup.com.cn，https://www.wqxuetang.com
　　　　地　　　址：北京清华大学学研大厦 A 座　　　　邮　　编：100084
　　　　社 总 机：010-83470000　　　　邮　　购：010-62786544
　　　　投稿与读者服务：010-62776969，c-service@tup.tsinghua.edu.cn
　　　　质 量 反 馈：010-62772015，zhiliang@tup.tsinghua.edu.cn
印 装 者：天津鑫丰华印务有限公司
经　　销：全国新华书店
开　　本：185mm×260mm　　　印　张：11.5　　　字　　数：264 千字
版　　次：2019 年 9 月第 1 版　　　印　　次：2025 年 1 月第 4 次印刷
定　　价：59.00 元

产品编号：047468-01

编 委 会

总主编：冯学钢

副主编：张凌云　邹统钎　高　峻　徐红罡

编　委：（按姓氏笔画为序）

王春雷　王江英　由亚男　冯娴慧

许传宏　刘德艳　刘明广　江金波

何会文　吴　泓　李　玺　李智玲

汤亚东　庞　华　罗秋菊　张跃西

胡　平　黄　彬　蓝　星　焦　黎

辜应康　戴光全

现代会展业自诞生以来在人类社会生活中发挥了政治、经济、社会、文化和科技等全方位的功能，促进了人类文明成果的展示、交流、共享、传播和再创造，并日益成为全球现代市场经济体系和全球统一开放市场的重要平台。

进入 21 世纪以来，得益于中国经济持续高速发展和入世、奥运会、世博会等一系列有利因素的叠加，在保持了近 20 年的高速发展后，中国成为全球主要会展大国。据我国商务部统计，2017 年中国展览业以 10642 万平方米的展出总面积稳居全球首位。据会展业理事会（Events Industry Council）《2018 年全球会展业经济影响报告》显示，2017 年中国会展业以 3728 亿美元的总产出位居全球第 2 位。与此同时，中国会展业重复发展、无序发展、恶性竞争等情况依然比较严重，如何在总结、学习、消化和吸收国内外会展业经验基础上进行创新式发展、高质量发展成为全体中国会展人的历史责任。

本书秉承全球会展经验助力中国会展业健康可持续发展的理念，是作者在多年潜心授课经验积累和国际会展业务实操基础上进行创造性研究的成果。本书大多数内容由作者写作完成，第四章由汉诺威米兰展览（中国）有限公司高级市场营销经理蒋天骙和刘明广合作完成。第三章第三节、第五章第三节和第五节曾发表在《中国旅游报》《特区经济》和《中国会展》，在选录进本书时，信息已经更新至 2019 年。

由于本书兼顾宏观、中观和微观的写作视角，又因为时间及篇幅有限，案例选取难免挂一漏万，真诚希望读者对本书提出宝贵的改进意见，以使本书再版时更加完善。欢迎各院校师生和读者就使用本书的心得和体会与作者交流，对购买和使用本书的各位读者表示衷心的感谢。

编者

2019 年 6 月

目　录

第 一 章

绪　　论

第一节　研　究　背　景

自英国万国工业博览会始，现代会展业发展已有百余年历史。作为现代服务业的重要一环，会展业正在国民经济中扮演着日益重要的角色，发挥着日益重要的作用，并成为现代生活中不可或缺的重要功能性平台。

进入 21 世纪后，随着经济全球化和新科技革命的深入发展，发达国家进入服务业时代，新兴大国群体性崛起，自由市场和民主的力量在国际生活和国内生活中日益扩散，越来越多的会展新形态不断涌现，现代会展业的发展进入黄金时期。

一、现实背景

（一）会展产业形成，与相关产业和部门的结合能力日益增强，功能获得广泛认可

由于会展具有的经济、社会、文化和政治等多元功能，越来越多的国家和地区将会展视为重要平台来发展；因此，国际上涌现出越来越多的会展强国、会展中心城市、会展品牌项目和会展企业。

（二）会展产业是现代服务业的重要一环，其高端性、创意性和可复制性的特征非常明显

会展产业虽然脱胎于古代的集市贸易，但是作为现代高端服务业中的重要一环，会展产业正日益摆脱地摊贸易、露天集会和千篇一律，正在走进会展中心、文化中心和大剧院，甚至互联网等，从而日益呈现出高端性与创意性等特点。创意性是会展活动的灵魂，创意赋予会展活动独一无二的魅力。中国的广交会、义博会、德国慕尼黑啤酒节、巴西里约狂欢节、美国奥斯卡颁奖典礼、世博会、奥运会和达沃斯论坛等都具有独一无二的创意灵魂。

然而，随着世界各国政府对会展产业的重视，越来越多的经典会展活动遭遇到可耻的抄袭、模仿和山寨，各式各样的山寨广交会、啤酒节、狂欢节、电影节，以及婚博会等如雨后春笋般不断涌现。这些会展产业中的后来者，在为会展消费者提供了更多选项之余，更多的是造成了选择性困扰；同时，也给会展产业带来了后果严重的恶性竞争。造成这种现象的原因是会展产业本身提供的是无形的服务，而不是具体的实物产品，模仿的成本低，但是创新的成本则非常高。这种现象不利于会展产业长期良性的发展，同

样对其多种功能的发挥也将形成不良影响。

（三）会展业与其他成熟的服务业部门相比，还处于起步阶段，行业发展的无序化还比较严重

与其他悠久的工业部门相比，现代会展业真正形成的历史要短暂得多，特别是在发展中国家和地区，正处于起步发展的阶段。在这个阶段，行业发展无序化的现象比较严重，如地区间恶性竞争、乱建会展场馆，甚至骗展等现象时有发生。

在国际上，两种会展发展模式的竞争表现在发展中国家会展产业就是政府主导型会展活动和市场主导型会展活动的博弈和互动。政府通常会将发展会展产业和举办会展活动当作政绩工程，这就导致了会展的同质化发展日趋严重的态势。

同一个城市办 5 个婚博会，同一个省区有 20 多个旅游节，多个城市竞相举办国际车展，各种名目的文化节更是不可胜数。在客观立场上，地方政府发展会展产业满足经济发展和文化需求的愿望是好的。但是，盲目地一哄而上造成的不仅是资源浪费，还有地方形象和特质上的无形损失。

（四）会展业经历 100 多年的发展和积累，自身开始有了比较丰富的案例资源，尤其是经典案例资源

世界会展业百余年的发展史造就了浩瀚的案例资源，这些是会展业发展中最不可多得的和值得借鉴的。如果我们回首历史就会发现，在商贸型会展的发展历史中，西方发达国家的成功案例不胜枚举，无论是德国的法兰克福书展与车展、汉诺威工业博览会、英国范保罗航空展，还是美国消费电子展、柏林旅博会、科隆家具展都会给人们带来众多的灵感和启发。这些涉及几乎每个行业、产业和产品的案例为我们发展会展产业、策划会展项目和营销会展产品给予了极大的启迪。

在体育赛事活动中，也有越来越多的案例成为人们口中津津乐道的经典。当今世界三大赛事活动，世界杯、奥运会和欧洲杯几乎每一届都是我们会展人需要认真学习和总结的。

社会文化类会展活动更是越来越受到各个国家和政府的重视。文化对于创造一个可持续发展的社会起着十分重要的作用，文化使每一个城市拥有自己独特的城市形象，并赋予它更高的生活质量。自 20 世纪 60 年代以来，西方国家无论是超级大城市还是小城镇，都越来越重视文化节庆的重要作用，并试图通过节庆活动的开展来超越其他城市而赢得竞争优势，伴随而来的是许多西方城市正在加大节庆活动及相关基础设施的投资与开发。这种现象表明人类已经进入后工业化时代，建设重点已经从制造业转移到了服务业。

此外，政治类会展活动正在全球化时代扮演着日益重要和复杂的角色，并且尝试与其他类型的会展活动融合。例如，上海合作组织正在构建立体化的会展平台体系；金砖国家领导人峰会也在进行这方面的尝试。目前，政治类会展活动正在朝着政治合作、经济融合、文化交流和安全对话的方向发展。

（五）会展业人才的准入门槛开始建立，并且日益提高

在全球化的深入发展、信息技术革命的扩散的大背景下，会展产业逐步形成和发展，并逐步摆脱一般简单中介的角色。会展业因其服务对象、服务场地、服务内容、服务工具和服务流程等专业性，开始具有了其行业的专业属性和要求，与之相适应的是对会展人才的要求也在逐步提高。德国、美国、英国和澳大利亚等会展发达国家纷纷加大会展人才的培养，学历教育和职业培训认证等全面兴起，各类会展机构也越发重视会展专业人才的引进和培养。

二、理论背景

随着现代会展业的纵深发展，会展理论研究开始取得长足的发展和进步。目前，世界会展业的理论研究主要集中在以下几个方面。

（一）会展项目的经营和管理

会展项目是整个会展业的核心。这方面的研究是目前国际会展理论界成果最多、最为集中的一个领域，主要涉及会展项目创意策划、宣传营销、评估认证、财务管理、人力资源、竞争力、风险管理和服务质量等方面。目前，国内的研究则倾向于按照会展部门来进行学术研究，涵盖展览会、节庆活动、会议论坛、奖励旅游与体育赛事等，具体到某一个会展项目的研究正在更多地被会展学术界认可。例如，有关上海世博会的研究、上海旅游节、广交会和中国—东盟博览会的研究，不仅涵盖项目管理，而且有些已经涉及国际关系。另外，基于利益相关者理论项目研究还扩展到了会展项目的几乎所有相关者和环节，如参展、物流、展台搭建设计和知识产权等。

（二）会展场馆的规划、建设和运营研究

会展场馆是发展会展业的最为重要的基础设施，这方面的研究目前也是会展理论研究的一个最为重要的方面和热点，这反映出会展产业正处于蓬勃发展中的一种状态。这方面的研究主要集中在会展场馆规划建设、会展场馆功能、会展场馆信息化、会展场馆经营模式，以及会展场馆产品线开发、会展场馆的经济、社会和环境影响等。

（三）会展危机管理研究

会展业是高度依赖人流、物流、资金流、信息流和能源流的行业，同时也是最容易受各种内外环境影响产生各种突发状况的行业。突发状况一旦处理不当，会引发严重的危机事态，特别是在全球化背景下，风险和危机随时有可能被放大，并给会展所在国家和地区造成严重损失，因此，危机管理研究正在日益引起各个相关机构的重视。会展危机管理研究也称会展风险管理研究，主要研究对象是会展项目风险管理、参展风险管理、会展项目危机管理和会展企业危机管理等。

（四）会展信息化研究

作为展示、交流、沟通和贸易的平台，会展业正在成为各种新兴技术和科技展示的

大舞台。目前,会展信息化研究主要集中在 IT 新技术在会展行业中的应用、信息化建设的内容、信息化建设的途径、电子商务的发展和传统会展的关系、网络会展的发展和网络营销平台建设等方面。

(五)会展目的地管理研究

这方面的研究是当前会展研究的热点。会展目的地管理研究主要包括会展城市发展战略、营销战略、具体会展城市的会展发展战略、各种会展主体在会展目的地建设中的地位和角色分析、会展目的地的竞争力研究和会展目的地建设的系统环境构建等。

(六)会展的区域合作研究

会展产业的发展促进了地区间的交流和合作。目前会展的区域合作研究成果虽然不多,但是随着越来越多的国家级会展合作平台的建构,预计这方面的研究将会成为今后 5~10 年研究的最大热点之一。这方面的研究主要包括区域合作和会展平台的互动关系研究、会展平台在区域整合中的功能研究和地方政府在区域合作中竞争关系对会展平台的影响研究等。

(七)会展人才培养研究

会展人才培养的研究是仅次于会展项目研究的另一个热门研究领域。这一方面是会展产业发展对专业人才的需求所致,另一方面也和 21 世纪以来国际会展教育的大发展密切相关。该领域的研究目前集中在会展学科体系的建立、会展人才的培养模式、会展产学研的模式、会展人才培养中外比较研究、中外合作办学、会展实践教学体系建构研究、会展产业发展和会展人才培养的关系、会展专业课程设置与优化研究、会展人才层次和结构研究、会展人才培养中特色的建立、会展目的地建设和会展人才培养关系、大型会展活动和会展人才培养关系、会展人才培养方案的设置与优化、会展专业实践教学体系建设、信息技术在会展教育中的应用等,几乎涉及会展学科建设和会展专业人才培养的每个细节。

(八)会展产学研研究

这一领域虽然也是目前会展教育理论界比较关注的部分,但是受制于多种条件和因素制约,会展产学研的合作开展得并不顺利和深入,这方面的具体成果更是不多。目前的研究主要围绕会展人才的培养展开,主要论述产学研在会展人才培养中的地位和作用,真正将企业的优势与高校的科研优势结合起来的研究乏善可陈。但是基于会展专业应用性、实践性的学科属性,会展产学研合作大有可为,这也是会展学界实践教育为会展产业发展、为地方经济发展服务的可以深耕的沃土。

(九)会展项目国际化研究

这方面的实践和研究基本以会展发达国家为主,这和发达国家会展业国际化程度较高且较早有密不可分的关系。其研究方向主要集中在会展国际化的地区选择,会展国际化的动力机制、会展国际化的阶段、手段和表现和会展国际化的危机管理等。

由于会展业在全球化时代不但经济功能更加突出，而且会展作为一种工具和平台，在展示国家形象、促进国际合作方面发挥着越来越重要的作用，对国家利益的实现更加举足轻重，因此，这一渗透国际关系、国际贸易的交叉领域的研究将成为以后会展理论研究的重地。

（十）会展企业战略经营研究

目前，会展理论研究重视会展项目研究而轻视会展企业管理研究的现象比较突出，从会展经济与管理专业的课程设置可见一斑，相应的研究成果乏善可陈。其研究主要集中在会展企业竞争力建设、会展企业资本运营、会展企业国际化、会展企业危机管理、会展企业人力资源开发和管理、会展企业信息化、会展企业并购、会展企业融资和会展企业战略管理等方面。但是总的来看，关于会展企业研究的著作和论文数量质量都有待提高，相信随着会展业的壮大，会展理论研究中会展企业所占的比重将会逐步提高。

（十一）会展功能研究

最近十年来会展业作为现代服务业重要一环的地位得到了普遍的认可，通过各国大力投资发展会展业各部门可见一斑，这是因为会展的经济贸易功能得到了一致认可。但是目前这一领域的研究比较薄弱，这与会展业越来越大的作用并不相称。只有得到全面认识，会展的功能才能得到全面的发挥。

（十二）会展项目和城市互动研究

由于会展在发展经济、营销城市形象、促进相关产业发展等方面起着不可替代的作用，21世纪以来会展得到了几乎举国一致的大力推动。我国在"九五"期间国内尚没有任何一个省市区有独立的会展业发展规划，"十五"期间开始出现，"十一五"期间已经有四五个省市有了独立的会展业发展规划，到"十二五"时，全国34个省级行政区基本上都有了自己独立的会展业发展规划。与此同时，围绕会展项目，特别是大型会展活动对城市的影响得到了学界日益增多的关注。

目前我国在这方面的研究主要集中在少数大型会展活动和会展城市上，比如广交会和广州、义博会和义乌、奥运会和北京、世博会和上海等，多以实证研究进行理论的归纳和总结。这方面的研究将给地方发展会展业以明确的启迪和指导。

（十三）会展项目和产业互动研究

虽然这方面的研究迄今为止为数不多，但是这一领域值得深入研究。比如美国电影产业和奥斯卡颁奖典礼、中国广交会转型升级对中国工业结构的影响、博鳌亚洲论坛对海南旅游会展产业的影响等。

（十四）会展产业结构及其动力机制研究

这是实实在在的会展产业理论基础研究，这方面的研究成果不仅对于建构会展学科体系至关重要，而且对于会展产业科学规划将起到决定性的影响。这方面的研究主要集中在会展产业部门分类、会展产业的内涵、会展产业动力系统和会展产业动力机制建构路径等方面。

（十五）会展产业布局研究

会展产业的发展有其客观规律，会展产业的布局研究有助于解答在复杂的时空背景结构中如何规划和布局才能实现会展产业发展，同时促进地方经济发展和社会进步。虽然会展特色小镇、会展集聚区等概念成为近年来研究会展产业布局的亮点，但是整体上来看，这方面的研究目前还比较薄弱。

（十六）会展法规建设和行业管理

目前，我国国内的会展产业发展正在经历发达国家已经走过的从无序到有序的阶段。由于我国还没有统一的国家级会展相关法规，因此随着产业的发展，客观上需要政府打造会展业发展适宜的政策和法律环境。目前，这方面的研究的关注点主要集中在会展法、会展知识产权立法、大型群众性活动法，以及地方性会展法规立法等方面。

（十七）会展认证和统计

目前，我国会展认证和统计工作开展得并不理想。国内会展项目虽然有众多的会展评估体系在运作，但是真正得到市场和社会认可的寥寥无几。这方面的研究主要集中在国际主要会展评估认证体系的中国化研究、中国特色的会展认证评估体系研究、地方政府或行业组织支持开展的会展评估研究等方面。

（十八）会展知识产权保护研究

随着会展产业的发展壮大，会展知识产权纠纷不断增多，这方面的研究逐渐成为行业研究的热门。目前这方面的研究主要有国别的会展知识产权研究、企业参展知识产权保护研究和会展项目本身的知识产权保护研究等。

（十九）会展竞争力研究

随着会展市场的爆炸式发展，会展竞争力研究将成为今后若干年新兴的研究热点。会展竞争力研究主要是对会展项目的竞争力研究、会展目的地竞争力研究和区域会展统和竞争力研究。

总体上看，会展学科是一门新兴的应用性、交叉性学科。经济全球化的发展、科技革命的进步、跨国公司和跨国运动的不断涌现，以及国际公共产品的不断丰富，都将给会展理论界提供更加丰富、广阔和多维的视野，推动会展理论研究进入更加广阔的天地。未来全球的会展研究将会加速和其他学科的融合，产生新的研究热点，比如会展产业链的发展研究、会展消费行为和消费心理研究、科技革命对会展影响的研究、全球化对世界会展版图影响的研究、会展平台建设对大国关系影响的研究和国际关系行为体对外关系中会展平台的建构研究等。可以预见，在产业经济学、心理学、国际政治经济学和国际关系等相关交叉学科的支持下会展研究将获得突破性进展。

总体而言，目前国际会展业研究呈现出以下五个特点。

（1）会展业研究的重地尽管长期以来集中在以美、英、德、法、澳等为主的西方发达国家的主要高校和科研机构，但新兴国家对会展的功能性平台作用的认识正在不断全面和深化。

随着金砖国家等发展中国家和地区的群体性崛起和国际社会的权力中心正在发生的历史性转移，越来越多的发展中国家和地区正在利用会展作为经济文化交流、发展成果展示、国家形象塑造和地区合作整合的工具和平台。国际顶级会展活动（如世博会、奥运会和世界杯）相继在发展中国家举办，金砖国家峰会和中国一系列国家级博览会的诞生将催生会展研究的新浪潮。

（2）会展研究的机构类型多样，会展学作为新兴学科的地位正在逐步得到各方面的认可。

会展研究在高校和科研机构的快速扩展趋势在发展中国家和地区还在继续。与此同时，专业会展期刊杂志、会展行业协会和会展研究学会也正雨后春笋般产生，政府和民间贸促机构也正在日益关注会展的发展，并设置了相应的机构。我国的会展研究正在呈现出主体日益多元化的趋势，从教育部招生目录、国家哲学社会科学课题和自然科学基金课题的申报可以看出会展研究正在得到国家级的初步认可，这将为会展研究的发展开拓出广阔的天地。在《2017 年国民经济行业分类 GB/T 4754—2017》中，会展业的地位获得提升，被正式认定为国民经济中的与广告业并列的商务服务业大类，包含科技会展、旅游会展、体育会展、文化会展和其他会议、会展及相关服务。

（3）会展研究的领域广泛而深入，目前会展研究正在越来越多地和其他传统甚至新兴学科相交叉。

随着会展服务对象的日益增加，会展的多元功能日益彰显，会展研究的领域也日益扩大。从微观的会展项目管理研究、会展消费行为研究和会展消费心理研究到中观的会展产业结构、会展区域合作研究，再到宏观的会展国家战略研究，与此相对应的是会展研究也正在和其他传统学科相结合，其学科的应用性与交叉性也日益凸显。

（4）会展研究的重要作用正在得到各方面的认可，会展研究服务的对象得到全方位扩展。

鉴于会展产业的日益成熟，会展主体需求也呈现不断增长趋势。会展研究在产业发展过程中面临的服务对象也逐渐增多，从原先的会展企业，逐步扩展到各类大中型企业、民间团体、政府和各类国际组织。这将不断释放会展业在社会发展中的能量。

（5）会展应用研究仍是重点，但基础理论研究也应该加强。

会展产业的发展已经对会展研究提出了更高的要求。虽然会展应用研究因其庞大的市场而受到研究人员和机构的青睐，但是我们更应该看到会展研究作为一门新兴学科其理论研究还比较薄弱，如果不能解决会展基础理论的研究，反而会影响应用研究的开展。

第二节　研究对象

本书的研究对象和一般的会展案例书的侧重点有所不同，本书更加重视国际会展业经典案例的整理和分析，尤其是国际会展业不同层次、不同主体的经典案例的研究。本书力图通过宏观、中观和微观三种视角来全面呈现会展业波澜壮阔的发展历史，研究的范围涵盖了会展业的主要组成部分，研究视角集中于会展业发展过程中的经典案例，具有鲜明的典范和启发意义。囿于篇幅条件，本书的研究对象限定于以下三个主要层次。

第一个层次为宏观层次，这一层次主要研究会展业发展典型的国家和地区。通过对会展发达的国家和地区进行国别研究，并运用相关政治学、经济学、历史地理学、人文地理学和国际关系学等学科的理论来揭示会展发达国家之所以发达的原因和规律。

第二个层次为中观层次，这一层次聚焦于会展城市和会展产业，主要研究会展业发展的经典城市、会展产业和其他产业互动的经典案例、会展业和城市互动发展的经典案例，以及会展产业要素互动的经典案例。本书将通过运用产业经济学和城市管理学等学科的相关理论来分析相关案例，揭示会展城市经营中的普遍规律和共性，揭示会展产业和其他产业互动发展的内部规律及特点，从而帮助城市管理者深刻认知产业发展规律和城市经营中的规律。

第三个层次为微观层次，这一层次聚焦于会展企业和会展项目；主要研究会展企业（含会展场馆）运营经典案例、会展项目创意经典案例和会展项目经营经典案例。本书通过对会展企业运营中的融资、并购和国际化经典案例的分析，以期给众多会展企业以启发。同时，对会展项目在策划、管理和营销三个维度进行分析，从而全面剖析经典会展项目运作的一般规律。

作为一种社会学研究方法，案例研究被广泛地运用于专业领域的研究。本书中通过描述经典案例发生的背景、过程和结果等，还原经典案例的过程，揭示经典案例发生、发展的规律，探索经典案例对会展业普遍性的启示意义；从而指导会展产业的积极发展，创造更多的会展业经典。

在案例选取的过程中，本着以下原则。

首先，案例选取的典范性。本书的案例皆取自会展产业发展过程中具有典范性的案例。这样的案例可以对研究者起到事半功倍的效果，也有助于学习者进行创新性的模仿，从而使案例的典范意义彰显。

其次，案例选取的权威性。会展业发展不仅需要专业性的案例，更需要权威性的案例，这样的案例具有最大程度的说服力和影响力，能够对会展产业产生最直接、最有效和最有益的影响。

再次，案例选取的原创性。由于会展业中的案例浩如烟海，很多会展业案例具有相似性，因此本书在选取过程中，注重案例的原创性和唯一性，同一研究方面或者相关的案例只选取原创并最具代表性的一个。

最后，案例选取过程中还必须关注独特性、开放性和超越性。

第三节 研究思路和方法

一、研究思路

本书的研究思路是按照宏观—中观—微观的顺序确定研究的对象，全书共分五章。

第一章是绪论部分。本章首先详细地介绍了本书的写作背景，从而引出本书的写作目的，进而具体介绍了本书的写作对象和研究思路，最后对本书的特色和亮点做了说明。

第二章是会展业经典国家。这一章对照宏观层面的研究，首先分析了国际会展业发展的简史；然后分析了英、法、德、美等会展强国会展业发展经典的方面，并对其中的规律进行了探索、解释和说明。

第三章是会展业经典城市。这一章对照中观层面的研究，按照会展城市类型分析了国际会议之都维也纳、国际会议中心达沃斯和博鳌、国际展览中心城市汉诺威和国际节庆之都爱丁堡。

第四章是会展业经典企业。这一章对照微观层面的会展企业和场馆，主要通过励展博览集团中国开拓市场战略、德国汉诺威展览公司的中国市场战略、上海博华国际展览有限公司开启展会运作新模式、上海国际展览中心场馆运营的1+X模式以及水立方后奥运运营的案例，探索了会展企业国际化、会展企业业务创新、商业性会展场馆运营模式以及奥运场馆赛后运营等会展企业的核心问题。

第五章是会展业经典项目。这一章对照微观层面的研究，选取了不同类型的、具有代表性的会展项目作为研究对象，如2010年上海世界博览会、中国—南亚博览会、阿里巴巴集团的公司会展和中国国际数码互动娱乐展览会（简称ChinaJoy）等；探讨了大型会展活动中的游客分流问题、公司会展对公司品牌塑造的影响、产业会展和产业的互动关系问题等会展业理论研究和实践中亟待解决的重大问题。

二、研究方法

（一）案例分析法

案例分析法，指有机地结合社会生活中的典型个案进行分析、综合和评价，从而由具体到抽象得出概念、范畴和理论的研究方法。这是本书最为主要的研究方法。案例研究不仅具有描述与探索功能，而且还有解释功能。这是因为案例研究适用于三种情形：第一种是需要回答案例"怎么样""为什么"的时候，第二种是在研究者几乎无法控制研究对象时，第三种是研究者关注的重心是当前社会生活背景下的实际问题时。与之对应，案例研究有三种类型，解释性或者因果性案例研究、描述性案例研究和探索性案例研究。本书因为研究对象的丰富性和发展性而会综合运用案例研究的三种类型。

（二）比较研究法

比较研究法，指对两个或两个以上的事物或对象加以对比，以找出它们之间的相似性与差异性的一种分析方法。本书多次运用比较研究法，不仅是每章的最后一节将会运用比较研究法，而且在具体经典案例分析时也会使用。比如，第二章分析各个会展国家经典案例的时候将会对比不同的会展业发展模式，通过对比和归纳得出会展业发展的两种主导型发展模式，即德国的政府主导型和英美的市场驱动型；第四章是将不同国家的会展公司的国际化战略与实践放在一起做了对比，从而得出非常有益的结论和启示。

（三）文献法

文献资料是本书研究的基础和起点。本书通过查阅和获取相关研究论文、著作、政府文件和工作报告、公司内部资料等多种方式收集相关文献资料；并力求及时获得第一手资料，以保证文献的及时性、有效性和信度。在互联网时代条件下，本书还通过相关企业、政府、国际组织官方网站和官方微博等渠道获取研究所需的文件，这使得本书的写作既有历史的厚重感，也有鲜活的时代特征。

（四）归纳论证法

归纳论证是一种由个别到一般的论证方法。该方法通过许多个别的事例或分论点，归纳出它们所共有的特性，从而得出一个一般性的结论。因此，对于致力于通过研究经典案例得出一般规律的案例研究离不开归纳法。本书大量运用了归纳法，如第三章就将不同类型的会展城市的发展共性归纳为精准的会展城市定位和经营。

（五）访谈法

访谈法是指通过访员和受访人面对面地交谈来了解受访人的心理和行为的心理学基本研究方法，分为结构型访谈和非结构型访谈。这一研究方法目前已经被广泛运用于人文社会学科的研究中。由于会展业在中国发展的历史并不长，会展作为独立的产业门类还没有得到国家级的认可，因此，数据和案例的收集是制约本书写作的一大难点。为了克服这一困难，同时为了保证案例研究的信息有效性和时效性，本书作者除了查阅相关论文文献，还就具体的研究对象拜会并访谈了大量的政府、机构和公司的相关负责人。

第四节　研究目的和特色

一、研究目的

（一）研究经典，总结规律

研究世界会展业发展历史过程中涌现出的经典案例，有助于我们发现、总结和利用规律。研究表明会展业的诞生有其历史必然性。会展强国（如英国和美国）一般也是经济强国或者政治强国，并且有其成长的特定的历史背景和环境，会展大国的兴衰与大国兴衰的曲线保持一致，会展强国既受制于自然地理环境和政治经济环境，也日益受人文社会环境影响。会展强国借助于会展制造国际规则、规范和国际制度，扩展自身影响和国家利益，但是小国、中立国，如瑞士、新加坡等也能够借助会展克服自身局限，发挥作用。

（二）研究经典，领悟创新

从本质上讲，会展业是属于高端的创意文化产业，会展提供的产品是一种相当程度上的概念型和无形型的服务，并具有相当程度上的可复制性，因此，研究会展业发展中的经典案例有助于在消化吸收的基础上进行领悟创新。例如，上海国际展览中心与国家游泳中心分属商业性展览场馆和体育场馆，虽然创新模式并不相同，但是创新服务的精神实质却是高度一致的，即高度重视结合市场需求，研发符合本场馆实际的产品线服务。

（三）了解行业，了解社会

会展行业还是一个高度辐射其他相关产业的中介行业。因为一个好的会展人，除了要具备过硬的会展行业核心基本素养和技能，还必须对整个行业甚至国家和地区的发展有一定程度的认识和把握，更要有过硬的学习能力，能对所从事的会展项目所涉及的行业和产业有快速的消化吸收能力，所以，会展人当之无愧地要做会展专才和行业通才。蒋晓松之于博鳌亚洲论坛，中国经济结构转型升级之于中国广交会更名，都是建立在对复杂的国际、国内政治经济形势精准地把握基础上的。本书立体化的研究视角将努力为读者呈现一个不一样的国际会展业江湖，帮助读者加深对会展行业在全球化背景下的产业地位功能的了解和认识，帮助读者加深对社会的了解和认识，因为只有主动顺应并引领行业和社会需求，才会在行业的发展中脱颖而出，并为社会作出贡献。

二、研究特色

（一）研究领域创新

与之前的相关研究主要集中于会展项目案例有所不同，本书的研究领域涵盖会展产业的主要组成部分，从个人、项目、企业、城市到国家的不同主体均有不同程度的研究。这种研究将为读者呈现一个全新的和立体化的会展业全貌，也有助于帮助会展研究从项目管理向城市经营甚至国家战略级别转型。

（二）研究体例创新

本书采取会展案例、分析和启示的基本布局，有别于从理论到案例的体例，从而更有助于体现会展案例研究的功能。具体来说，本书在每一章的第一部分都将本章经典案例的选择标准详细阐述，并将之作为衡量所选取案例的计量标准，接着将具体展开分析具体案例的符合经典案例标准的表现，并在此基础上分别归纳出每一个案例的规律性知识和启示，最后通过对比研究，总结并归纳出一般性的规律性的知识和启示。

（三）案例选取具有特色

本书选取的案例都是世界会展业百年发展历史上的经典案例，具有典型的示范作用和启示意义，而且努力确保所选案例的部门代表性、经典型、原始性和可信度。如会展城市，分别选取了国际组织特色的国际会议中心城市——维也纳、品牌论坛特色的会议小城镇——博鳌和达沃斯、展览业特色的世界展览之都——汉诺威和文化节庆特色的国际节庆之都——爱丁堡。

第二章

会展业经典国家

第一节 国际会展业发展简史

一、国际会展业的历史起源

关于国际会展业的起源，学术界并没有完全一致的看法。按照会展业部门来分，有展览起源、会议起源、节庆起源和体育赛事起源。

（一）展览起源

关于现代展览业的起源有很多种说法。按照国家来分，有英国起源说、德国起源说、意大利起源说和法国起源说，因此国际上公认现代展览业起源于欧洲。

1. 英国起源说

1761年，英国艺术、工艺和商业促进协会（The Society for Encouragement of Art, Manufactures and Commerce，1847年更名为英国皇家艺术协会）颁发奖品，用以奖励农业及机械方面的各种发明创造，并进行展览展示。[1]同年，英国举办博物会，其后各国竞相效仿，举办博览会蔚为风潮。但在始创之初，各国都将展览会视为国家最高机密，严禁他国观摩，以免先进的技术遭到窃取，这种局面一直到率先完成工业革命的英国举办1851年万国工业博览会才有所改变。因此，国际上多把1851年作为现代会展业诞生的起点。

2. 德国起源说

中世纪，德国是欧洲各国贸易的中转站，诞生了很多基于市场交易的传统交易会（fairs）和特色城市，如莱比锡，这种说法也被形象地称之为"集市起源说"。[2]1895年的莱比锡样品展览会也被认为是世界上第一个样品展览会，接近现在的只进行贸易洽谈而不现场贩售的专业贸易展览会。

3. 法国起源说

在欧洲，法国可能是最早由政府支持举办展览会的国家。1798年，拿破仑为了与工业革命技术领先的英国竞争，在巴黎设立博览会。当时，法国内务大臣在致各部大臣的信中说：虽然本展览会观众并不多，但是这是我国对英国工艺技术的第一次战争，是对

---

① 乔兆红.百年演绎：中国博览会事业的嬗变[M].上海：上海世纪出版社，2009.

② Ernst Hasse.History of the Leipzig Trade Fairs . Prizes crowned and published by the Princely Jablonowski Society of Leipzig, No. 17 The Historical-Economic Section, Volume 25, Publisher Hirzel, Leipzig 1885.

英国工业的最大打击。①法国认识到举办展览会有助于促进本国工商业的发展，是亲商政策的最重要举措。法国在 1802 年和 1805 年又先后在巴黎举办了第二、第三次博览会，到 1819 年法国已经举办博览会十多次。如果要追溯法国政府支持举办的艺术展览会，则有更为久远的历史。

（二）会议起源

关于现代会议的起源一般可以追溯至近现代历史上欧洲的战争和工业革命时期。进入近代以来，为了争夺领土、市场和技术等，欧洲各国之间战争连绵不断。英法百年战争、第一次世界大战等，这些战争给人类带来了巨大的灾难和影响的同时，战后召开国际会议协商国际事务的做法也为人类文明的进步带来了曙光，确立了不同时代的国际关系格局和国际治理体系。这些战争后著名的国际会议有 1648 年威斯特伐利亚和会、1814—1815 年维也纳会议、1919—1920 年凡尔赛—华盛顿会议和 1945 年雅尔塔国际会议等。

近代以来，各类国际组织的产生、发展和繁荣也为国际会议的发展提供了充分的动力和需求。另外，跨国经营、生产的跨国公司的产生也成为国际会议发展的一大渊源。②

（三）节庆起源

节庆起源的说法比较多，主要有原始崇拜说、神话传说起源说、宗教信仰起源说、历法起源说、历史人物起源说和庆祝事件起源说等。现代节庆除了源于历史上就有的节庆以外，商业营销、经济发展和传承文化也成为重要的起源。③

（四）体育赛事起源

现代体育赛事主要起源于古希腊、古埃及和中国。起源的类型主要有生存起源说、宗教起源说、礼仪起源说、战争起源说和游戏起源说。④

二、国际会展业发展的阶段

（一）现代国际会展业诞生阶段（1648—1927 年）

1. 1648 年威斯特伐利亚和会

1648 年，欧洲"三十年战争"参战各国为了恢复欧洲和平，在威斯特伐利亚召开会议结束战争，历史上称为威斯特伐利亚和会。会议会谈的双方分别是统治西班牙、神圣罗马帝国的奥地利哈布斯堡王朝和法国、瑞典以及神圣罗马帝国内勃兰登堡公国、萨克

---

① 乔兆红.百年演绎：中国博览会事业的嬗变[M]. 上海：上海世纪出版社，2009.
② Rogers T. Conferences and conventions(3rd edition): A Global Industry[M]. Routledge, 2013:2-5.
Weber K, Chon K S.Convention tourism: International research and industry perspectives[M]. Psychology Press, 2002:4-6.
③ Cudny W.The phenomenon of festivals: Their origins, evolution, and classifications[J]. Anthropos, 2014 (H.2): 640-656.
④ Sports around the World: History, Culture, and Practice [4 volumes]: History, Culture, and Practice[M]. Abc-Clio, 2012.

森、巴伐利亚等诸侯邦国。这次会议最终签订了威斯特伐利亚和约，建立了威斯特伐利亚体系。

威斯特伐利亚和会开创了用国际会议形式解决国际争端、结束战争的先例，并肯定了国家主权原则，标志着近代国际关系史和近代欧洲外交史的开端，对后世国际关系产生了深远的影响，被公认为是欧洲最早的国际会议。[①]现代国际关系史上几乎所有的国际会议都有威斯特伐利亚和会的影子。

2. 1851 年万国工业博览会

1851 年，为了庆祝工业革命全盛时期英国的现代工业科技与设计的新兴潮流并向世界展示其强大国力，英国在伦敦举办了万国工业博览会（Great Exhibition of the Works of Industry of all Nations），也就是人们通常所说的 1851 年博览会或水晶宫博览会。

万国工业博览会取得了巨大的成功。万国工业博览会展期是 1851 年 5 月 1 日至 10 月 15 日，主要内容是世界文化与工业科技，历时 5 个多月，吸引了 600 多万名参观者，这次盛会不仅展示英国工业至高无上的地位，也成为实现和平与贸易自由化的一个实例，体现英国在体制与民主上的效能，而且促进了工业革命成果在全世界的扩散。恩格斯曾说：1851 年的博览会给英国岛国的闭塞性敲起了丧钟。英国在饮食、风俗和观念方面已经逐渐国际化了。

英国成功举办首届世界博览会，极大地刺激了其他资本主义国家，如法国、美国、日本、意大利、比利时和奥地利竞相举办国际性的博览会。有的国家还不止一次，并逐渐扩展到欧洲以外的地区，而且规模越来越大，各国在政治、经济、文化等方面的联系日益加深。[②]

3. 1896 年雅典奥运会

15 世纪的文艺复兴使得许多欧洲人开始重新赞扬奥林匹克精神。意大利的马泰奥·帕尔米里亚在 1450 年提出要提倡奥运会的和平与友谊的精神，德国人库齐乌斯花了多年时间挖掘古希腊的奥林匹亚村，他于 1852 年 1 月在柏林宣读了考察报告，并建议恢复奥运会。

法国教育家皮埃尔·德·顾拜旦于 1892 年在索邦大学大礼堂首次公开提出恢复奥运会，并把范围扩大到全世界。1894 年，顾拜旦致函各国体育组织，邀请它们参加在巴黎举行的国际体育大会。同年 6 月 16 日，12 国代表在巴黎举行了"恢复奥林匹克运动大会"，会议决议每四年举行一次全球范围的奥林匹克运动会。6 月 23 日国际奥林匹克委员会成立，希腊人泽麦特里乌斯·维凯拉斯出任主席，顾拜旦任秘书长，并亲自设计了奥运会的会徽、会旗；会议还通过了《奥林匹克宪章》。[③]

1896 年 4 月 6—15 日，第一届现代奥林匹克运动会终于在希腊雅典正式举行，标志

---

① Gross L.The peace of Westphalia, 1648–1948[J]. American Journal of International Law, 1948, 42(1): 20-41.

② 参见国际展览局历届世博会名单. https://www.bie-paris.org/site/en/expo-index, 2019-04-19.

③ 关于维凯拉斯和皮埃尔·德·顾拜旦参见国际奥委会官网. 国际奥委会历任主席. https://www.olympic.org/about-ioc olympic-movement, 2019-04-19.

着现代奥林匹克运动的正式诞生。希腊人对这次大会表现出了极大的热情，出席开幕式的观众达 8 万人，这一数字直到 1932 年洛杉矶奥运会才被突破。应邀参赛的有澳大利亚、奥地利、保加利亚、英国、匈牙利、德国、丹麦、美国、法国、智利、瑞士、瑞典和东道主希腊 13 个国家的 311 名运动员，其中希腊共 230 人，占总数的 2/3，德国、法国各 19 人，美国 14 人，居第 4 位。其后冬季奥运会、足球世界杯等国际体育赛事相继产生，国际体育赛事运动开始进入蓬勃发展的局面。

（二）国际会展业迅速发展阶段（1928—2008 年）

1.《国际展览会公约》缔结及国际展览局成立，各国政府举办世博会进入有序状态

在英国 1851 年举办万国工业革命博览会后，欧美各国政府为了展示工业革命成果和国力、抢夺市场，纷纷举办世界博览会，国际展览业进入了一个野蛮生长的时期。到 19 世纪末，举办世界博览会不仅成为国家间竞争的平台，而且也已经成为一种国家和城市间的时尚。但是太过频繁的世博会也带来了大量的问题，如参展国受到冲突而导致的摩擦问题、太多世博会同时举行给参展国带来的选择疑惑问题和财政压力问题等。据《各国赛会公会总目》统计，从 1866 年清政府总理衙门首次受邀参加巴黎博览会起，至 1911 年辛亥革命，晚清政府共收到 80 次以上的参展邀请，这成为清政府参与国际外交事务的重要活动之一，但是邀请次数过于频繁，也给清政府带来了巨大的财力、物力和人力等方面的压力。[①]

为了规范各国举办博览会的行为，由法国政府发起，1928 年 11 月 22 日，来自 31 个国家的代表齐聚法国巴黎，正式签订了人类历史上第一个关于协调和管理世界博览会的外交条约，即《国际展览会公约》。[②]该公约规定了世博会的分类、举办周期、主办者和展出者的权利和义务、国际展览局的权责、机构设置等。《国际展览公约》后来经过多次修改，成为协调和管理世博会的国际公约，国际展览局依照该公约的规定应运而生。展览局行使各项职权，管理各国申办、举办世博会及参加国际展览局的工作，保障公约的实施和世博会的水平。

《国际展览会公约》及国际展览局的成立使各国政府举办世博会的行为进入了一个规范的轨道，从此世界博览会事业进入了一个迅速发展和有序发展的历史时期。

1993 年 5 月 3 日，中国正式加入国际展览局，中国国际贸易促进委员会一直代表中国政府参加国际展览局的各项工作，并积极参与了国际展览局的各项活动。吴建民曾在 2003 年 12 月、2005 年 12 月连任国际展览局局长，这是亚洲人第一次担任国际展览局主席。在吴建民主持下，国际展览局第 138 次大会听取了中国代表团关于 2010 年上海世博会筹备进展情况的报告，并一致通过上海世博会注册报告，这是中国第一次赢得世界博览会主办权。

---

① 赵佑志. 跃上国际舞台：清季中国参加万国博览会之研究(1866—1911)[J]. 台湾师范大学：历史学报，1997, (25): 288.
② 详见国际展览公约全文. https://www.bie-paris.org/site/images/stories/files/BIE_Convention_ eng.pdf, 2019-04-19.

2. 国际展览业协会成立，各国民间商业展览业开始步入有序状态

国际展览业协会(UFI)是国际博览业最具代表性的协会，也是展览业界唯一的全球化组织。被展览界公认为展览会走向世界的桥梁，经国际展览业协会认可的展会是高品质展览会的标志。其前身为"国际博览会联盟"，2003 年 10 月改为现用名。[①]

1925 年，国际博览联盟在意大利的米兰成立，最初由欧洲的 20 家展览公司组成。前期只有举办展览会的展览公司才能成为其正式会员。从 1994 年起，展馆、展会以及会展相关机构（如贸易协会，展览服务、管理、统计和研究机构，专业报刊等）也可被接收为会员。不过至今国际展览联盟 80%的活动还是集中在展览会举办行业。国际展览联盟总部位于巴黎，其法人代表为主席，日常事务由秘书长负责处理，日常运行主要靠会员缴纳的会费。

作为非政府、非营利的组织，UFI 的宗旨是促进国际贸易，提升其成员主办的博览会和展览会水平，使之在世界贸易服务中起到更有效的作用。UFI 主要通过对专业展览会进行认证来推动国际展览业的健康和可持续发展。另外，国际展览业协会每年定期发布国际展览业晴雨表报告，这是各国相关从业者重要的工作参考依据。

3. 其他各类专业会展国际组织的成立，也在一定程度上为国际会展业的健康发展提供了组织保障

国际园艺生产者协会，法文名为 Association Internationale des Producteurs de 1'Horticulure (AIPH)，英文名为 International Association of Horticultural Producers (IAHP)，是随着国际化经济、社会、文化方面的互相协作关系日趋紧密，为了保持园艺事业的繁荣和发展，由专业人员构成的各加盟国组织成立的国际协会。该协会 1948 年成立于瑞士苏黎世，总部设在荷兰海牙，2013 年迁址比利时布鲁塞尔，其工作语言为英语、法语、德语和荷兰语，机构性质为国际性的非营利性协会。[②]国际园艺生产者协会主要管理花卉园艺国际博览会。

国际奥林匹克委员会（简称国际奥委会）是一个非政府、非营利的国际体育组织，总部位于瑞士洛桑。由法国人皮埃尔·德·顾拜旦于 1894 年 6 月 23 日建立，首任主席是泽麦特里乌斯·维凯拉斯，顾拜旦任秘书长。国际奥委会组织举办奥林匹克运动会、青年奥林匹克运动会、冬季奥林匹克运动会和残疾人奥林匹克运动会。[③]

在这一时期，国际协会联合会（UIA，1907）、国际目的地营销协会（DMAI，1914）、国际节庆协会（IFEA，1955）、国际大会及会议协会（ICCA，1963）、国际会议专家（MPI，1972）、国际奖励旅游管理协会（SITE，1973）、国际展览物流协会（International Exhibition Logistics Association，1979）等会展类国际组织也纷纷成立，并推动各自领域的会展不断健康发展。与此同时，各国会展专业协会、政府管理机构也不断产生，对国际会展业的发展产生了积极的影响和促进作用。比较著名的有德国的 AUMA（1907）、美国的 EIC

---

① 详见 UFI 历史. https://www.ufi.org/about/ufi-history/, 2019-04-19.
② 详见国际园艺生产者协会(AIPH)简介. http://aiph.org/about-aiph/, 2019-04-19.
③ 国际奥委会组织的奥运会类型. https://www.olympic.org/olympic-games, 2019-04-19.

（1949）[1]、IAEE（1928）、SISO（1990）和法国的 Promo salons（1967）等。

各国会展促进机构也成为这一时期的重要特征。比较著名的会议促进机构有德国会议局、泰国会展局、马来西亚会展局、维也纳会议局、巴黎会议局、伦敦会议局等。

（三）国际会展业繁荣壮大阶段（2008 年、2010 年至今）

进入 21 世纪以来，国际会展业发展的重心伴随国际经济重心加速向新兴国家和地区转移，尤其是向亚太地区转移。这一时期，以中国举办奥运会、世博会等全球性大型会展活动为标志拉开序幕，以俄罗斯、巴西、南非等迅速跟进举办冬奥会、世界杯、世博会等为伴奏，以东盟国家相继成立国家级会展局大力发展会展业为亮点，以中国发起举办"一带一路"国际合作高峰论坛、中国国际进口博览会为核心，国际会展业正在进入新一轮繁荣壮大的历史时期。

1. 2008 年北京奥运会

第 29 届夏季奥林匹克运动会，因主办城市是北京，故又称 2008 年北京奥运。2008 年北京奥运会主办城市是北京，上海、天津、沈阳、秦皇岛和青岛为协办城市，香港承办马术项目。

北京奥运会创造了奥运会历史上的数个之最，见证了中国作为体育强国的崛起。2008 年北京奥运会共创造 43 项新世界纪录及 132 项新奥运纪录，共有 87 个国家和地区在赛事中取得奖牌，中国以 51 枚金牌居金牌榜首名，是奥运历史上首个登上金牌榜首的亚洲国家。[2]

2018 年是北京奥运会成功举办 10 周年，从多方面来看，北京奥运会是奥运会历史上至今无法超越的高峰。在北京奥运会的闭幕式中国际奥委会主席罗格用一句话作为结束：这是一届真正称得上无与伦比的奥运会。从奥运会遗产来看，北京奥运会留下了巨大的物质和精神遗产，中国人的体育观更加全面均衡，体育越来越被视为一种生活方式，中国开始了由体育大国向体育强国的完美转变，对新一轮国际体育赛事的繁荣起到了重要的推动作用。[3]

2. 2010 年上海世博会

2010 年上海世界博览会（EXPO 2010）是第 41 届世界博览会，简称上海世博。上海世博会于 2010 年 5 月 1 日至 10 月 31 日在中国上海市举行，历时 184 天，这是发展中国家历史上第一次举办综合性的世界博览会。上海世博会也是由中国举办的首届综合性的世界博览会，实现了中国人的百年世博梦想。

上海世博会创造了众多世界之最，其中 12 项入选世界纪录协会世界之最。上海世博

---

① EIC (Events Industry Council)成立于 1949 年 2 月 3 日，最初名为公约联络委员会(CLC)，1999 年改为会议业理事会(Convention Industry Council，简称 CIC)，2017 年正式更名为会展业理事会(Events Industry Council)，参见会展业理事会历史. https://www.eventscouncil.org/About-Us/History, 2019-04-19.

② 北京奥运会圆满闭幕 国家主席胡锦涛出席闭幕式. http://2008.olympic.cn/others/zonghe/2008-08-25/1617808.html, 2019-04-19.

③ 吴潜涛，郑小九. 北京奥运会、残奥会的珍贵精神遗产[J]. 中国人民大学学报，2009(2).

会共有 190 个国家、56 个国际组织参展，共 7308.44 万人次参观，创参展规模历史之最。大约有 40 个国家和国际组织报名建设自建馆，其数量为历届之最。世博会园区在市中心占地 5.29 平方公里，为历史之最。世博会投资为 286 亿元，财政总预算将达到 3000 亿~4000 亿元，创历史之最。[①]

上海世博会是自 1964 年纽约世界博览会后超级大都市第一次举办世界博览会，在某种程度上将处于谷底的世界博览会事业推向了一个新的历史高度，也重新点燃了世界各国政府对于举办世界博览会的热情。[②]阿联酋迪拜随后获取了 2020 年世博会的举办权，法国巴黎、俄罗斯叶卡捷琳堡、日本大阪与阿塞拜疆巴库在全力争取 2025 年世博会承办权。

3."一带一路"国际合作高峰论坛

2008 年全球金融危机以来，全球经济进入低增长乃至停滞期。与此同时，美国单边主义日趋明显，贸易保护主义逐渐抬头，欧洲债务危机久拖未决，恐怖主义和难民问题逐渐扩散。和平赤字、发展赤字与治理赤字是摆在全人类面前的严峻挑战。

在这种大背景下，全球经济发展需要新动能，国家间的合作乃至全球和区域一体化急需要新的合作模式，2013 年秋，中国国家主席习近平在哈萨克斯坦和印尼分别提出了共建"新丝绸之路经济带"和"21 世纪海上丝绸之路"，即"一带一路"合作倡议，共同打造政治互信、经济融合、文化包容的利益共同体、命运共同体和责任共同体。经过五年的发展，"一带一路"倡议已经发展成探索全球治理模式的新平台。联合国秘书长古特雷斯说，"一带一路"倡议不仅涉及经济合作，也是通过经济合作改善世界经济发展模式，使全球化更加健康，进而推动国家治理和全球治理的路径。[③]

为了推进"一带一路"倡议各项议程，共享合作成果，为解决当前世界和区域经济面临的问题寻找方案，为实现联动式发展注入新能量，让"一带一路"建设更好地造福各国人民，经习近平主席倡议，首届"一带一路"国际合作高峰论坛于 2017 年 5 月 14 日至 15 日在北京举行。29 位外国元首、政府首脑及联合国秘书长、红十字国际委员会主席等 3 位重要国际组织负责人出席高峰论坛，来自 130 多个国家的约 1500 名各界贵宾作为正式代表出席论坛，来自全球的 4000 余名记者参与报道此次论坛。论坛共达成 76 大项、270 多项具体成果，对推动"一带一路"沿线国家和地区合作具有重要意义。

"一带一路"国际合作高峰论坛确定了定期举办的制度，并成立了论坛咨询委员会、论坛联络办公室等，这表明该论坛将机制化、定期化和组织化。这将是中国政府完全主导的首个政府间论坛国际组织。今后，围绕"一带一路"倡议合作议程，更多的国际会展活动平台将不断诞生，"冷战"后的国际体系和国际力量转移将拉开重大的变革序幕。

---

① 细数上海世博会十大之最. https://2010.qq.com/a/20100430/000747_1.htm, 2019-04-19.

② 1964 年后世博会先后在加拿大蒙特利尔(1967)、日本大阪(1970)、西班牙塞维利亚(1992)、德国汉诺威(2000)和中国上海(2010)举办. https://www.bie-paris.org/site/en/world-expo-index, 2019-04-19.

③ 新华网. "一带一路"倡议是探索全球治理模式的新平台. http://www.xinhuanet.com/mrdx/2018-10/04/c_137510624.htm, 2019-04-19.

三、现代国际会展业发展的概况

欧洲和北美是世界上会展业最为发达的地区，代表了世界会展业发展的最高水平。作为世界会展业的发源地，欧洲拥有最为丰富的会展业发展类型，从国家层面看，既有英国、德国、法国和意大利等会展业强国和大国，也有西班牙、奥地利、比利时、荷兰等这类中等体量的会展业强国，还有瑞士这样的袖珍会展强国。从会展城市层面看，既拥有伦敦、巴黎、柏林、法兰克福等综合型的国际会展之都，也有维也纳、日内瓦、布鲁塞尔等国际会议之都，还有汉诺威、莱比锡等国际展览之都。据国际大会及会议协会2017年统计，全球10大会议城市有8个在欧洲，分别是巴塞罗那（第1位）、巴黎（第2位）、维也纳（第3位）、柏林（第4位）、伦敦（第5位）、马德里（第7位）、布拉格（第8位）和里斯本（第9位）。①据德国经济展览和博览会委员会2017年统计数据，全球一共拥有33家营业额超1亿欧元的展览公司，其中欧洲国家的展览公司有28家，占比达到75.76%，在前10强展览公司中更是占据了9强。②此外，欧洲在会展业的专业化、规模化、国际化和资本化等方面也远远走在了世界各国的前列。

虽然北美洲的美国和加拿大会展业起步比欧洲稍晚，但是发展程度并不逊色。据美国会展理事会和牛津经济研究院2018年联合发布的《会展业对美国的经济影响》报告显示，2016年美国共举办各类会展活动约190万个，会展参与者达2.51亿人次，会展直接消费支出达3250亿美元，约占美国当年GDP的1.8%。会展产业就业人口达250万，对美国GDP贡献了1842亿美元的产出，是美国第四大就业产业部门，会展产业在商业销售方面的影响达8450亿美元，相关就业岗位收入2490亿美元，对美国GDP的贡献达4460亿美元，并贡献了1040亿美元的联邦、州和当地的税收。特别需要指出的是美国会展理事会统计的会展中不包括消费展、体育赛事、音乐会展和节庆活动。③美国会展产业部门非常完备，会议业、展览业、体育赛事、音乐会展、节庆活动等都具有强大的国际影响力。除此之外，美国也拥有各种特色鲜明的会展中心城市和具有世界级影响力的会展活动。加拿大在会展产业机构方面与美国类似。北美洲著名的会展中心城市有纽约、华盛顿、拉斯维加斯、多伦多、温哥华、芝加哥、旧金山、洛杉矶和蒙特利尔等。

大洋洲的会展业发展水平仅次于欧洲和北美洲，会展活动主要集中于澳大利亚和新西兰。虽然受限于人口和市场规模，从整体上看大洋洲的会展业规模都不大，影响力远不如欧洲和北美洲，但是在会展业个别产业部门发展得不错，如会议业、体育赛事、奖励旅游和节庆活动等。另外，澳大利亚和新西兰特别重视会展教育，相当多的高校开设了本科、研究生阶段的教育，如悉尼科技大学、格里菲斯大学、西澳大利亚大学、拉筹伯大学、堪培拉大学、昆士兰大学、南澳大利亚大学和怀卡托大学等。

---

① ICCA. ICCA发布2017年协会会议数量统计的另一个记录. https://www.iccaworld.org/newsarchives/archivedetails.cfm?id=7436, 2019-04-19.

② AUMA. 2018年统计全球范围内营业额超一亿欧元的展览公司统计. https://www.auma.de/en/facts-and-figures/trade-fair-sector-key-figures, 2019-04-19.

③ EIC (Events Industry Council). 2016年美国会展业的经济影响. https://insights.eventscouncil.org/Portals/0/2016.pdf, 2019-04-19.

近年来，亚非拉的发展中国家会展业发展迅猛，涌现出不少国际会展业后起之秀。亚洲的中国、韩国、新加坡、泰国、马来西亚、阿联酋，非洲的埃及、南非、肯尼亚，拉丁美洲的巴西、墨西哥、阿根廷，这些国家的会展业近年来发展尤其迅猛。

经过 40 年的迅猛发展，中国已经成为世界会展业的大国，在很多方面走在了世界的前列。据 2018 年中国商务部发布的数据，2017 年在专业展览场馆举办的各类展览会共5604 场，展览总面积 10642 万平方米，分别较 2016 年增长 1%和 12.3%，中国展览业规模继续稳居全球首位。①截至 2019 年 4 月，UFI 认证的展览会当中，在中国举办的有 117个，约占 977 个已认证展览会的 12%，位居第一位。②在 ICCA2018 年最新发布的排名中，中国仅次于美国、德国、英国、西班牙、意大利和日本，排名全球第 7 位，达到历史新高。此外，中国城市在全球会议城市 100 强中的数量不断增多，排名也不断提升。③

韩国的会展业发展非常迅速且特色明显。20 世纪 90 年代以来，韩国历届政府都非常重视会展业的发展，兴建会展场馆、发展会展教育、大力引进国际国际会议，取得了非常好的效果。根据 UIA《2018 年国际会议统计报告》显示，2017 年在韩国举办的国际组织会议达 1105 场，一举成为国际组织会议第一目的地大国。④不过，整体上看韩国会展产业的规模并不大，会展基础设施也并不具有规模优势，会展产业的部门发展不平衡现象比较突出。

东南亚国家会展业，尤其是会议业发展也比较好。为了发展会展业，泰国、马来西亚、新加坡等国均成立了国家级会展协会，并相继成立了专门的国家会展局从国家层面推动会展业发展，获得了众多国际组织的国际会议的青睐。根据 UIA《2018 年国际会议统计报告》显示，新加坡以举办 802 场国际组织的国际会议在所有国家中排名第 3 位；泰国则以举办 301 个国际组织的国际会议排名第 10 位。⑤另外，新加坡的会展企业在规模化、集团化和国际化等方面的程度非常高。

西亚的阿联酋既是海湾地区最主要的金融商务中心，也是覆盖亚、欧、非三大洲广大周边区域的商品集散地与转口贸易枢纽。阿联酋会展业起步于 20 世纪 70 年代，虽然仅有 40 年多历史，但已经发展得非常成熟。阿联酋各酋长国均将会展业视为促进本地经济发展和产业转型升级的重要途径，并依据自身城市文化特点逐步打造出各地品牌会展，并积极吸引国际知名会展企业进驻。目前，阿联酋已形成了阿布扎比、迪拜和沙迦三足鼎立的会展业发展格局，迪拜也成为中东地区的国际会展中心城市，由表 2-1 可以看出阿拉伯联合酋长国主要的大型会展基础设施集中在迪拜、阿布扎比和沙迦。2020 年，综合性的世界博览会将在迪拜举办，这将是世界博览会第一次在阿拉伯世界举办，也必将极大地促进迪拜乃至阿联酋会展业的跨越式发展。

---

① 中国政府网：商务部发布《中国展览业发展统计分析报告(2017)》. http://www.gov.cn/shuju/2018-05/10/content_5289834.htm, 2019-04-19.

② UFI. UFI 认证的展览会. https://www.ufi.org/membership/ufi-approved-events/, 2019-04-19.

③ UIA. 2018 年国际协会会议统计报告. https://www.uia.org/sites/uia.org/files/misc_pdfs/pubs/UIA_2018_International_Meetings_Statistics_Report_PR18.pdf, 2019-04-19.

④ 同上。

⑤ 同上。

表 2-1   阿拉伯联合酋长国主要场馆

城　　市	会展场馆名称	面积（平方米）
迪拜	迪拜世界贸易中心（迪拜国际会议中心）	105334
阿布扎比	阿布扎比国家展览中心	80157
沙迦	沙迦博览中心	30000

资料来源：UFI 世界会展场地地图。

　　非洲会展业主要集中在埃及、南非和肯尼亚等国。埃及的会展业在整个非洲大陆起步较早，早在 1956 年埃及就成立了国际展览和博览总局（GOIEF），负责管理埃及的国内外展览业务，标志着埃及会展业的正式诞生。[①]埃及的会展业主要集中在开罗和亚历山大两地。南非是非洲大陆最发达的国家，经济辐射力非常强，南非的会展业可以辐射整个南部非洲。南非的展览业、会议业和体育赛事发展得都非常好，2010 年南非世界杯是整个非洲大陆体育赛事事业的一次狂欢。

　　此外，南非在非洲和中东地区是排名第一的会议目的地。南非的会展业主要集中在会展资源和基础设施良好的约翰内斯堡、比勒陀利亚和德班等地，如表 2-2 所示。肯尼亚是中东非国家经济发展水平比较高的国家，地处非洲高原，气候适宜，经济发展前景好。得益于良好的经济发展、地理气候和联合国非洲总部驻地等优越条件，肯尼亚会展经济发展迅速，主要包括展览业和会议业，特色节庆则正在起步阶段，肯尼亚的会展活动主要集中在首都内罗毕。

表 2-2   南非主要场馆

城　　市	会展场馆名称	面积（平方米）
约翰内斯堡	约翰内斯堡博览中心	50000
比勒陀利亚	茨瓦内会展中心	42000
德班	德班国际会议中心	33476

资料来源：UFI 世界会展场地地图。

　　拉丁美洲历史上摆脱殖民统治、政治独立较早，会展业也起步早，但是发展慢，市场稳定性差，主要有巴西、墨西哥和阿根廷等国。拉丁美洲的会展中心城市主要有圣保罗、里约热内卢、墨西哥城和布宜诺斯艾利斯等，由表 2-3 可见巴西的国际会展中心城

表 2-3   巴西主要场馆

城　　市	会展场馆名称	面积（平方米）
圣保罗	圣保罗博览中心	90000
里约热内卢	里约会议中心	87000
圣保罗	圣保罗安年比展览中心	76319
圣保罗	圣保罗北方博览中心	75000
本图贡萨尔维斯	本图贡萨尔维斯会展园	50282
阿拉蓬加斯	Expoara 会展中心	45000
圣保罗	泛美博览中心	40000

资料来源：UFI 世界会展场地地图。

埃及博览会议局. EECA (Egypt Expo & Convention Authority)历史简介. http://www.eeca.gov.eg/history.html, 2019-04-19.

市主要有圣保罗、里约热内卢、本图贡萨尔维斯和阿拉蓬加斯 4 个城市。2014 年巴西世界杯、2016 年巴西奥运会将拉丁美洲承办大型体育赛事的能力展现在世界面前。受制于拉丁美洲经济社会危机、政治局势不稳等原因，拉美各国经济表现普遍较差，但是会展经济发展空间较大。

四、现代国际会展业发展的趋势

1. 国际会展业发展的重心向亚太地区转移的趋势

在当前及今后相当长一段历史时期内，国际会展业发展格局将持续发生历史性的转变，国际会展业的重心将由欧洲、北美等传统会展业发达地区向亚太地区尤其是中国转移。最为典型的表现就是未来大型国际会展活动将主要集中在亚太地区，世界 100 强商业大展、国际巨型会展场馆展能供给也将主要发生在亚太地区。根据上海大学张敏教授《中外会展业动态评估研究报告 2016》统计，全世界共有 55 个会展场馆的室内展览面积达到了 10 万平方米以上，欧洲、亚洲、北美洲和中东分别拥有 36 席、12 席、6 席和 1 席。亚洲地区后来居上，拥有超大场馆的数量已超过北美，跃居全球第二。就区域代表而言，欧洲以德国为代表，在全部 36 席中占 11 席；亚洲以中国为代表，在全部 12 席中占 9 席；北美洲 6 席，均位于美国。

2. 国际会展业融合发展的趋势

国际会展业融合发展的趋势主要表现在以下五个层面。第一个层面是会展产业内部的融合发展。在美国，会议活动和展览活动的融合已经是潮流，会议业和展览业已经没有明显的分界。[1]英国政府将会展视为知识经济和创意产业的重要组成部分，力图打造一个融合会议、展览、奖励旅游、公司会展、户外会展、节庆和文化会展、音乐会展与体育赛事八个部门融合发展的大会展产业。[2]第二个层面是会展综合体或会展产业集聚区的融合发展。第三个层面是会展产业和相关产业的融合发展。第四个层面是会展产业和区域（城市）发展的融合发展。第五个层面是会展产业和国家战略的融合发展。

3. 国际会展业规模化发展的趋势

除了世界博览会外，借助现代科技手段和超大规模会展场地，其他会展活动的规模也越来越大，规模效益在会展产业得到越来越多的体现。进入 21 世纪以来，世界 100 强商业大展不断刷新纪录。2008 年，《进出口经理人》杂志[3]第一次推出世界商展 100 大榜单，进入门槛还不足 10 万平方米，2018 年则达到 12.32 万平方米。2008 年，世界商展 100 大的平均面积是 17.7 万平方米，2018 年增至 21.2 万平方米。[4]2017 年 9 月 14 日，

---

① 2017 年 CIC (Convention Industry Council)更名为 EIC (Event Industry Council)预示展览会和会议的合流，也预示了大会展时代的到来，参见会展业理事会历史. https://www.eventscouncil.org/ About-Us/History, 2019-04-19.

② BVEP. 会展成就伟大的不列颠报告. https://www.businessvisitsandeventspartnership.com/research-and-publications/research/category/4-bvep-research?download=189:events-are-great-britain-full-report, 2019-04-19.

③ 《进出口经理人》杂志创刊于 1988 年，详见进出口经理人, 2014(3).

④ 凤凰网. 2018 世界商展 100 大排行榜. http://wemedia.ifeng.com/66856785/ wemedia.shtml, 2019-04-19.

阿里巴巴成立18周年公司年会参会人数突破了4万人,成为世界上规模最大的公司年会之一。与此同时,会展场馆、会展企业的规模也不断创造新的历史纪录。

4. 国际会展业智慧化(智能化)发展的趋势

智慧会展是时代发展的"倒逼"效应,会展业必须紧跟时代步伐,积极推广运用现代科技成果,提升行业竞争力,逐步实现行业管理的现代化、会展设备的智能化和活动组织的网络化,从而推动会展业的品牌化、专业化、现代化和可持续性发展,可以说,时代的发展"倒逼"了会展业的智能化发展。围绕会展的平台功能,积极探索建设智慧会展,主要包括智能应用、智慧管理、智慧营销、智慧布展和智慧服务五大方面。

5. 国际会展业国际化发展的趋势

国际会展业国际化的趋势将在未来5~20年达到顶峰。会展业的国际化主要体现在五个方面。第一,发达国家会展市场严重饱和,为了开拓新的市场,发达国家会展企业纷纷主动开启国际化战略。第二,发展中国家服务业市场开放,形成巨大的会展业发展需求,吸引众多国际会展企业进驻。第三,由于越来越多的国家将举办大型国际会展活动视为参与国际分工、开拓国际市场、获取国际社会认可的重要途径,因此大型国际会展活动的热度不断升高。第四,会展业的国际化是经济全球化的内在要求和外在表现,是全球产业分工和全球统一市场形成的必然结果,会展业国际化水平高低直接反映一个国家和地区在全球产业链和市场上的地位。第五,一系列全球问题和区域问题的不断涌现也催生了一大批国际会展活动和国际组织的出现,反过来,这些国际会展活动和国际组织又推动了国际会展业国际化程度的不断提高。

参考文献:

1. The Routledge handbook of events[M]. Routledge, 2014.

2. Getz D. Festivals, special events,and tourism[M]. Van Nostrand Reinhold, 1991.

3. Bowdin G, Allen J, Harris R, et al. Events management[M]. Routledge, 2012.

4. Getz D, Page S. Event studies: Theory, research and policy for planned events[M]. Routledge, 2016.

5. Rogers T. Conferences and conventions (3rd edition): A Global Industry[M]. Routledge, 2013.

6. 乔兆红. 百年演绎: 中国博览会事业的嬗变[M]. 上海: 上海世纪出版社, 2009.

7. 刘健. 博览劝业: 世博会与近代中国博览会[M]. 上海: 上海教育出版社, 2010.

8. 马敏. 博览会与近代中国[M]. 武汉: 华中师范大学出版社, 2010.

参考网站:

1. 国际展览局官网: https://www.bie-paris.org

2. 国际奥委会官网: https://www.olympic.org

3. 国际展览业协会官网: https://www.ufi.org/about/ufi-history

4. 国际园艺生产者协会官网: http://aiph.org

5. 会展业理事会官网: https://www.eventscouncil.org

6. 德国贸易展协会官网: https://www.auma.de

7. 国际大会及会议协会官网: https://www.iccaworld.org

8. 国际协会联合会官网: https://uia.org

9. 英国商务观光与会展伙伴联盟官方网站: https://www.businessvisitsandeventspartnership.com

第二节　大会展的英国

英国是会展业的发源地之一，也是当今世界的会展强国，在相当程度上代表了世界会展业发展的趋势和潮流。不论从历史的角度看，还是从现实的角度看，英国会展业都有其自己的特点，英国拥有大会展发展观下的大会展产业。

一、英国大会展业发展的表现

（一）大会展项目

1851 年，英国举办了人类历史上第一个现代的综合性的世界博览会，也就是 1851 年伦敦万国工业博览会。万国工业博览会英文全称为 Great Exhibition of the Works of Industry of all Nations，其中的 great 和 all nations 集中体现了这次博览会规模的庞大，后世以 Great Exhibition 专指 1851 年伦敦世博会，这也充分说明了其给世人留下的深刻印象。万国工业博览会历时五个多月，集中展示了 13000 多件展品，吸引了 600 多万人次的参观，创造了现代世博会的一套基本办展规范，在世界各国人民面前完美地打造了英国世界工厂和先进工业国的国家形象，是英国维多利亚时代的重要里程碑。

其后的半个多世纪中，英国还在本土相继举办了 1862 年伦敦世博会、1883 年伦敦鱼户器具博览会、1884 年苏格兰城栽种展览会、1885 年英国利物浦航海船政国际博览会等几十场大型国际博览会，并同时在其殖民地举办了 1893 年英属澳大利亚建设博览会、1907 年英属新西兰博览会等数十场展览会。[①]这些大型会展项目的举办奠定了英国在现代世界会展业的超然地位。

奥运会和世博会、世界杯并称为三大国际顶级会展活动。截至 2018 年，全世界一共举办过 28 届奥运会，其中英国举办过三次，分别是 1908 年伦敦奥运会、1948 年伦敦奥运会和 2012 年伦敦奥运会。

在大型体育赛事方面，英国 1930 年还创办了英联邦运动会（The Commonwealth Games），至今已历经 21 届，成为国际体育赛事运动中影响力仅次于奥运会、世界杯和亚运会的第四大体育赛事活动。英联邦运动会的主办方英联邦运动会联合会（CGF）有 71 个成员国和地区，包括英国、印度、加拿大、澳大利亚等，涉及世界 1/3 的人口。[②]英联邦运动会联合会总部位于英国伦敦。

（二）大会展公司

英国的会展公司多以历史悠久、具有较高的国际化水平和较大的规模而著称，而且

---

① 殖民地展览会是国际展览会的一种类型，目的是在新帝国主义发展阶段促进贸易并且支持不同类型的殖民帝国的发展。更多英国殖民地名单参见. https://en.wikipedia.org/wiki/Colonial_exhibition, 2019-04-19.

② 英联邦官网. 关于英联邦运动会联合会详细介绍. https://thecgf.com/about, 2019-04-19.

一些国际最为知名的会展公司总部多数位于伦敦。比较大的会展公司有励展博览集团、UBM、Informa、i2iEvents Group、ITE、DMG Events 等。

励展博览集团 1966 年开始会展业务，总部位于英国伦敦，目前是全球第二大会展企业。励展博览集团的母公司是 RELX 集团，RELX 集团是全球领先的商业客户信息和分析提供商，也是伦敦证券交易所上市企业。励展博览集团目前拥有 2400 位专业员工，在全球各地设有 34 个代表机构或者子公司。集团每年在 42 个国家主办 500 个展览及会议活动。据统计，2017 年，励展博览集团的会展吸引了来自美洲、欧洲、中东和亚太地区的 700 多万参与者。[①]

英富曼集团（Informa Group）是世界最大的会展集团公司，已有 40 年的历史，其前身为国研会展集团（IIR Exhibitions）。英富曼集团总部设在英国伦敦，是伦敦证券交易所上市公司，也是富时 100 指数的成员，其业务覆盖出版、发行、会议、展览、咨询、培训和信息等领域，在全球员工总数达 11000 多人，每年举办 500 多个 B2B 展览会和 800 多个 B2B 会议，业务范围遍及欧洲、北美洲、亚洲和南美洲等 30 多个国家和地区。2018 年 6 月，英富曼集团收购了当时全球第二大会展企业 UBM 后，一举超过励展博览集团成为全球领先的信息服务企业和最大的会展公司。[②]

Ascential Events Group /i2iEvents Group 成立于 1947 年，它是一家领先的全球化 B2B 的媒体公司，通过市场领先的展会与节庆活动及信息服务，为全球 150 个国家和地区的企业提供信息，促进沟通。Ascential 集团总部位于伦敦，是伦敦证券交易所上市公司，还是富时 250 指数的指数成分公司。其负责的展会活动有通信产业的权威庆典戛纳广告节（Cannes Lions）、全球最重要的关于支付方式和金融服务的会议论坛 Money20/20、英国伯明翰消费品展览会（Spring Fair/Autumn Fair）、全球流行趋势预测服务（WGSN），以及环境风险数据业务（Groundsure）。Ascential 集团主营的 19 种产品线中，有 15 种位居行业第一。

ITE 公司成立于 1991 年，是世界领先的国际贸易展览和会议组织者之一，也是英国重要的会展企业之一。ITE 公司每年在全球组织 240 多个展览和会议，主要的业务范围集中在俄罗斯、乌克兰，哈萨克斯坦、阿塞拜疆等独联体国家，在印度、中国、土耳其、马来西亚、南非和尼日利亚等国家也在逐步扩展市场，其主要目标是促进这些新兴市场经济体获得贸易机会。ITE 公司是 UFI 的成员，其旗下有 50 多项会展活动获得了 UFI 认证。其 2016 年营业收入达 1.558 亿欧元，居 AUMA 会展企业全球排名第 22 位。

DMG Events 是邮报与通信托集团（Daily Mail and General Trust Plc，DMGT）的全资子公司，DMGT 是在伦敦证券交易所上市的信息、媒体和会展业务组合的公司。DMG Events 总部位于阿联酋迪拜，自 1989 年开始在沙特阿拉伯、新加坡、加拿大、南非和英国开展业务，是一家国际性的会展公司。该公司每年组织大约 80 个会展活动，涉及 25

① 励展博览集团官网：关于励展博览集团. https://www.reedexpo.com/en/about-us/, 2019-04-19.

② 综合英富曼和 UBM 的营业额及英富曼的公告，参见英富曼官网. https://informa.com/about-us/our-history/, 2019-04-19 和 AUMA 所做全球营业额超一亿欧元公司统计. https://www.auma.de/en/facts-and-figures/trade-fair-sector-key-figures, 2019-04-19.

个国家，吸引超过 11000 名参展商和 35 万名全球各地的参观者，其 2016 年的年营业收入达 1.226 亿美元，居 AUMA 会展企业全球排名第 27 位。该公司是 UFI 和英国会展组织者协会（AEO）的会员企业。

塔苏斯集团（Tarsus Group Plc）成立于 1998 年，是一家国际商业传媒集团。该企业是伦敦证券交易所上市企业，主要从事展览、会议、出版、教育和互联网等活动。塔苏斯的主要业务涉及美国、中国、中东等国家和地区，在新兴市场主要通过品牌复制和并购的方式开拓市场，目前已经成为国际会展业发展最为迅速的企业之一。该企业是英国会展组织者协会会员单位。

伯明翰国家会展中心（NEC）是英国领先的现场会展业务集团公司，业务范围涉及展览、会议、音乐、体育、家庭娱乐和酒店业。NEC 于 1976 年建成并投入使用，拥有 40 多年的会展运营经验；它是英国排名第一的会展场地，包括 18.2 万平方米的灵活展览空间、近 2 万平方米的会议面积，以及超过 392 英亩的坚硬地面和 75 英亩的林地。该场地每年接待约 240 万名参观者和超过 34000 家参展公司参加超过 125 场的展览。NEC 集团还运营着伯明翰竞技场、巴克莱卡竞技场和云顶竞技场。此外，NEC 集团还是英国领先的全国会展票务代理商之一，官方票房（the ticket factory）每年销售超过 250 万张各种会展活动门票。

（三）大会展场地

英国会展场地的大主要体现在范围的大。和一般国家强调会展需要在专业会展场馆不同，英国对会展的界定比较宽泛，户外会展、节庆和文化会展、体育赛事、音乐会展等举办场地扩大了英国会展场地的外延。总体上来看，英国的会展场地主要包括以下几种类型。

1. 专业会展中心

英国比较大的会展中心主要有伯明翰国家会展中心、伦敦 ExCeL 国际会展中心、曼彻斯特会展城、斯通利国家会展中心、苏格兰会展园等，详见表 2-4 英国主要会展场馆。

表 2-4 英国主要会展场馆

城 市	会展场馆名称	面积（平方米）
伯明翰	伯明翰国家会展中心	198983
伦敦	伦敦 ExCeL 会展中心	110411
伦敦	奥林匹亚会展中心	42910
曼彻斯特	曼彻斯特会展城	28000
格拉斯哥	苏格兰会展园	22355
考文垂	斯通利国家会展中心	20703
利物浦	利物浦会议中心	15225
彼得伯勒	东英格兰展览场	14500
哈罗盖特	哈罗盖特会议中心	13700

资料来源：UFI 世界会展场地地图。

2. 体育赛事场地

英国体育场地众多，仅伦敦就有温布利体育场（Wembley Stadium，可容纳 9 万人，体育和音乐演出场地）、特威克纳姆体育场（Twickenham Stadium，可容纳 8.2 万人，是世界上最大的专用橄榄球联合会场地）、伦敦 O2 体育馆（The O2 Arena，可容纳 2 万人）、温布尔登网球博物馆（Wimbledon Lawn Tennis Museum & Tour，世界上最大的网球博物馆）、温布利竞技场（SSE Arena, Wembley，可容纳 1.25 万人）、水晶宫国家体育中心（Crystal Palace National Sports Centre，可容纳 1.55 万人）等。[①]

3. 文化会展场地和其他类型场地

这类场地有伦敦的南岸中心（Southbank Centre, complex of artistic venues in London，欧洲最大的艺术中心）、亚历山大宫（Alexandra Palace）。

此外，还有伦敦伊丽莎白女王奥林匹克公园（Queen Elizabeth Olympic Park，可容纳 3 万人）、海德公园（Hyde Park，1851 年世博会场地）、波特斯菲尔德公园（Potters Fields Park，伦敦塔桥的西南方，紧邻伦敦市政厅的东南方，它经常用于食品节和其他活动）、摄政公园（The Regent's Park，410 英亩）、伦敦维多利亚公园（Victoria Park，音乐节庆场地）、格林尼治公园（Greenwich Park，2012 年奥运会户外比赛场地、帆船赛事场地）、伦敦里士满公园（Richmond Park，2360 英亩）、李谷地区公园（Lee Valley Regional Park，10000 英亩，2012 年伦敦奥运会场地）、布什公园（Bushy Park，1100 英亩）。

（四）大会展产业

英国会展产业部门多。与其他国家一般只包含会议业、展览业等不同，英国会展产业还包括奖励旅游、公司接待和公司会展、户外会展、节庆和文化会展、音乐会展、体育赛事六大部门。

英国会展产业产值大。2013 年英国会议业创造了 199 亿英镑的收入，展览业创造了 110 亿英镑的收入，体育赛事创造了 23 亿英镑的收入，音乐会展创造了 13 亿英镑的收入，奖励旅游和公司会展分别创造了 12 亿英镑的收入，户外会展、节庆和文化会展分别创造了 11 亿英镑的收入，八大部门合计共创造了 468 亿英镑的产值（含会展活动随同人员的 77 亿英镑消费），约占当年英国 GDP 的 2.83%。[②]

英国会展产业经济社会贡献大。2011 年，英国会展产业中的会议业、奖励旅游和展览业三个部门贡献了 210 亿英镑的税收，约占英国政府当年税收收入的 3.6%，会展产业

[①] 以上信息详见. http://www.wembleystadium.com/about, https://www.twickenhamstadium.com/about, https://www.theo2.co.uk/assets/doc/The-O2-Deck-2019-91215e4112.pdf, https://www.ssearena.co.uk/visiting-us/useful-info 和 https://www.better.org.uk/leisure-centre/london/crystal-palace/crystal-palace-national-sports-centre?utm_source=google&utm_medium=organic&utm_campaign=google_my_business, 2019-04-19.

[②] 英国商务观光和会展伙伴联盟(BVEP) 2014 年发布《Events Are GREAT Britain》研究报告，详细说明了英国会展业的规模、产值，也对会展业的特征、趋势、机遇和关键事件进行了系统论述. https://www.businessvisitsandeventspartnership.com/, 2019-04-19. 2013 年英国国民生产总值约为 1.655 万亿英镑，数据参见英国国家统计局: Gross domestic product, preliminary estimate Statistical bulletins. https://www.ons.gov.uk/economy/grossdomesticproductgdp/bulletins/grossdomesticproductpreliminaryestimate/2015-01-27, 2019-04-19.

吸纳就业人口 55.5 万人，是英国名副其实的大产业和主要产业。英国会展产业每年还会给英国带来 10 亿英镑的基础设施投资。会展产业不仅对英国经济发挥着举足轻重的作用，而且对英国社会有着积极的影响，包括有助于提升英国的社会福利、教育、社区和谐和市民自豪感。最后，会展产业还有助于打造本地文化的多元化的社会遗产。[1]

英国会展产业市场广大。英国的会展主办公司都有很强的国际化背景，绝大多数英国会展公司都非常注重海外市场的开拓。2013 年英国 10 家领先的会展企业当中有 2 家年营业额超过 20 亿英镑，这些营业额大部分是在海外市场创造的。

（五）大会展协会

英国会展产业发展成熟度比较高，各种会展中介组织异常发达，数量众多，其中在国家层面影响力比较大的就有数十个；各种会展协会通过分工协作，成为英国大会展产业当中一道独特的风景线，英国主要国家级会展协会情况参见表 2-5。

表 2-5　英国主要国家级会展协会一览表

名　称	所在地	协　会　类　型
英国商务观光和会展伙伴联盟 （Business Visits and Events Partnership）	伦敦	英国规模最大、最权威、最具代表性会展联盟
会展组织者协会（Association of Event Organisers）	伯克翰斯德	英国最主要的会展组织者协会
会展场馆协会（Association of Event Venues）	伯克翰斯德	英国最主要的会展场馆协会
英国专业会议组织者协会 （Association of British Professional Conference Organisers）	威勒西	英国最主要的会议组织者协会
英国会展营销协会（Event Marketing Association）	伦敦	公司室内会展策划和营销者协会
英国会展教育协会 （Association for Events Management Education）	利兹	英国唯一的会展高校协会
国家户外会展协会（National Outdoor Events Association）	韦尔斯	英国最权威的户外会展协会
会展技术服务协会（PSA）	巴斯	现场直播会展的技术服务商协会
节庆组织者协会（Association of Festival Organisers）	马特洛克	英国最主要节庆活动组织者协会
会展供应商和服务协会 （Event Supplier and Services Association）	伯克翰斯德	英国最主要的会展活动服务供应商协会
会展和可视化传播协会 （Event & Visual Communication Association）	伦敦	英国影响力最大的会展活动转播和直播技术服务商

资料来源：作者根据相关协会官网信息整理。

英国商务观光和会展伙伴联盟（BVEP）是英国会展产业的联盟组织，是一种政府和行业间的中介平台，代表了英国领先的会展商务公司、政府机构、会展部门和其他有重大影响的企业的利益，是英国会展产业最重要的宣传和推广机构。英国商务观光和会展伙伴联盟在英国数字、文化、媒体和体育部以及国际贸易部的支持和指导下通过广泛联系国内外专业会展行业协会、政府机构和相关单位，推广和打造英国国际会展目的地的形象。英国商务观光和会展伙伴联盟开展的工作主要有联系英国会展主管部门，传播会

---

[1] 英国商务观光和会展伙伴联盟(BVEP). Events Are GREAT Britain. 伦敦: 2014. https://www.business-visitsandeventspartnership.com/, 2019-04-19.

展产业的影响力,反映会展产业发展需求,进而影响政府的会展政策。另外,通过开展会展产业调查和研究,定期发布行业报告,促进会展良性发展也是一项重要的职责。[1]

会展场馆协会(Association of Event Venues,AEV)也是英国重要的会展协会组织,代表了英国数百家不同规模的会展场馆的利益。会展场馆协会由来自会员单位选举产生的代表来管理,协会的日常工作由秘书处的工作人员负责。为了更大程度地发挥影响力,会展场馆协会还和会展组织者协会、会展供应商和服务协会(ESSA)一起发起成立了会展产业联盟(EIA),以便更好地解决英国会展产业面临的广泛的问题和挑战。[2]

英格兰足球协会(The Football Association,The FA)于1863年10月26日在伦敦成立,是全世界最早诞生、最有影响力的足球协会。其统一了足球比赛规则,标志着现代足球运动的正式确立。英格兰足球协会总部设在温布利球场,协会旗下拥有英格兰足总杯等数十场体育赛事的所有权,并拥有票务、体育教育、娱乐和在线教育等数十项业务。[3]此外,英格兰足球协会旗下公司经营着英格兰队主场——温布利国家体育场有限公司。

二、英国大会展业形成的原因

(一)历史渊源

1851年伦敦世博会本身就具有大会展的基因,这是现代英国大会展产业八大部门整合发展会展业的历史渊源。伦敦世博会是英国在世界上率先举行的一场主场外交活动,目的是集中展示英国工业革命的成果,并向世界展示英国先进的政治经济体制和文化。因此,持续5个多月的世博会成为了英国工业产品和技术展示的大舞台,也成为英国开展世博外交会议会晤的巨大魅力场和英国文化展演的大平台。恩格斯曾说:1851年的博览会给英国岛国的闭塞性敲起了丧钟。英国在饮食、风俗和观念方面已经逐渐国际化了。

英国通过不断地在英国本土和海外殖民地举办各种类型的会展活动,促进其统一市场、文化和体育的重要纽带的形成和发展。虽然,在第二次世界大战后,帝国体制瓦解,但是这种传统却保留了下来。

(二)产业政策

1. 创意文化产业导向的政策

英国历届政府都对会展产业格外重视,将其视为知识经济和创意文化产业的最重要的组成部分,是英国在国际社会发挥影响力的重要平台。1997年英国首相布莱尔率先提出"创意产业"的概念,专门成立了文化、媒体与体育部分管创意产业,也就是现在的

---

[1] 英国商务观光和会展伙伴联盟(BVEP)官网. 关于英国商务观光和会展伙伴联盟介绍. https://www.businessvisitsandeventspartnership.com/about-bvep/about-bvep, 2019-04-19.

[2] https://www.essa.uk.com/about-essa/about, https://www.aev.org.uk/about-us, https://www.aeo.org.uk/welcome/about-us, https://www.essa.uk.com/industry-collaboration/events-industry-alliance, 2019-04-19.

[3] http://www.thefa.com/about-football-association/what-we-do/history 和 http://www.wembleystadium.com/about/the-organisation, 2019-04-19.

数字、文化、媒体和体育部（DCMS）。最近几年，英国正在力促会展业纳入统一的创意产业发展战略。

2. 大会展产业发展的政策

近年来，英国政府更加重视会展业的全方位作用，不断推出会展业发展扶持政策。2013 年 8 月，英国议会跨党派会展业小组发布了《英国会展业国际竞争力》报告，[①]2015年 3 月，英国数字、文化、媒体和体育部发布了英国商务观光和会展业发展战略。[②]英国贸易和投资部将会展业视为 2020 英国出口驱动战略的重要手段，2016 年 4 月起，推出英国会展和使命项目（EMP）、会展联盟和贸易展扶持项目（SAP），大力支持英国会展业在国内外的发展。

3. 大会展营销政策

英国政府营销会展业采取了统一的政策。第一，统一标示。2014 年由英国商务观光和会展伙伴联盟提出的会展产业是伟大的成为英国对外营销会展产业的统一口号和标示。第二，政府建立统一的营销体系。英国国家旅游局统一建立宣传网站，并将英格兰、苏格兰、威尔士和北爱尔兰的会展业宣传网站统一在一起。第三，英国会展业宣传部门特别重视国际会展行业协会、国际会展行业活动的宣传推广作用。第四，英国政府特别重视通过大型会展活动向国际社会宣传英国的会展目的地形象。

（三）管理体制

数字、文化、媒体和体育部是英国内阁 25 个中央部长级部门之一，主要职责是支持英国的创意产业、数字经济、知识产权、软实力、体育和旅游业的发展。该部共有 900多名员工，管理的业务范围涉及会展产业中的会议业、体育赛事、文化会展和音乐会展等。2015 年，在英国内阁会展业理事会、英国商务观光和会展伙伴联盟推动下，数字、文化、媒体和体育部发布了英国商务观光和会展业发展战略。

国际贸易部（DIT）是英国内阁年龄相对较轻的一个部，主要职责是应对脱欧后对英国可能产生的外贸冲击、化解各种潜在的贸易风险、促进英国在世界各国的贸易和投资，同时建立世界各国对英国商品和服务的兴趣。该部管理业务范围主要涉及的是展览业、会展业服务出口；该部将展览业视为帮助英国开拓国际市场的重要平台。2014 年该部推出了贸易展参展扶持项目，用于为符合条件的企业提供财政拨款，帮助抵消其参加海外贸易展览会和贸易目的地会议的费用。[③]此外，国际贸易部还将英国的会展业视为高

---

① 英国议会跨党派会展业小组. Inquiry Report into the 'International Competitiveness of the UK Events Industry'. https://www.businessvisitsandeventspartnership.com/research-and-publications/research/category/9-publications?download=180:all-party-parliamentar-group-uk-events-industry-inquiry-report-into-the-international-competitiveness-of-the-uk-events-industry-may-august-2013, 2019-04-19. 英国议会跨党派会展业小组是英国议会保守党发起的，旨在协调议会和政府政策，共同促进会展产业部门发展，具体参见英国议会有关该小组的公开文件, https://publications.parliament.uk/pa/cm/cmallparty/190102/events-industry.htm.

② 英国政府网. 商务观光和会展战略白皮书(*Business visits and events strategy*). https://www.gov.uk/government/publications/business-visits-and-events-strategy, 2019-04-19.

③ https://www.events.great.gov.uk/ehome/index.php?eventid=200183029&, 2019-04-19.

端服务业的重要部分，促进其在全球市场的扩展，主要推行的有全球体育项目出口政策、贸易导向的会展扶持政策等。①

英国国家旅游局（VisitBritain）是英国的国家旅游机构，是由英国数字、文化、媒体和体育部资助的非部门公共机构。其主要职责是与海外的合作伙伴广泛合作，以增加英国的入境旅游和价值。英国国家旅游局涉及会展的主要业务有会展营销、会展研究和会展目的地的打造。②

会展产业委员会（Events Industry Board）是英国内阁中专门的会展产业发展协调机构。会展产业委员会是根据 2015 年 3 月英国政府发布的商务观光和会展战略成立的，目的是推动英国会展产业的发展。会展产业委员会是会展行业导向的委员会，由来自会展产业的个人和组织代表组成，英国数字、文化、媒体和体育部的代表以及英国国际贸易部的代表也会出席其活动。会展产业委员会的主要职责是推动实施商务观光和会展战略、促进和改善英国会展产业发展、充当会展产业和政府各部部长对话沟通的平台，同时也充当政府各相关部门的顾问。在此基础上，会展产业委员会成立了人才和基础设施两个工作组。③

（四）研究教育

英国政府研究非常重视会展产业的研究。例如，英国数字、文化、媒体和体育部曾针对 2012 年伦敦奥运会组织开展了大量的研究，包括伦敦奥运会季度报告、伦敦奥运会影响和遗产研究、伦敦奥运会的全球影响等。

英国会展类协会的研究数量多、范围广、质量高。比较有代表性的有英国商务观光和会展伙伴联盟所做的英国会展业总体发展报告系列，其不仅系统地解答了英国会展产业的规模、价值、特征、趋势和关键环节，而且在世界经济发展中探索的英国会展产业发展机遇的研究也具有十分重要的意义。

英国的会展教育起步于 20 世纪 90 年代，发展迅速，非常发达。据英国《卫报》2019 年英国大学排名，共有 48 所大学提供了 171 个会展本科专业。其中在接待、会展和旅游学科下开设会展专业的高校有 38 所，在商业、管理和营销学科下开设会展专业的高校有 13 所，在传媒和电影研究学科下开设会展专业的高校有 4 所，在电影制作和摄影学科下开设会展专业的高校也有 4 所；另外，在新闻、出版、公共关系、音乐、喜剧和舞蹈、体育、美国研究、会计和金融、英语和创意写作、经济学、法学、社会工作学、政治、历史、心理、社会政策和行政管理学等学科下也分别有 1~3 所高校开设会展专业课程。开设会展专业的高校在英国国内总体排名最高前三位的分别是第 16 位的诺丁汉特伦特大学、第 22 位的林肯大学和第 37 位的西英格兰大学（布里斯托）。④

---

① 英国政府网. Global sports projects exports. https://www.gov.uk/government/collections/global-sports-projects-exports, 2019-04-19.
② 英国旅游局官网. 英国旅游局总评. https://www.visitbritain.org/overview, 2019-04-19.
③ 英国政府网. 会展产业委员会. https://www.gov.uk/government/groups/events-industry-board, 2019-04-19.
④ 英国卫报. 2019 年大学排名表. https://www.theguardian.com/education/ng-interactive/2018/may/29/university-league-tables-2019, 2019-04-19.

三、英国大会展产业发展的启示

英国大会展产业发展的第一个启示就是要树立大会展的发展理念。大会展的理念要求从知识经济、创意经济和体验经济的本质上去重新认识会展活动和会展产业。近十年来，英国政府、协会、企业和高校对会展产业部门的认识基本达成了一致。为了向外界宣传英国会展产业的规模、价值、发展特征和趋势，2014年英国商务观光和会展伙伴联盟发布了《会展业是伟大的产业》(Events are Great)。为了推动英国大会展业的发展，2015年，英国政府数字、文化、媒体和体育部和国际贸易部都制定和发布了商务观光和会展发展战略(Business visits and events strategy)。英国高校也较早地实现了以大会展的理念办教育，在英国会展专业一般称为会展管理。对英国人来讲，大会展的理念，其实是将会展视作一种生活方式、消费方式。在融入了英国的历史、文化、音乐和体育以后，英国会展业的核心竞争力就产生了。对大部分英国会展企业来讲，会议、展览和演出等不同业务的融合是十分自然的事情。这种情况不仅对于英富曼集团、励展博览集团、NEC集团等是如此，甚至对于英格兰足球协会也是如此。

英国大会展产业发展的第二个启示是对大会展产业的发展各级政府必须要出台相应的扶持政策和形成相应的管理机制。和一般国家涉及太多管理部门不同，英国发展大会展具有天然的制度和体制优势，因为英国会展产业的对口管理部门基本上都集中在英国数字、文化、媒体和体育部和国际贸易部这两个中央部级单位。另外，英国为了推动大会展产业的发展，在中央层面成立专门的会展产业委员会的做法也是一大制度创举。上述单位或出台或推动出台的有关会展产业发展政策对于英国会展业的发展起到了举足轻重的作用。

英国大会展产业发展的第三个启示是各类会展产业协会是会展产业发展的关键推动力量。在一定程度上，英国大会展产业从理念到实践再到政策和理论，是英国众多会展行业协会数十年坚持不懈努力推动的结果。英国会展组织者协会和英国会展场馆协会、英国节庆会展协会和英国户外会展协会等协会在行动上将大会展的理念付诸实践，而英国商务观光和会展伙伴联盟则将其研究结果、业界研究结果和高校研究成果不断去影响英国数字、文化、媒体和体育部以及国际贸易部，不断影响政府的产业政策，最终形成了一个"会展企业实践 + 会展协会研究 + 政府政策跟进"的发展模式。

英国大会展产业发展的第四个启示是重视国际大会展活动平台对会展产业发展的推动作用。英国历史上通过不断举办大型国际会展活动，积累了极其丰富的各类物质和精神遗产，也源源不断地培养了国际会展的高端策划和执行人才，这些构成了英国大会展产业发展坚实的知识基础、经验基础和人才基础。

英国大会展产业发展的第五个启示是大会展产业发展要充分发挥资本市场的作用。英国的领军会展企业基本都是伦敦证券交易所上市企业，通过在资本市场上筹资，这些企业在国际化扩张的道路上远远走在了世界各国的前头。2018年，仅入选金融时报100指数的会展公司就有伯明翰国家会展中心、竞技场国际会展集团（Arena International

Events Group）、GL 会展集团（GL Events）和全球会展公司（Global Events）。此外，伦敦证券交易所还拥有数十家全球领先的上市企业以会展为主要业务领域，包括塔苏斯会展集团、励展博览集团的母公司——RELX 集团、DMG Events 的母公司——Daily Mail and General Trust 和英富曼集团。

参考文献：

1. Auerbach J A. The Great Exhibition of 1851: a nation on display[M]. Yale University Press, 1999.

2. The Crystal Palace and the Great Exhibition: Science, Art and Productive Industry: The History of the Royal Commission for the Exhibition of 1851[M]. A&C Black, 2002.

3. Fay C R.Palace of Industry, 1851:a Study of the Great Exhibition and its Fruits[M]. Cambridge University Press, 2011.

4. Young P. Globalization and the Great Exhibition: the Victorian new world order[M]. Springer, 2009.

5. I Yeoman. The Future of Events & Festivals[M]. Routledge, 2014.

6. Rogers T. Conferences and conventions 3rd edition: A Global Industry[M]. Routledge, 2013.

7. J Ali-Knight, M Robertson, A Fyall. International perspectives of festivals and events: paradigms of analysis[M]. Elsevier, 2008.

参考网站：

1. 英国展览新闻奖官网: http://www.exhibitionnewsawards.co.uk
2. 英国场地协会官网: https://www.aev.org.uk/press-releases?page=2
3. 伦敦会议局官网: https://conventionbureau.london
4. 会展供应商和服务协会官网: https://www.essa.uk.com
5. 英国政府官网: https://www.gov.uk
6. 英国卫报官网: https://www.theguardian.com/education
7. 伯明翰国家会展集团官网: http://www.necgroup.co.uk
8. 英国商务观光和会展伙伴联盟官网: https://www.businessvisitsandeventspartnership.com
9. 英联邦运动会联合会官网: https://thecgf.com
10. 励展博览集团官网: https://www.reedexpo.com
11. 英富曼官网: https://informa.com
12. 德国贸易展协会官网: https://www.auma.de

第三节　政府主导型发展模式的法国会展业

一、法国会展业政府主导型发展模式的表现

（一）法国会展业的基本数据

法国会展业在全球居于领先地位。据法国会展行业联盟（UNIMEV）统计，2016 年整个会展行业年营业额近 645 亿欧元，约占法国当年 GDP 的 2.8%，吸引了来自世界各

地的近 2800 万名商务客人。[1]

1. 法国展览业数据

作为世界展览强国，法国拥有世界级的展览会。2018 年世界商业大展 100 强排名中，法国占据 8 个，次于德国的 51 个、中国的 22 个和意大利的 11 个，居全世界第 4 位。法国著名的展会有巴黎工程机械展（37.5 万平方米，全世界同类行业展会第 2 位）、巴黎国际建材及设备展（30 万平方米，全世界同类行业展会第 1 位）、巴黎国际食品博览会（26 万平方米，全世界同类行业展会第 2 位）、巴黎博览会（20 万平方米，全世界同类展览会第 1 位）、巴黎国际农牧业设备及技术展（20 万平方米，全世界同类行业展会第 2 位）、巴黎国际陆军武器和防空装备展览会（16.72 万平方米，全世界同类行业展览会第 1 位）、巴黎国际航空航天展（13.15 万平方米，全世界同类行业展览会第 1 位）。[2]

法国展览主办资源丰富，有 1000 余家展览的主办企业，主要分布在巴黎、里昂、波尔多和里尔等城市。比较著名的法国展览公司有高美爱博展览集团、法国巴黎展览馆集团（Viparis）、GL 会展集团公司与巴黎展览委员会等。

法国的会展场馆具有建设年代较早、分布集中、设施设备老化等特征。除巴黎外，全国大部分会展场馆建于 20 世纪，大约 1/3 的大型会展场馆建设在巴黎，法国主要会展场馆分布参见表 2-6。

表 2-6 法国主要场馆

城　　市	会展场馆名称	面积（平方米）
巴黎	巴黎北部展览中心	246312
巴黎	凡尔赛门展览中心	202036
里昂	欧洲博览中心	138336
波尔多	波尔多展览公园	91776
巴黎	尔歇展览中心	79692
雷恩	雷恩博览园	54050
格勒诺布尔	阿尔帕博览中心	52185
马赛	马赛会展园	52075
蒙彼利埃	蒙彼利埃博览园	48042
里尔	里尔万国宫	44896

资料来源：UFI 世界会展场地地图。

2. 法国会议业数据

法国会议业极为发达，法国拥有先进的会展基础设施，沉淀数百年的国际会议人力资源和每年不计其数的会议活动。在 2017 年 ICCA 的年度国际会议统计报告中法国位列第六，年举办 506 次国际协会会议。2017 年，巴黎是仅次于巴塞罗那的世界第二大会议

---

① 法国会展活动业协会官网. 法国会展目的地. https://www.levenement.org/wp-content/uploads/2017/10/CP-EVENEMENTIEL-LUNDI-23-OCTOBRE-2.pdf, 2019-04-19.

② 2018 年世界商展 100 大排行榜[J]. 进出口经理人, 2018(7): 66-69. 全世界同类展览会排名是本书作者将 2018 年世界商展 100 大再按行业进行细分排名并结合各个展览会官网及媒体公开报道所得结果。

城市之都。[①]法国也是一个充满活力的经济目的地，18 个有竞争力的国际集群遍布全国各地。法国还推出了新的举措，例如，新的酒店分类系统，该系统现已与国际标准保持一致。在 2017 年的 ICCA 的国际会议城市排名中，有 8 个法国城市（巴黎、里昂、马赛、图卢兹、尼斯、波尔多、南特和斯特拉斯堡）进入欧洲主要目的地排名前 100 名。法国的会议城市有巴黎、里昂、尼斯、斯特拉斯堡、波尔多、比亚里茨和梅斯等。

3. 法国体育赛事发展情况

法国的体育赛事也非常发达。法国体育基础设施非常多且设施先进，每年会举办数百场大规模的赛事，是名副其实的世界体育强国。法国还是现代奥林匹克运动的发起国，历史上曾经举办过众多国际顶级体育赛事，包括 1900 年和 1924 年的奥运会，另外还承办了 1960 年第一届欧洲杯、1984 年欧洲杯、2016 年欧洲杯，1938 年世界杯和 1998 年世界杯。

（二）法国政府在法国会展业发展中的作用

法国政府推动了法国会展业的诞生和发展，并推动形成了世界会展业治理的标准体系。法国历史上一共举办过 7 次世界博览会，其中 1900 年以前就举办过 5 届，这为法国会展业早期的繁荣打下了坚实的实践基础。[②]面对 1851 年以来，各国政府和民间旺盛的会展发展热潮，法国政府发起签署了《国际展览会公约》，并根据公约成立了国际展览局。这不仅规范了各国的世博会的举办行为，而且也对法国国内会展业的发展产生了良好的规范作用。其后，法国民间团体也发起成立了民间版的国际展览局——国际展览业协会，通过对各国商业展览会进行认证而规范和推动了各国展览业发展的标准化、规范化的历史进程。[③]

进入 21 世纪以来，法国政府才逐步退出会展具体业务领域，开始通过一系列官方机构、半官方机构以及民间协会推进会展产业的发展。法国外贸中心、法国企业和技术国际促进署（CFME-ACTIM）、法国工商会（CCI FRANCE）和法国企业国际化发展组织等就是这样的官方机构，法国贸易展国际促进会（Promo Salons）、法国国家会议委员会（France Meeting and Convention Board）等则是具有一定官方背景的机构。

知识拓展

法国贸易展国际促进会

法国贸易展国际促进会成立于 1967 年，由法国对外贸易中心（CFCE）、巴黎工商会（CCIP，now CCI Paris-IDF）和法国专业展览联合会（FFSS，现为 UNIMEV）联合发起

---

① ICCA 官网. 2017 年 ICCA 统计报告. https://www.iccaworld.org/knowledge/benefit.cfm? benefitid=4036, 2019-04-19.

② 1900 年以前法国的世界博览会分别是 1855 年巴黎世博会、1867 年巴黎世博会、1878 年巴黎世博会、1889 年巴黎世博会和 1900 年巴黎世博会. 详细情况参见国际展览局官网. 1851 年以来的世博会. https://www.bie-paris.org/site/en/all-world-expos, 2019-04-19.

③ 国际展览业协会是当今世界最为重要的非政府间国际展览业组织，详细内容参加国际展览业协会官网 UFI 历史发展的相关介绍. https://www.ufi.org/about/, 2019-04-19.

成立，目的是在国际上促进法国国际贸易展，以增加法国贸易展的国际专业买家和参展商的数量，同时，也有利于巩固法国和巴黎作为国际会展业旗舰的地位。

法国贸易展国际促进会有 14 个创始成员，如巴黎—布尔歇国际航空航天展览会、巴蒂马航空展、西亚尔航空展和巴黎国际农业机械展览会（SIMA）等，它们现在都在全球范围内居于同类展会的领导者地位。最初，法国贸易展国际促进会在国外共有 5 个办事处，分别在德国、西班牙、英国、意大利和瑞典。目前，大约有 15 名成员是法国以外的法国贸易展。法国贸易展国际促进会现有 80 个成员和 55 个海外办事处。

直到今天，法国政府依然十分重视通过举办大型国际会展活动推动经济社会转型发展。最近法国政府又成功申办了 2019 年的女足世界杯、2023 年的橄榄球世界杯和 2024 年奥运会，并且法国政府还在谋求再一次举办世界博览会。

法国政府主导大规模的会展产业基础设施的建设，为法国会展业在 20 世纪的腾飞奠定了坚实的物质基础。20 世纪初以来，法国政府持续投资兴建会展场馆设施，然后以经济合同方式委托专业公司经营管理，采取混合制的方式建立经营管理公司。进入 21 世纪以来，法国的这两项政策均收到了良好的效果，并孕育了全世界最为杰出的会展场馆管理公司。以全世界最大的会展场馆管理公司法国智奥（GL events）会展集团为例，这家集团公司的场馆经营公司就管理着法国 24 家会展场馆，此外还经营者英国、中国、巴西等国的 16 家会展中心，总面积达 120 万平方米。[①]法国巴黎展览馆集团、里昂欧洲博览中心（Eurexpo Lyon）等都属于混合制场馆经营管理公司，政府方面分别由巴黎工商会（CCIP）和里昂工商会代表政府出资控股。

法国巴黎展览馆集团是法国最大的会议和展览中心管理集团之一，由巴黎工商会和尤尼百-洛当科集团（Unibail-Rodamco）各自在巴黎所属的展馆和会议中心整合而成，是全球最大的场馆集团。两大集团把各自在巴黎所拥有的 9 个展览馆和会议中心整合在新品牌巴黎展览馆集团旗下，包括著名的北郊维勒班展览中心、凡尔赛门展览中心和巴黎会议中心等。[②]

二、法国会展业政府主导发展模式形成原因

法国政府具有主导举办大型会展活动的传统。早在 1667 年法国国王路易十四就为新成立的皇家绘画雕塑学院举办展览活动，这被视为欧洲各国政府首度支持举办展览会。法国大革命后，战争对经济的损坏尤其巨大，经济萧条，为了刺激工商业的发展，艺术展览会逐步被工业展示所取代，成为法国政府推动国家工业发展的重要手段。[③]根据国际展览局官方统计，自 1855—1900 年的 45 年间，为了推动技术进步和工业革命的扩散，法国政府举办了 5 届世界博览会，平均每 9 年一届，举办次数和频率均居欧美各工业国

① GL 会展集团官网. GL 公司简介. http://www.gl-events.com/gl-events-groupe-mondial-evenementiel-organisation-d-evenements-et-gestion-d-espaces-pour-salon-congres-colloque, 2019-04-19.

② 法国巴黎展览馆集团官网. 巴黎展览馆集团简介. https://www.viparis.com/en/qui-sommes-nous, 2019-04-19.

③ 乔兆红. 百年演绎: 中国博览会事业的嬗变[M]. 上海: 上海世纪出版社, 2009.

之首。进入 20 世纪以后，法国政府又分别在两次世界大战之间，即 1929 年和 1937 年举办了两届世界博览会，仅次于美国和比利时的 5 次，居当时世界的第三位。特别要指出的是巴黎以举办过 7 次世界博览会成为历史上世界各国城市中举办世界博览会次数最多的城市。

法国政府历来重视其国际社会的大国责任和协调人角色，为掌握国际事务主导权，牵头成立了众多政府间国际组织，并力促将国际总部落户法国，这是法国会展业政府主导发展模式形成的客观原因。1814—1815 年的维也纳会议是拿破仑战争后在奥地利维也纳召开的一次欧洲列强重新划分欧洲政治地图的外交会议。当时，战败国法国面临被瓜分的危机，法国和谈代表塔列朗却利用列强的矛盾，通过提出正统原则主导了会议的议程，保住了法国领土的完整，并维护了法国的大国地位。第一次世界大战后，法国更是以战胜国的身份在巴黎主持召开了重新划分世界秩序的巴黎和会，巴黎成为毫无争议的国际事务协调中心。在法国政府的支持、主导甚至干预下，包括国际展览局（1928 年成立，总部位于巴黎）、国际刑警组织（1923 年成立，其总部 1989 年迁往法国里昂）、联合国教科文组织（1946 年成立，总部位于巴黎）、经济合作与发展组织（1961 年成立，总部位于巴黎）等几十家权威的政府间国际组织选择落户法国，巴黎也成为深受政府间国际组织青睐的第一城市。这些政府间国际组织的落户，还吸引了大批相关的非政府间组织落户，据不完全统计，仅总部在巴黎的国际组织总数就达上百个，这些国际组织为法国带来了数量众多的国际会展活动。

法国重视会展活动的全方位功能，对国际会展事业发展的主导在客观上也推动了法国会展业的发展。国际展览局官方网站在介绍什么是世界博览会的时候，解释道：世界博览会是政府组织和推动的大型全球性活动，旨在教育公众、分享创新、促进进步和促进国际合作；世界博览会有助于打造民族认同，开展公共外交和打造全新的国家品牌。整个 19 世纪后半叶贯穿的是英法对世博会主导权的争夺[①]，而进入 20 世纪后，美国、比利时等其他国家异军突起，给法国带来巨大的竞争压力。为了保留对国际会展事业发展的主导地位，1928 年，法国发起签订了《国际展览会公约》，并据此成立了国际会展事业的管理机构——国际展览局。

开展国际政治经济竞争的动机也成为法国政府主导法国会展业历史发展进程的一项重要影响因素。19 世纪中后期，由于通过举办世界博览会提高国家地位的方式已经被欧美很多国家所认同；因此，法国政府举办世界博览会都是冲着和英国开展竞争的角度上去进行的。法国世界博览会和英国世界博览会的举办时间几乎呈现犬牙交错的状态，双方的博览会规模也越来越大，这也成为法国和英国开展帝国角逐的主战场之一。

三、法国会展业政府主导型发展模式的启示

法国会展业政府主导型发展模式的第一个启示是要重视会展活动在国际事务中的平

---

① 整个 19 世纪下半叶法国举办 5 次世界博览会，分别在 50—80 年代和 90 年代末，这一时期法国对世博会的热爱近乎狂热，而实际上英国在 19 世纪后半期只举办了两届世博会，分别在 50—60 年代。

台作用。首先，重视会展活动在国际事务中的平台作用要求重视各类国际会议尤其是政府间的国际会议的作用，要发起和吸引重量级国际会议落户本国。法国会展强国地位长盛不衰的一个重要原因就是法国十分重视在国际事务中发挥关键和主导作用。这一点在决定国际关系体系转型的维也纳会议与巴黎和会中都有完美的体现。其次，重视会展活动在国际事务中的作用就要重视通过国际条约和新建国际组织掌握国际事务议题、议程等的主导权。《国际展览会公约》和国际展览局使法国充分掌握了国际会展事务的主导权和话语权。最后，重视会展活动在国际事务中的平台作用就要重视打造具有国际吸引力和影响力的国际事务协调中心和国际会展中心城市。巴黎成为近现代史上最为重要的国际事务协调中心和国际会展中心，这是和法国政府高度重视发挥法国在国际事务中的地位分不开的。

法国会展业政府主导型发展模式的第二个启示是重视会展业发展中政府主导地位的研究和转型。政府的主导地位不是一成不变的，在不同时代背景和历史条件下，政府发挥主导地位有不同的任务领域和表现形式。首先，要研究在会展业发展起步阶段政府主导地位的体现领域和表现形式。19世纪后半叶，法国会展业发展中政府的主导地位主要体现在举办影响力巨大的世界博览会和各种专业博览会，引导民间会展举办行为。20世纪20年代，欧洲各国会展业竞争十分激烈，法国政府对会展业的主导就体现在发起《国际展览会公约》，通过国际法的形式对国际会展业的发展进行规范。20世纪60年代以来，法国政府则通过兴建大量会展基础设施和主导各种会展促进机构来促进会展业发展的历史进程，这种主导行为一直持续到现在。其次，也要研究在国家不同发展历史阶段和背景下，政府主导的会展发展行为的侧重点和发展战略。法国历史上举办的7次世界博览会基本上都在作为大国崛起的历史初期和中期，二战以后法国就再也没有举办过世界博览会了。美国历史上一共也举办过7次世界博览会，时间跨度从1876年到1962年，基本上贯穿了美国崛起的近百年历史，其后美国也没有再举办过世界博览会。在确立大国地位后或者完成崛起后，法国政府和美国政府就将工作的重点转移到构建国际体系和国际组织方面去了，而这一点正是保持会展大国地位更加坚实的制度和组织基础。最后，还要研究政府主导地位形成的产业基础、社会基础和国际背景。

法国会展业政府主导型发展模式的第三个启示是要重视研究会展产业在国民经济社会发展中的地位和作用。现代会展产业是一个包含会议业、展览业、体育赛事、公司会展、节庆和文化会展等众多部门的大会展产业，并且和国民经济各个产业、各个领域都有着深度和广度的交叉与融合，这已经成为国际社会的共识。因此，国家政府要重视研究会展产业的地位和作用，全面掌握其功能发挥的规律，只有这样才能使会展业更好地为国民经济社会发展服务。

参考文献：

1. 乔兆红. 百年演绎：中国博览会事业的嬗变[M]. 上海：上海世纪出版社，2009.

2. Kulchawik L. Trade Shows From One Country To The Next[M]. Page Publishing Inc., 2015.

参考网站:

1. 欧洲城市营销组织官网: https://www.europeancitiesmarketing.com
2. 法国高美博览集团官网: https://www.comexposium.com
3. 巴黎会议旅游局官网: https://en.parisinfo.com
4. 尼斯会议局官网: http://www.meet-in-nice.com
5. 里昂会议中心官网: http://www.ccc-lyon.com/home
6. GL 会展集团官网: http://www.gl-events.com
7. 斯特拉斯堡会议局官网: https://www.mystrasbourg.com
8. 梅斯会议局官网: http://www.congres-metz.com/en
9. 法国贸易展国际促进会官网: https://www.promosalons.com
10. 法国巴黎工商会(CCIP)官网: http://www.cci-paris-idf.fr
11. 法国会议业协会官网: https://france-congres-evenements.org
12. 法国会议局官网: http://int.meeting.france.fr
13. 里昂欧洲博览城官网: http://www.eurexpo.com
14. 巴黎会展集团官网: https://www.viparis.com/en
15. 法国 OJS 会展审计机构官网: http://www.ojs.asso.fr
16. 法国会展活动业协会官网: https://www.levenement.org

第四节　领先各国的德国展览业

一、德国展览业的基本概况

德国发展展览业的地理位置优越、历史悠久,展览业实力强大,是公认的世界第一展览强国。展览业最早可追溯到 12 世纪,是从中世纪城邦的摆地摊的集市交易发展起来的。人们最初在地摊上搞易货贸易,后来逐渐形成货币贸易,产生博览会的雏形。1895年春季,在德国展览业名城莱比锡举办了第一次样品博览会,它被称为现代专业贸易展览会的鼻祖。第二次世界大战后,为了促进德国的经济腾飞、出口贸易和打造德国的工业大国形象,德国政府大力扶持和发展展览业,一举使德国成为世界展览业的王国。

据 AUMA 统计,2017 年德国共举办了 311 个国际展览会和地区性展览会,吸引了22.96 万家国内外参展企业,展位净面积约 804 万平方米,专业观众约 1561.24 万人,为德国创造了约 480.12 亿美元的直接和间接收入,约占当年德国 GDP 的 1.3%,此外,还为德国创造了 23.11 万个就业岗位、45 亿欧元的联邦和地方税收收入,成为保障德国国际经济影响力和贸易大国的支柱性产业。[①]

二、德国展览业领先的表现

1. 国际领先的国际展览中心城市

德国拥有柏林、杜塞尔多夫、科隆、汉诺威等世界最多的国际知名展览中心城市。

---

① AUMA. 2017 德国贸易展览业评论. https://www.auma.de/en/media/publications, 2019-04-19.

德国位于欧洲中部，领土面积仅有 35.7167 万平方千米，相当于我国的浙江省、江苏省和山东省三省面积之和，人口约 8267 万人，介于山东省和江苏省之间。但是在全球 55 个展览中心城市中，德国却以拥有 10 个风格各异、定位明确且错位竞争的国际展览中心城市而位居全球第一位，这 10 个城市分别是柏林、杜塞尔多夫、科隆、汉诺威、法兰克福、慕尼黑、纽伦堡、埃森、莱比锡和斯图加特。[①]

德国展览中心城市的展览场地供给能力处于世界领先地位。根据表 2-7 来看，全球 10 万平方米以上的 60 个大型场馆中，德国展览中心城市占 10 个，约占 16.67%，20 万平方米以上的 19 个超大型会展场馆中，德国展览中心城市占据了 5 个，约占 26.32%。特别需要指出的是，全球十大会展中心中，德国展览中心城市占据了 4 席，在全球展览中心城市展览场地供给能力中处于主导地位。

德国展览中心城市在世界 100 强商贸展览会（Trade shows Capacities）的供给能力中也居于绝对主导地位。根据《进出口经理人》杂志 2018 年世界 100 强商业大展的排名，德国展览中心城市举办的展览数量超过一半，达到 51 个。德国举办的这 51 个展览主要集中在 7 个城市，其中科隆、汉诺威、杜塞尔多夫、法兰克福、慕尼黑，分别有 11 个、10 个、8 个、8 个和 7 个；另外还有柏林和纽伦堡，也分别有 4 个和 3 个。相比之下，中国在世界 100 强商业大展中占 22 个，居第二位；意大利 11 个，居第三位；法国、美国、瑞士和俄罗斯分别有 8 个、5 个、2 个和 1 个。[②]

德国展览中心城市在世界营业额超 1 亿欧元的组展公司供给中也具有优势地位。根据表 2-7 来看，2017 年，全球一共有 34 家营业额超 1 亿欧元的组展公司，其中德国的展览中心城市拥有 8 家，仅少于英国的 9 家，约占总数的 23.53%；这些公司涉及法兰克福、杜塞尔多夫、科隆、汉诺威、慕尼黑、柏林、纽伦堡和斯图塔特。相比之下，法国、意大利均有 3 家营业额超 1 亿欧元的组展公司，中国有 2 家，美国仅有 1 家上榜。

总体来看，德国的展览中心城市在展览场地供给能力、世界级商业贸易展览会供给能力和世界级组展公司供给能力三个核心指标上，在国际上居于全面的领先地位。根据上海大学张敏教授所做的研究，全球 51 个国际展览中心城市按照综合表现还可以分为三个梯队，综合实力最强的 12 个第一梯队国际展览中心城市中德国就入围了法兰克福、汉诺威、杜塞尔多夫、科隆、慕尼黑、柏林、纽伦堡 7 个城市，占据了第一梯队的 70%，居世界第一位。

2. 领先世界各国的会展场馆设施

会展场馆是展览业发展所必需的基础设施，"二战"后的历届德国政府都非常重视会展场馆的建设，这使得德国的会展场馆在多个方面都居于世界领先地位。根据 AUMA 最新统计，2018 年德国的展览场地总面积为 321 万平方米，预计到 2022 年德国各级政府还计划投资约 9 亿欧元用于会展场馆的现代化展厅建造、改造和更新。

德国会展场馆展览规模和大场馆数量居于世界领先地位。根据 AUMA 的统计，如

---

① 55 个全球展览中心城市是上海大学上海会展研究院院长张敏教授领先团队根据会展综合指数综合评价出来的，详细名单请参见张敏. 中外会展业动态评估研究报告 2016[M]. 北京: 社会科学文献出版社, 2016.
② 2018 年世界商展 100 大排行榜[J]. 进出口经理人, 2018(7): 66-69.

表 2-7 和表 2-8 所示，德国拥有展览面积超过 10 万平方米的会展中心 10 个，展览面积超过 2 万平方米的会展中心 22 个。全球十大会展中心有 4 个位于德国，即汉诺威展览中心（世界排名第一位）、法兰克福展览中心（世界排名第三位）、科隆展览中心（世界排名第 7 位）和杜塞尔多夫展览中心（世界排名第 10 位）。

表 2-7   世界 10 万平方米以上会展场馆一览表（2018 年）

展 馆 名 称	展览面积（万平方米）	展 馆 名 称	展览面积（平方米）
汉诺威展览中心（德国）	46.3	帕尔马展览中心（意大利）	13.5
上海国家会展中心（中国）	40	亚特兰大世界会议中心（美国）	13
法兰克福展览中心（德国）	36.7	里昂欧洲博览中心（法国）	13
米兰国际展览中心（意大利）	34.5	休斯敦会展园（美国）	12
广交会馆（中国）	33.8	义乌国际博览中心（中国）	12
昆明滇池国际会展中心（中国）	30	肯塔基博览中心（美国）	12
科隆展览中心（德国）	28.4	伊斯坦布尔会展中心（土耳其）	12
莫斯科拉斯维加斯国际展览中心（俄罗斯）	25.5	斯图塔特展览中心（德国）	12
杜塞尔多夫展览中心（德国）	24.9	迪拜国际会展中心（阿联酋）	11.9
巴黎北部展览中心（法国）	24.2	罗马展览中心（意大利）	11.9
芝加哥麦考密会展中心（美国）	24.15	布鲁塞尔博览中心（比利时）	11.4
巴塞罗那会展中心（西班牙）	24	里米尼展览中心（意大利）	11.3
瓦伦西亚会展中心（西班牙）	23	莱比锡展览中心（德国）	11.1
凡尔赛门博览中心（法国）	22	布尔诺展览中心（捷克）	11.1
慕尼黑展览中心（德国）	20	埃森展览中心（德国）	11
重庆国际博览中心（中国）	20	波茨南国际展览中心（波兰）	11
博洛尼亚展览中心（意大利）	20	成都世纪城新新国际会展中心（中国）	11
马德里会展中心（西班牙）	20	首尔国际展览中心（韩国）	10.9
上海新国际博览中心（中国）	20	北京中国国际展览中心新馆（中国）	10.7
奥兰治县会议中心（美国）	19	日内瓦会展中心（瑞士）	10.6
伯明翰国家展览中心（英国）	18.6	沈阳国际展览中心（中国）	10.5
拉斯维加斯会议中心（美国）	18.4	莫斯科博览中心（中国）	10.5
纽伦堡展览中心（德国）	17	深圳会展中心（中国）	10.5
柏林博览中心城（德国）	17	新奥尔良会议中心（美国）	10.2
维罗纳会展中心（意大利）	15	新加坡博览中心（新加坡）	10.2
毕尔巴鄂展览中心（西班牙）	15	伦敦卓越会展中心（英国）	10
武汉国际博览中心（中国）	15	乌得勒支皇家会展中心（荷兰）	10
华沙博览中心（波兰）	14.3	长春国际会展中心（中国）	10
巴塞尔展览中心（瑞士）	14.1	苏州国际博览中心（中国）	10
曼谷国际会展中心（泰国）	14		

资料来源：AUMA 官网。

德国的会展场馆理念先进、区位合理，能够和城市发展规划高度融合，引领着世界会展场馆规划和建设的潮流。在场馆建设的理念上，德国的会展场馆强调适度、可持续、实用性和绿色。在场馆的区位选择上，德国的会展场馆一般都选择在市中心或者市郊接合部，强调与周边配套基础设施的融合发展。此外，由于德国会展场馆一般都是作为城市的最为核心的基础设施来规划的，并作为市中心来建设和发展，因此和城市规划具有高度的一致性和融合性，强调通过会展场馆的建设带动城市的发展，如汉诺威会展中心之于汉诺威市。目前，德国会展场馆强调的无柱、大展览空间已经成为各国新建会展场馆时最为看重的核心指标。

表 2-8　德国主要会展场馆一览表（2018 年）

场　　馆	室内（万平方米）	室外（万平方米）	场　　馆	室内（万平方米）	室外（万平方米）
汉诺威展览中心	46.3	5.8	汉堡展览中心	8.6	1
法兰克福展览中心	36.7	5.95	巴特萨尔茨乌夫伦展览中心	7.8	
科隆展览中心	28.4	10	奥格斯堡展览中心	6	
杜塞尔多夫展览中心	24.8	41.4	卡尔斯鲁厄展览中心	5.8	1
慕尼黑展览中心	20	15.7	不莱梅展览中心	5.2	6.2
柏林博览中心城	17	5	埃尔福特展览中心	3.9	10
纽伦堡展览中心	17	4	奥芬堡展览中心	2.5	2.16
斯图塔特博览中心	12	7	弗莱堡展览中心	2.26	3.79
莱比锡展览中心	11.1	2	柏林机场展览中心	2.15	8.1
埃森展览中心	11	3.55	开姆尼茨展览中心	2	
腓特烈展览中心	8.75		胡苏姆展览中心	2	5.7
总计	233.05	100.4	总计	48.21	37.95

资料来源：AUMA 官网。

3. 领先世界各国的大型展览会

德国展览会在世界 100 强商贸展览会（Trade shows Capacities）供给中长期占据绝对支配地位。根据《进出口经理人》杂志 2008—2018 年长达 11 年的统计数据显示，虽然德国自 2008 年高峰期占世界 100 强商业大展的 62 个，一路下滑到 2015 年的 50 个，但是现在基本上稳定在 50 个左右，[①]这个能力和地位是世界其他国家望尘莫及的。

德国展览会的领先还体现在其举办的展览会的主题覆盖面广和专业化程度高两方面。专业化是德国展览业的核心竞争力之一。根据德国展览业协会编制的德国展览会主题目录显示，德国展览业将社会经济行业细分成 99 个展览会主题，每个展览会主题又分成若干分支，几乎涵盖了所有工业产品领域和社会服务行业。例如，建筑行业又细分为旧建筑物修缮、电梯、建筑陶瓷、建筑机械、建筑材料、建材机械、屋顶建造、窗户、玻璃加工技术、室内设计、陶瓷生产、电梯制造、大理石、房屋修缮、防晒、石材、道路建造和门等行业分支。展览会主办方可就该行业某个或某几个分支举办相关的专业展览会。同时，专业展也可以做大做强，德国一些专业品牌展（如太阳能展、建筑机械展）展出面积可以达到 10 万~30 万平方米，并配套组织系列专业研讨和展示活动，从而成为全球该产业名副其实的风向标。

德国展览会的知名度高、引力强，居于国际领先地位。全世界有近 2/3 的不同行业

① 2018 年世界商展 100 大排行榜[J]. 进出口经理人, 2018(7): 66-69.

的全球领先的贸易展览会在德国举行，德国是世界上国际贸易展览参展和商务采购洽谈的首选地。德国最负盛名的国际展览会有汉诺威信息与通信技术博览会（CeBIT）、汉诺威工业博览会、法兰克福消费品博览会、法兰克福书展、科隆五金展、柏林国际旅游博览会、慕尼黑国际建筑机械博览会和纽伦堡国际玩具博览会等。这些知名的展览会每年为德国吸引来自全世界的 20 余万家参展企业和 1500 多万人次的专业观众，并创造约 145 亿欧元的直接消费，带动 20 多万个就业岗位。

德国展览会的国际化程度处于国际领先水平。根据 AUMA 和 UFI 的相关统计，在德国举办的国际展览会外国参展商比例连续多年均超过 50%，如 2017 年来自海外的参展商达 10.783 万家，比重达 61.2%，其中，中国、意大利、法国、荷兰和美国是德国的五大参展商来源国。2017 年，来自海外的专业观众达 972.67 万名，达到了创纪录的 64.85%，其中，荷兰、意大利、奥地利、瑞士和法国是德国展览会专业观众的五大来源国，中国是第十大专业观众来源国。[①] 德国展览会的高度国际化水平充分反映了德国作为世界贸易中心和采购中心的地位。

4. 领先世界各国的展览企业

德国的展览企业具有世界领先水平。德国展览企业的整体经营能力强大。如表 2-9 所示，2017 年，全球营业收入超过 1 亿欧元的 34 家展览公司中，有 8 家展览公司的总部位于德国，其营业额总和超 27 亿欧元，带动德国展览业直接效益约 145 亿欧元，间接产值约 280 亿欧元，高于英国展览业的 125 亿欧元的直接产值。

表 2-9　世界营业额超 1 亿欧元展览公司排名表（2018 年）

公 司 名 称	2017 年（亿欧元）	2016 年（亿欧元）	公 司 名 称	2017 年（亿欧元）	2016 年（亿欧元）
励展博览（英国）	12.64	12.77	伯明翰 NEC 集团（英国）	1.83	1.7
UBM（英国）	9.79	8.3	ITE 集团（英国）	1.73	1.56
法兰克福展览（德国）	6.69	6.47	Clarion Events（英国）	1.71	1.83
英富美（英国）	6.31	3.58	Easyfairs（比利时）	1.6	1.15
GL 会展（法国）	4.82	4.53	Tokyo Big Sight(日本)	1.57	1.78
MCH 集团（瑞士）	4.22	4.1	巴黎会展集团（法国）	1.46	1.65
杜塞尔多夫展览（德国）	3.67	4.43	塔苏斯集团（英国）	1.33	0.8
科隆展览（德国）	3.58	2.74	DMG 会展集团（英国）	1.32	1.23
汉诺威展览（德国）	3.56	3.02	斯图塔特展览（德国）	1.31	1.59
慕尼黑展览（德国）	3.33	4.28	IEG 会展集团（意大利）	1.31	1.25
绿宝石博览（美国）	2.85	3.06	上海新国际博览中心（中国）	1.28	1.21
柏林博览（德国）	2.84	3.09	哥德堡会展（瑞典）	1.27	1.31
米兰展览（意大利）	2.71	2.21	博罗那展览（意大利）	1.26	1.32
香港贸发局（中国）	2.54	2.38	RAI Amsterdam（荷兰）	1.23	1.2
i2iEvents（英国）	2.22	2.1	马德里展览（西班牙）	1.18	1.06
纽伦堡展览（德国）	2.06	2.88	乌特勒支展览（荷兰）	1.16	1.11
巴塞罗那展览（西班牙）	1.88	1.65	高美博览（法国）	1.08	1.27

资料来源：AUMA 官网。

---

① AUMA. 2017 德国贸易展览业评论. https://www.auma.de/en/media/publications, 2019-04-19.

法兰克福展览集团是世界上名列前茅的贸易展览会、会议和活动组织者之一，拥有自己的展览场地。该公司成立于1907年，总部位于美因河畔法兰克福，在全球30个城市设有分支机构，拥有2400多名员工，年销售额约6.69亿欧元，是世界第三大组展公司。仅在中国，法兰克福展览集团就拥有法兰克福展览（香港）有限公司、法兰克福展览（上海）有限公司、广州广雅展览有限公司、广州利通法兰克福展览有限公司、法兰克福新时代商业媒体有限公司（台北）和法兰克福新时代广告（深圳）有限公司六家分公司。2017年，法兰克福展览有限公司在全球范围内举办了416场会展活动，涉及消费品、建筑技术和环境技术等11大产业门类，共吸引了500多万人参加。[①]法兰克福展览集团的主要知名展览会有法兰克福书展、法兰克福春季消费品博览会等。

杜塞尔多夫展览集团是世界十大贸易展览会、会议和活动组织者之一，也拥有自己的展览场地。该公司成立于1947年，总部位于杜塞尔多夫，杜塞尔多夫展览集团2017年营业收入达3.67亿欧元，是世界第七大会展公司，拥有831名员工。[②]慕尼黑大学埃里克莱布尼茨经济研究所（IFO）研究认为，杜塞尔多夫展览集团的展览活动每年能够为德国带来24.4亿欧元的产值，并且带来22642个工作岗位和4.65亿欧元的税收收入。杜塞尔多夫展览集团通过设立子公司或者代表处等方式在亚洲、北美和东欧等地开拓业务，在中国设立了杜塞尔多夫（中国）有限公司，并合作投资了上海新国际博览中心。杜塞尔多夫展览集团主要专注于机械设备、贸易、工艺和服务、健康、医疗技术、生活方式和美容等领域，拥有欧洲零售展览会（EuroShop）、德国医疗展（ComPaMED）、杜塞尔多夫房车和篷车展（CARAVAN SALON）、杜塞尔多夫美容展（BEAUTY INTERNATIONAL）和杜塞尔多夫印刷展（drupa）等国际知名展览会。

科隆展览集团也是世界十大展览公司之一，同时也是德国第三大展览公司。该公司成立于1922年，在时任科隆市市长，后来成为德国总理的康拉德·阿登纳的倡导下成立。[③]2017年，科隆展览集团的营业额达3.579亿欧元，位居全球第八位。目前，该公司每年在科隆和全球主要市场举办80多场贸易展览会，在25个行业中拥有第一位的展览会，接待和服务来自122个国家的5.35万家参展公司、100多个国家和地区的300万名专业观众以及经过认证的2.2万名记者。[④]科隆展览集团拥有的科隆展览中心是世界第七大展览中心，每年举办大量国际知名的展览会，包括科隆游戏展、科隆家具展等。科隆展览集团是一家国际化经营的公司，非常重视中国市场，并已经在中国设立了独资公司——科隆展览（北京）有限公司。此外，科隆展览集团非常重视会展研究，早在1999年就联

---

① 法兰克福展览集团(香港)官网. 法兰克福展览集团概况. https://www.hk.messefrankfurt.com/content/dam/messefrankfurt-redaktion/corporatehongkong/for-journalist/press/corporate/2018/04_MF_At_a_glance_201806_sc.pdf, 2019-04-19.

② 杜塞尔多夫展览集团. 杜塞尔多夫展览集团简介. https://www.messe-duesseldorf.com/cgi-bin/md_home/lib/pub/tt.cgi/About_Us.html?oid=405&lang=2&ticket=g_u_e_s_t, 2019-04-19.

③ 科隆展览集团官网. 科隆展览集团的历史. http://www.koelnmesse.com/Koelnmesse/The-Company/History/index.php, 2019-04-19.

④ 科隆展览集团官网. 科隆展览集团的企业结构. http://www.koelnmesse.com/Koelnmesse/The-Company/Corporate-Structure/Koelnmesse-in-Figures/index.php, 2019-04-19.

合科隆大学组建了贸易展管理研究所。①

5. 领先世界各国的展览业国际化

德国展览业的国际化主要表现在两大方面，第一个方面是德国展览公司的国际化经营，第二个方面是德国本土展览会的国际化经营。

20 世纪 90 年代，德国展览企业开始进行国际化布局。随着德国本土及欧洲展览业空间的逐步饱和，德国展览企业开始将触角逐步伸向东欧、中东、北美和东亚等地区的市场。最具标志性的事件就是 1999 年，汉诺威展览集团、杜塞尔多夫展览集团和慕尼黑展览集团共同组建了德国博览集团公司，投资中国上海新国际博览中心，推动了中国展览业大发展的历史进程，同时也使德国的展览公司加速进入中国展览业市场，成为中国展览市场的主导力量之一。随后，越来越多的德国展览公司将开拓国际市场视为企业发展壮大的基本战略，德国展览公司的国际化进程大幅加速了。以法兰克福展览集团为例，截至 2018 年 10 月，该公司在欧洲的英国、法国、意大利、俄罗斯和土耳其，在亚洲的中国、日本、韩国、印度和阿拉伯联合酋长国，在北美的美国，在非洲的南非等国家开设众多的全资公司。从经营地域上看，法兰克福展览集团已经是一家名副其实的全球化经营的展览集团。②

德国展览业的国际化最为显著的特征是德国展览会的国际化因素。首先，德国展览业的国际化表现在高比例的国际参展商。2017 年，德国境内举办的国际性展览会中的国际参展商比例已经超过 60%，随着德国在全球采购市场地位的不断提高，这一比例还将进一步提升。③其次，德国展览业的国际化表现在高比例的国际专业观众。2017 年，德国境内举办的国际性展览会的海外专业观众的比例也接近全部专业观众的 2/3，而且这一比例同样在提高。最后，德国展览业的国际化表现在强大的国际影响力。德国展览业的影响力已经超越了单纯的经济范畴，开始具有社会、政治和国际影响力。众多的国际领先水平的展览会已经成为德国开展国际外交活动和宣传的最佳场地。德国政府总理、各部部长以及各邦领导已经将展览会当作德国工业、技术和文化的最佳宣传平台。

三、德国展览业领先各国的原因

1. 国家出口导向型经济发展战略为德国展览业提供了经济基础和发展动力

德国展览业在发展初期主要得益于欧洲整体展览业的繁荣以及德国优越的地理位置。"二战"结束后的 25 年间，联邦德国创造了所谓的"经济奇迹"，德国经济持续了 25 年的高速增长，国民生产总值在 1959 年和 1960 年先后超过法国和英国。同时，德国开始实施出口推动型经济扩张政策，对外贸易分别在 1953 年和 1962 年超过法国和英国，成为仅次于美国的资本主义世界第二大贸易国。作为国际贸易的重要角力场，联邦德国在展览业方面得到不断壮大和发展，并且逐渐产生了法兰克福、科隆、汉诺威等

① 科隆大学. 科隆大学贸易展管理研究所. https://www.messe.uni-koeln.de/de/isu/background/institute-of-trade-fair-management/, 2019-04-19.

② 法兰克福展览集团. https://www.messefrankfurt.com/frankfurt/en/company/global.html, 2019-04-19.

③ AUMA. 2017 德国贸易展业评论. https://www.auma.de/en/media/publications, 2019-04-19.

一批展览中心城市，这些展览会在展示德国工业成果、扩大出口方面发挥了不可替代的作用。

此外，前民主德国的莱比锡博览会也成为沟通东西方贸易的重要渠道。前民主德国每年与西方国家达成的贸易额中，有 1/3 是在莱比锡博览会上完成的。莱比锡博览会因此被誉为"通往东欧国际贸易市场的门户"。

2. "二战"后，国际展览业逐步由综合性向专业性展会过渡，德国发现并顺应了这一历史趋势，并最终确立了其在国际展览业的领先地位

国际展览业从诞生伊始，就存在着综合性和专业性之争。不过一直到二战结束，综合性展览会一直占据着主导地位，其主要表现就是各国对世界博览会的追捧。随着第三次工业革命兴起，社会化分工在全球各个层次不断扩展，各行各业也不断发展壮大，综合性展会的弱点逐渐显现，变得不再适应行业发展需要。其主要原因是综合性展会虽然展品众多，但没有明显的关联性，观众和参展商都处于无序状态。

"二战"后的德国展览业迅速扩张，德国国内兴起了很多新的展览城市，竞争程度日益加剧，这迫使展会主办者加速了德国展览业的专业化进程。从以行业作为主线、融入相关行业的产品和服务的行业性综合展览开始，德国的展览业不断进行着调整。进入 20 世纪 60 年代后，专业性展会在德国进一步发展壮大起来，原来的一些综合性的展览被细化分为若干个专业展，20 世纪末，综合性展会逐渐退出市场。

综合性展览向专业性展览的历史性过渡使得德国的展览业市场得以有序、健康发展，避免了内部恶性竞争。在国际上，专业性展览也逐渐被认同和接受，并成为国际展览业发展的主流，这代表了国际展览业主要的发展趋势。

3. 德国展览业与德国各行业协会紧密合作，与时俱进是德国展览业逐步确立领先地位的最为关键的原因

德国展览业和行业协会的合作在最大程度上确保了德国展览业的专业性和行业代表性，其合作内容主要表现在以下两个方面：一方面是德国所有的展览公司和 36 个全国性的工业协会均是德国展览业协会（Association of the German Trade Fair Industry，德语缩写为 AUMA）的会员，行业协会提供最新的行业动态、对展览会计划提出建议并协助开拓营销渠道，展览公司负责具体的组织运作，完善展览会的配套设施和服务。[①]另一方面，一些工业行业协会本身就是德国知名展览会的主办方。例如，法兰克福国际乘用车展的主办方就是德国汽车工业协会，法兰克福展览公司是承办单位，双方紧密合作、合理分工，从而达到互利共赢。

德国展览会能够顺应工业发展趋势和国家战略，并引领工业变革也是德国展览业始终居于领先地位的重要原因之一。展会主题随着工业经济的发展而及时转变，正是德国会展业蓬勃发展的根本所在。"二战"后，德国展览会以机械、汽车和消费品等为主。20世纪 80 年代，伴随着信息技术产业的兴起，汉诺威信息技术展成为德国展会的头号品牌。近年来，德国一批新兴的房地产、生物和新能源等会展品牌逐渐崛起，如奥格斯堡的国

---

① AUMA 官网. AUMA 简介 2017. https://www.auma.de/en/media_/publications_#pubId=96, 2019-04-19.

际能源展。德国展览业非常注意结合行业发展趋势和方向不断调整和创新展会主题，赋予展览项目以时代特色，从而保证了展览会的长久生命力和活力。近些年，德国开始引入工业 4.0 战略，即将物联网及智能服务引入制造业的第四次工业革命时代。这一战略及相关的智能物联产品迅速在 CeBIT、汉诺威工业博览会、柏林国际消费电子展等国际知名展会上得到充分体现。为配合工业 4.0 的产业发展潮流和趋势，汉诺威展览公司2015年在柏林首次举办"全球大城市智能解决方案大会"，成功将其打造成为全球最大的集研讨和展示于一身的城市智能解决方案平台。

知识拓展

德国展览业协会[①]是德国最重要的展览组织和展览业服务、协调的国家级权威机构，在世界展览业界也有很强的影响力。德国展览业协会 1907 年成立于德国柏林，其前身为德国工业常设展览业委员会，代表德国私营领域的行业协会，紧密联系着德国展览场地拥有者、展览会举办者、参展商、参观者和展览服务企业等各相关组成部分，在国际国内展览业范围内保护德国企业的共同经济利益。

德国展览业协会的主要职责是代表德国展览业利益，游说州和联邦政府的立法和行政机构；协调德国官方的出国办展活动；牵头制订德国每年的官方出国办展计划；协调所有在德国举办的展览及德国在国外组织的展览活动；吸引外国企业来德参展或办展；发布德国及世界各地的展览信息；主导德国展览会统计自愿审核协会（FKM）的展览会数据审计工作；提供展览相关咨询服务和展览专业培训等。

德国展览业协会的会员企业有 78 家，主要来自经济组织（包括德国的 36 个全国性工业协会）和展览公司。德国展览业协会会员每年在德国境内举办 100 多个大型国际贸易展览会，在亚洲、南北美洲和东欧地区举办 200 多个国际贸易展览会。AUMA 会员享有的权利包括在国外进行宣传、获得出国参展的建议和重要参考数据、获得 FKM 专业展览评估和审计、利用展览图书馆和数据库资源、获得最新展览信息和市场调研报告、参加展览行业培训、进行展览咨询等。德国展览业协会是非营利性组织，运行资金的 99%来自展览会举办者上缴的管理费，另外 1%的资金来自其会员缴纳的会费。

德国展览业协会具有重要的国际影响力，是国际展览联盟（UFI）的成员，代表政府和德国展览业参加 UFI 年会。德国展览业协会是联邦—州展览委员会的常务成员，负责协调州与联邦的国外参展事务，避免重复补贴。德国展览业协会定期参加德国展会组织者协会（如 IDFA-德国展览城市利益共同体和 FAM A－德国展会组织者专业协会）的各项活动。

德国展览业协会统计自愿审核协会[②]成立于 1965 年，是德国权威的展会评估机构，总部设在柏林，目的是制定统一的展览会相关指标统计审核标准，促进会展数据的透明度和真实性。FKM 直属会员包括德国的 75 家会员，以及中国香港贸发局、意大利 Verona

---

① 根据 2017 年 AUMA 发展情况介绍翻译整理，2017 年 AUMA 发展情况介绍．https://www.auma.de/en/media_/publications_/Documents/auma-portrait-2017/auma-portrait-2017.pdf, 2019-04-19.

② 根据 FKM 官网 FKM 简介、2017 年展览会认证数据报告等相关信息翻译整理而成，https://www.fkm.de/, 2019-04-19.

展览公司和莫斯科 MVK 三个外国展会机构。

中国香港贸发局是德国 FKM 直属会员，是 FKM 的三个外国展会机构之一，按照 FKM 的规则和标准申报展览会统计数据，接受 FKM 组织的专门机构对其统计数据进行审计。

FKM 成员的展览会在参展商和参观者的竞争中拥有更好、更具决定性的论据和全面的、客观的贸易展览会数据。FKM 认证的交易会不仅更容易在贸易展览会媒体上列出，而且还会受益于联邦和州政府在财务和后勤方面为参展商提供支持的补贴计划。

德国目前的 51 名 FKM 会员已在 37 个地点举办了约 270 个交易会并进行认证。在国外，FKM 在奥地利的维也纳和中国香港共审核了 19 个交易会。

4. 政府支持为德国展览业发展创造了良好的政策、制度和物质条件

德国展览业领先地位的确立离不开政府的大力扶持和发展。德国政府的支持主要体现在以下几个方面。首先，在中央层面，联邦政府通过德国展览业协会对德国展览业进行宏观调控，其主要职能包括制定严格的行业规则制度和相应的评估指标，发布展览会相关信息，确保展览会市场透明公开，支持中小企业到海外参展，组织展览业专业人才的教育与培训，统筹协调展览业的专业调研。其次，在地方层面，德国地方政府主导了展览业基础设施的规划和建设，并且成为展览组展市场的支配力量。德国的地方政府一般也是当地展览公司的最大股东，但不参与展览公司具体的决策，只是通过监事会对其进行监督。例如，杜塞尔多夫展览集团公司的大股东杜塞尔多夫市政府占有 56.5% 的股份，①科隆展览集团监事会主席由科隆市长担任，监事会成员中还包括北莱茵—威斯特法伦州经济事务、创新、数字化和能源部主任，德国联邦议院议员，科隆市议会议员，杜塞尔多夫北莱茵—威斯特法伦州财政部国务秘书，以及科隆工商会首席执行官等政府和议会官员。②法兰克福展览集团股东只有两家，分别是法兰克福市政府（60%）和黑森州政府（40%）。③因此，从这个层面上看，德国通过国企展览公司主导了国内展览业的发展。最后，在展览业发展有利环境塑造层面，德国联邦政府和地方各级政府首脑都积极配合展览会的市场营销和宣传，主导了德国展览业的国际宣传。例如，德国总理每年均会参加汉诺威电子展和工业博览会的开幕式等活动，为展览会提升国际影响力。

5. 德国政府采取了在巩固本土核心业务的同时积极推进国际化扩张的战略

进入 21 世纪以来，由于欧洲展览业市场相对饱和，而全球展览业特别是新兴市场国家的展览市场却快速发展，因此，德国近年来大力开拓海外展览市场，在海外办展的规模和数量逐年增多。1990 年，尚无德国展览公司在海外举办展览会，而到 2017 年德国在海外举办各类展会已达 300 场。其中，在东亚、南亚和中亚地区举办展会 154 场，占 51.3%，居第 1 位。在欧洲非欧盟国家举办 58 场，占 19.3%，居第 2 位，然后依次是中东

① 杜塞尔多夫集团官网. 公司简介——管理层和股东. https://www.messe-duesseldorf.com/cgi-bin/md_home/lib/pub/tt.cgi/Management_Shareholders.html?oid=85&lang=2&ticket=g_u_e_s_t, 2019-04-19.
② 科隆展览集团官网. 公司结构管理与监督委员会. http://www.koelnmesse.com/Koelnmesse/The-Company/Corporate-Structure/Management-and-Supervisory-Board/index.php, 2019-04-19.
③ 法兰克福展览集团官网. 公司的主要数字. https://www.messefrankfurt.com/frankfurt/en/company/figures.html, 2019-04-19.

地区 25 场、拉美地区 20 场、欧盟地区 17 场、北美地区 17 场、非洲 7 场和大洋洲 2 场。这些在海外举办的展览会共吸引参展商约 12.75 万家，吸引专业观众约 926.4 万人次。[①]

德国联邦经济事务和能源部（BMWi）通过其外贸展览会计划向中小企业提供该领域的特别资金和政策支持。德国联邦经济事务和能源部专注于欧盟以外地区的贸易展览会，负责协调德国展馆（联邦主持下的联合展示）与"德国制造"的统一品牌形象。

为提升德国海外展会知名度，德国展览业协会创立了"德国海外品牌展览会"（GTQ）标示，获得该标示认证的展览会具备"德国制造"相同的品质保障。[②]为开拓海外展会市场，加强服务，德国展览公司在国外建立了 420 多个办事处。此外，德国在海外拓展业务的方式还包括成立合资或合作公司、投资建展馆、收购国外展览会，以及将本土展览会移植到海外等。

德国展览业协会海量展览会数据共享和富于创意的宣传活动有效推进了德国展览业的国际化。德国展览业协会展览会数据库存储着德国境内外约 5000 个知名展览会的相关资料，能够提供大约 5000 家组展商、会展服务提供商、相关政府机构、行业组织和境外公司的相关展会数据，并且还开发了"我的展览会"手机 APP。[③]德国展览业协会（AUMA）在展览业数据库共享、多国语言宣传册制作、宣传片锐意求新等宣传推广措施上不断发力，以及对德国海外优质展会的标识推广，支持德国组展商的国际化进程，不断提升"优质展会、德国制造"的声誉，推动德国组展商经营的海外展会项目的成长壮大。

6. 德国相关机构重视展览业的教育和研究，为德国展览业的发展提供了源源不断的理论和实践指导

德国展览业协会是德国展览业研究的主要倡导者、主导者和参与者。其对展览业的研究工作主要集中建立德国贸易展研究所和德国展览业图书馆等方面，并牵头开展了大量的贸易展览会研究。比如其和慕尼黑大学莱布尼茨经济研究所合作发布了《德国展览业的经济影响研究》[④]和汉诺威应用技术大学合作开展了"会展活动行业及其人力资源"项目。[⑤]

许多德国大学开展了展览业的教育和研究，主要有慕尼黑大学、科隆大学、莱比锡大学。除此之外，还有一大批应用技术大学，如巴登—符腾堡州合作州立大学拉文斯堡分校、奥斯纳布吕克应用技术大学等进行了会展教育，为德国展览业培养了源源不断的专业人才。

德国展览企业也非常重视和大学科研机构合作的研究。科隆展览集团 1999 年就和科

---

① AUMA 官网. 德国公司在海外组织的展览会. https://www.auma.de/en/facts-and-figures/trade-fair-sector-key-figures, 2019-04-19.

② AUMA 官网. 德国海外贸易展认证. https://www.auma.de/en/facts-and-figures/german-trade-fairs-abroad, 2019-04-19.

③ AUMA 官网. 我的展览会. http://www.myfairs.auma.de/index_e.html, 2019-04-19.

④ AUMA 官网. 德国展览会的总体经济影响. https://www.auma.de/en/media_/publications_/Documents/overall-economic-relevance-of-exhibitions-in-germany/auma-dokumentation-overall-conomic-relevance-exhibitions-germany-2018.pdf, 2019-04-19.

⑤ 汉诺威应用技术大学官网. 会展活动行业及其人力资源. https://f3.hs-hannover.de/startseite/presse/presseinformationen/sys/2017/die-veranstaltungswirtschaft-und-ihr-personal/index.html, 2019-04-19.

隆大学共同组建了展览管理研究所，这也是德国大学成立的第一所展览管理研究所。研究所成立后开展了大量的实践教学和应用研究，主要成果有《科隆贸易展览业简编》《欧洲贸易展览会组织者的竞争力：多维参考框架的发展和实证应用》《一切都是新的——德国贸易展览公司有多创新？》等。[①]

四、德国展览业发展的启示

1. 政府扶持是展览业发展壮大的前提

德国的会展场馆大多由地方政府投资兴建，政府控股展览集团公司，并且允许其他经济组织参股，实行国有独资或者混合式股份，进行公司化管理。德国的展览集团公司既是当地会展中心的持股者、经营者，还是当地展览的组展商，这种发展模式的最大好处是保障了当地展览业的理性和可持续发展。如法兰克福展览公司是德国最大的展览公司，法兰克福市政府占 60% 股份、黑森州政府占 40% 股份，其性质是完全的国有企业，其主要任务是经营法兰克福展览中心，组织大型贸易展览会和为展览会提供全程服务。

德国各级政府非常注重利用展览会提升城市形象，城市举办展览会，市政厅广场上都会悬挂会旗，并提供相应的配套服务。一些大型展览会的参观券，还能够用于参观期间乘用市内公共交通，如地铁、巴士、小火车等。虽然政府不负责展览会的招商招展，但每次展览会后政府会进行整体监管，即召开监事会，督促行业主体对展览会进行多种展览要素的全面评估。

2. 行业协会功能的发挥是打造展览业核心竞争力的关键要素之一

政府支持下的规范管理与协调机制。德国展览业协会作为政府和会展公司的中介机构，是全国性、权威性和唯一性的管理机构，负责制订完善的扶持、服务、规范、协调和发展计划。成立于 1907 年的德国贸易展览业协会是德国展览业的最高协会，主要是由德国展览公司、展会组织者、德国工商大会、德国各大行业协会、对展览感兴趣的专业协会、与展业有关的专业协会、出国展览执行公司等参展商，以及购买者和博览组织者三方面力量组合而成的联合体，以伙伴的身份塑造会展市场。在德国贸易展览业协会统一协调下，德国各博览会的目标非常明确，展会内容重复的现象极少。同时，其还是政府和展览业之间沟通的桥梁，协会通过在世界各地组织对贸易展进行考察，并归纳总结成报告，为德国政府赞助本国企业出国参展提供了很好的建议和非常重要的参考作用。

参照德国展博览委员会的模式，尽快成立全国展览行业协会，制定我国展览业发展战略与规划，切实履行行业管理职责，协调全国各地展览计划的制订，尽可能避免出现会展内容重复的现象。

3. 世界一流的展览场馆供给能力、世界级商业大展和世界级展览公司是德国展览业领先世界的三个核心竞争力

首先，在展览场馆场地供给方面，根据展览业规模化的发展趋势，我国还需要再努

---

① 科隆大学官网. 贸易展管理研究所研究信息. https://www.messe.uni-koeln.de/de/forschung/diskussionspapiere/, 2019-04-19.

力建设一批 20 万平方米以上的超级会展中心，尤其是要突破 50 万平方米展览面积的束缚，力争达到建设室内可展览面积 60 万平方米左右的世界第一大会展中心。

其次，在世界 100 强商业大展培育方面，我国展览业要积极联合相关工业协会，对接国家相关战略，在确保专业性的前提下采取同类联合、并购等方式，实现规模上的进一步扩张。

最后，在展览公司规模化方面，要积极学习德国地方政府的经验，采取措施集中本地区最优的场馆、办展和展览服务资源，通过兼并、重组等方式，组建会展集团，打造一批具有一定规模、产业链整合服务优势的展览集团。

4. 德国的会展教育和研究是德国展览业保持国际领先地位的重要知识原因

德国会展教育的经验主要集中在两方面。第一是德国著名高校开展展览业作用、功能等相关研究，这些研究实质性提升了德国社会各界对展览业对德国经济、社会、政治乃至外交重要性的认识和重视程度，这一方面做得非常好的有科隆大学展览研究所、莱比锡大学以及法兰克福大学等。第二是德国的一批二元制大学即应用型大学开展了大量的应用性研究和会展人才培养，这些工作实质性地提升了德国展览业的管理水平，并为它们输送了源源不断的人才和智力资源。

参考文献：

1. 曼弗雷德.基希盖奥格. 博览管理：博览、会议和活动的策划、执行与控制[M]. 刁晓瀛译. 上海：上海财经大学出版社，2008.
2. 张敏.中外会展业动态评估研究报告 2016. 北京：社会科学文献出版社，2016.

参考网站：

1. AUMA 官网：https://www.auma.de
2. 杜塞尔多夫展览集团简介：https://www.messe-duesseldorf.com
3. 科隆展览集团官网：http://www.koelnmesse.com
4. 科隆大学贸易展管理研究所官网：https://www.messe.uni-koeln.de
5. 汉诺威应用技术大学官网：https://f3.hs-hannover.de
6. 德国展览会统计自愿审核协会(FKM)官网：https://www.fkm.de
7. 法兰克福展览集团官网：https://www.messefrankfurt.com

第五节　经济影响力巨大的美国会展业

一、美国会展业历史和现状

（一）美国会展业的历史

美国是世界会展业的重要力量，也是世界会展业发展比较早的国家之一。早在殖民地时期，北美就已经举办了很多展销会。在 1851 年伦敦举办第一届世界博览会后，1876年美国举办了欧洲以外的第一次综合性的世界博览会，也是人类历史上第六届综合性的世界博览会。其后美国于 1893 年、1904 年、1915 年、1933 年、1939 年和 1962 年举办了六届综合性世界博览会。①美国也以举办七届综合性世界博览会的历史成为与法国并列的名副其实的世界博览会举办大国。20 世纪初,美国商业展览业诞生,由于美国商业展览最初脱胎于协会大会,因此,在美国,会议业一般都包括展览业。

美国是世界各国中最早意识到会展业的巨大作用,并成立专门机构进行营销的国家。1896 年底,为了发展会展业,美国城市底特律成立了全美第一家会议局,这也是全世界第一家城市会议局。②此后,美国各种类型的会展协会如雨后春笋般涌现,成为推动和规范美国会展业的重要力量。"二战"后,随着美国主导的战后体系建立,联合国、世界银行、国际货币基金组织和世界贸易组织等的建立使美国在国际会议业市场上长期居于主导地位。

美国是奖励旅游的发源国。1906 年,美国国家现金出纳公司开创了奖励旅游的先河,这也是世界上第一次使用会展方式对员工开展奖励性质的旅游。③随后,英国、德国、意大利和法国很快就成为欧洲推行奖励旅游的主要国家。

美国还是奥运会等大型体育赛事的举办大国。美国曾于 1904 年、1932 年、1984 年和 1996 年举办了四届奥运会,约占现代奥运会总数的 14.29%,成为在现代奥运会历史上举办奥运会次数最多的国家。另外,在篮球、橄榄球、棒球和田径等领域,美国也多次承办国际性体育赛事,是当之无愧的体育强国和体育赛事大国。

(二)美国会展业的现状

美国会展业的发展居于世界各国的领先地位。美国拥有一批最具国际影响力的国际会展中心城市,如纽约、芝加哥、奥兰多、拉斯维加斯、华盛顿、洛杉矶和旧金山等。美国还拥有数量众多的国际旗舰级会展活动,包括谷歌全球开发者大会、拉斯维加斯国际消费电子展(CES)、北美底特律车展、纽约车展等,还包括大量的体育赛事,如美国职业篮球联赛(NBA)、美国橄榄球职业联赛;此外还有纽约时装周、格莱美颁奖典礼、奥斯卡颁奖典礼等众多引领国际时尚的文化节庆。

近年来,美国会展市场高度活跃、日益成熟,已经成为美国国民经济最重要的产业之一。根据美国会展业理事会(EIC)的统计,2016 年美国会展活动的总产值达 4446 亿美元,约占美国当年 GDP 的 2.4%。④2018 年国际会展会议协会(ICCA)发布的统计报告显示,2017 年美国以举办 941 场国际会议的数量排名世界第一位,中国仅以 376 场排名第八位。

---

① 国际展览局官网. 1851 年以来的历届世博会名录. https://www.bie-paris.org/site/en/all-world-expos, 2019-04-19.

② Rogers T. Conferences and conventions 3rd edition: A Global Industry[M]. Routledge, 2013: 110.

③ Hampton A. The UK incentive travel market: A user's view[J]. European Journal of Marketing, 1987, 21(9): 10-20.

④ 美国会展业理事会(EIC)官网. 美国会展业对经济的影响研究. https://insights.eventscouncil.org/Full-Article/ArtMID/398/ArticleID/69/Economic-Significance-of-Meetings-to-the-US-Economy, 2019-04-19. 2016 年美国当年的 GDP 为 18.624 万亿美元, 参见世界银行官网统计数据. https://data.worldbank.org/indicator/NY.GDP. MKTP.CD, 2019-04-19.

二、美国会展业影响力巨大的表现

（一）直接经济影响

美国会展业具有巨大的消费能力。根据 EIC 和牛津经济研究所的研究报告，2016 年，美国会展产业部门共举办 190 万个各类会展活动，活动参与者达 2.51 亿人次，会展活动产生了 3250 亿美元的直接消费支出，约占美国当年 GDP 的 1.75%。这些支出包括 1670 亿美元的会展策划和会展服务支出，1200 亿美元的由会展引起的旅行消费，38 亿美元的其他直接消费支出，如参展的展位消费等。此外，每位参会者平均消费 1294 美元，2/3 的会展消费和国内过夜的会展参会者相关，约 600 万国际会展参会者产生了 380 亿美元的会展直接消费，这些消费占会展活动总消费支出的 11.5%。

美国会展业对就业市场具有巨大的影响。根据 EIC 和牛津经济研究所的研究报告，美国会展产业提供了约 249 万个工作岗位，这些岗位主要分布在商业服务（95.6 万个）、住宿（65.8 万个），餐饮业（28.4 万个），其他运输方式（25.5 万个），金融、保险和房地产（8.8 万个），休闲娱乐（7.1 万个），零售贸易（5.5 万个），航空运输（4.5 万个），建设和公用事业（3.1 万个），制造业（2.6 万个），加油站（1.9 万个）。这些岗位的总收入达 959 亿美元，人均 3.836 万美元，是美国人均收入 2.3 万美元（根据美国人口普查局 2016 年统计数据计算得出）的 166.78%。

（二）美国会展业巨大的间接经济影响

美国会展业对相关消费市场拉动巨大。经过 EIC 多年的实证研究，会展产业对相关产业的拉动系数为 1∶1.6，也就是说每在会展活动中投入 1 美元，就会产生 1.6 美元的间接消费和诱导消费。2016 年，美国会展业产值达 3250 亿美元，拉动了美国 5200 亿美元的间接消费。

美国会展业对就业的间接影响也很大。根据 EIC 和牛津经济研究所的研究报告，2016 年美国会展产业的发展带来了 341.6 万个间接性和诱发性就业岗位，这些岗位主要分布在商业服务（86.3 万个），住宿（3.7 万个），餐饮业（33.5 万个），其他运输方式（14.5 万个），金融、保险和房地产（43.5 万个），休闲娱乐（10.1 万个），零售贸易（21.7 万个），航空运输（1 万个），建设和公用事业（7.7 万个），制造业（20.3 万个），加油站（1.6 万个），另外还分布在农业、渔业和矿业（8.6 万个），批发贸易（10 万个），通信（8.6 万个），教育与卫生保健（38.5 万个），私人服务（24.2 万个）和政府管理（5.8 万个）。

（三）对美国经济的总体影响

会展产业已经成为美国支柱产业之一。根据 EIC 和牛津经济研究所联合发布的报告，2016 年美国会展产业总产值为 4460 亿美元（包括会展直接产值 1842 亿美元），约占美国 GDP 比重的 2.4%。

会展产业对相关产业的巨大贡献。会展产业对经济的影响会扩散到相关产业部门，为相关产业带来了巨大的经济利益。据统计，美国共有 17 个产业部门的 GDP 受到会展产业的明显影响。其中受影响最大的产业部门是商务服务部门，会展产业为该部门贡献了 1150 亿美元的 GDP，金融、保险和房地产业受到的影响居第二位，会展产业为该产业部门贡献了 843 亿美元的 GDP；其后依次是住宿接待业（557 亿美元），餐饮业（268 亿美元），制造业（265 亿美元），教育与保健（216 亿美元），其他交通运输业（191 亿美元），通信业（160 亿美元），零售贸易（136 亿美元），批发贸易（133 亿美元），航空运输（123 亿美元），私人服务（98 亿美元），休闲娱乐（68 亿美元），农业、渔业和矿业（60 亿美元），政府管理（46 亿美元）和加油站（16 亿美元）。

会展业对美国财政的影响。2016 年，美国会展产业贡献了 1045 亿美元的税收；其中联邦税收收入 631 亿美元，州政府和地方政府税收收入 414 亿美元。在联邦税收中，个人收入纳税共计 222 亿美元，公司纳税 91 亿美元，间接税 40 亿美元，社会保险税 278 亿美元。在州政府和地方政府税收方面，销售税 156 亿美元，个人收入纳税 51 亿美元，公司纳税 14 亿美元，社会保险税 4 亿美元，消费税 44 亿美元，财产税 140 亿美元。

从部门产出看，会展业是美国第八大产业部门。如表 2-10 所示，根据美国经济分析局（BEA）数据显示，2009 年美国会展产业产值为 2630 亿美元，居 21 个最大产值部门的第 7 位；2012 年会展产业产值为 2730 亿美元，居 21 个最大产值部门的第 10 位；2106 年会展产业产值为 3250 亿美元，居 21 个最大产值部门的第 8 位。

表 2-10 美国会展产业比较（直接产出） 单位：亿美元

行 业	2009 年	2012 年	2016 年
医疗医院（622）	6030	6940	8500
化学制造（325）	6230	8050	8100
机动车、车身、拖车、零部件制造（3361MV）	3200	5110	6770
计算机和电子产品制造（334）	3530	3790	4000
机械制造（333）	2840	4070	3650
出版业（互联网除外）（511）	2870	3010	3450
汽车运输（484）	2330	3010	3310
会展业（meetings sector）	2630	2730	3250
空运、铁路和水路运输（481，482，483）	2410	3170	3190
汽车及零部件经销（441）	1530	2400	2880
住宿接待业（721）	1780	2030	2490
塑料和橡胶制造业（326）	1660	2150	2360
油气精炼（211）	2240	3410	2120
造纸业（322）	1600	1800	1850
电影和录音业（512）	1260	1440	1590
娱乐、博彩和休闲业（713）	1110	1250	1540
电气设备、电器和组件制造（335）	1020	1230	1190
木制品制造业（321）	640	790	1040
打印和相关支持活动（323）	840	840	830
家具和相关产品制造（337）	600	660	790
过境和地面客运（485）	450	520	600

注：括号内数字表示与每个行业部门对应的三位北美行业分类系统（NAICS）代码。

从对 GDP 的贡献看，美国会展产业的地位高于汽车制造业，航空、铁路和水路运输业，也高于石油、天然气制造业，是美国 GDP 贡献第六大的产业部门。如表 2-11 所示，2009 年，美国会展产业对 GDP 的贡献达 1480 亿美元，居 21 个贡献最大产业部门的第六位；2012 年，会展产业对 GDP 的贡献增长到 1530 亿美元，居第七位；2016 年会展产业 GDP 的贡献增长到 1840 亿美元，居第六位。

从容纳就业人口数量方面看，会展业长期稳居美国第二大就业产业部门。如表 2-12 所示，根据美国经济分析局（BEA）数据，2009 年、2012 年和 2016 年，会展业分别以 242.2 万人和 231.9 万人、248.9 万人稳居美国 29 个就业产业部门的第 2 位，仅次于医疗部门容纳的就业数量。

表 2-11　美国会展产业比较（直接 GDP）　　　单位：亿美元

行　　业	2009 年	2012 年	2016 年
医疗医院（622）	3440	3750	4250
化学制造（325）	3100	3420	3880
计算机和电子产品制造（334）	2290	2570	2870
出版业（互联网除外）（511）	1760	1940	2340
汽车及零部件经销（441）	1330	1670	2050
会展业（meetings sector）	1480	1530	1840
机动车、车身、拖车、零部件制造（3361MV）	480	1260	1660
空运、铁路和水路运输（481，482，483）	1140	1320	1650
油气精炼（211）	1850	2670	1620
住宿接待业（721）	1070	1260	1590
汽车运输（484）	1090	1280	1510
机械制造（333）	1160	1430	1420
电影和录音业（512）	910	1100	1250
娱乐、博彩和休闲业（713）	600	720	880
塑料和橡胶制造业（326）	620	700	830
造纸业（322）	590	520	590
电气设备、电器和组件制造（335）	500	510	560
打印和相关支持活动（323）	390	370	390
过境和地面客运（485）	270	310	370
家具和相关产品制造（337）	230	230	300
木制品制造（321）	210	240	300

注：括号内数字表示与每个行业部门对应的三位北美行业分类系统（NAICS）代码。

表 2-12　美国会展产业比较（就业人口）　　　单位：万人

行　　业	2009 年	2012 年	2016 年
医疗医院（622）	469.3	479.8	503.9
会展业（meetings sector）	242.2	231.9	248.9
演艺、观赏体育及相关行业（711）	186.5	199.1	229.4
汽车运输（484）	196.6	200.4	222.2

续表

行　业	2009 年	2012 年	2016 年
汽车及零部件经销（441）	188.2	194	220.2
住宿接待（721）	191	199.9	216.6
娱乐、博彩及休闲业（713）	176	184.4	185.8
食品制造业（311）	151.2	154.2	163.8
服装和服装配件店（448）	156.5	160.6	158.8
过境和地面客运（485）	65.7	74.3	131.8
机械制造（333）	107.5	114.7	112.4
计算机和电子产品制造（334）	115.7	111.3	109.5
汽油站（447）	87.9	88.6	97
电信（517）	111	100.6	95.1
机动车、车身、拖车、零部件制造（3361MV）	67.8	78.8	94.9
出版业（互联网除外）（511）	94.5	89.3	88.2
油气精炼（211）	58.1	78.8	85.4
化学制造（325）	82.5	81.8	85
体育用品、爱好、乐器和书店（451）	79.2	73	79.4
空运、铁路和水路运输（481, 482, 483）	74.6	76.6	77.3
塑料和橡胶制造业（326）	64	65.6	71.8
电子和家电商店（443）	53.8	54.8	54.3
电影和录音业（512）	44.1	46.5	53.5
家具和家居用品商店（442）	51.7	49.9	53
打印和相关支持活动（323）	59.1	52.8	50.7
木制品制造业（321）	41.4	39.3	43.5
家具和相关产品制造（337）	42.2	38.8	43.2
电气设备、电器和组件制造（335）	38.7	39.1	40.2
造纸业（322）	40.9	38.1	37.5

注：数字表示与每个行业部门对应的三位北美行业分类系统（NAICS）代码。

三、美国会展业影响力大的原因

（一）美国拥有强大会展业基础设施

美国拥有发展会展业所必需的一般基础设施。美国的航空工业居于全球领先地位，拥有全球两大民用航空巨头之一的波音公司。美国的航空网络包括 3345 个机场，包括芝加哥的奥黑尔国际机场、亚特兰大的哈兹菲德国际机场、纽约约翰·肯尼迪国际机场和洛杉矶国际机场等全球十大机场，2015 年美国各个机场登机的旅客总数达 7.86 亿人次，居世界第一位。2016 年，美国是全球航空业最兴旺的国家，有 16 个最繁忙的机场，居全球首位。此外，美国拥有 9 个全球集装箱吞吐量 100 强的港口，包括洛杉矶长滩港、纽约/新泽西港、萨凡纳港、弗吉尼亚港、奥克兰港和查尔斯顿港等。美国高速公路网络密集，通车里程达 10 万公里，居世界第二位。美国航空、港口等产业发达的城市，也为会展业发展提供了良好的基础设施条件，提高了会展活动参与者的交通便利性和可达性。

最后，美国城市的相关配套基础设施，如交通、酒店、通信等方面也有比较大的优势。

表 2-13 世界会展场馆 20 强国家排名

国家	场馆数量	室内展览面积（万平方米）	占世界百分比（%）
美国	326	685	19.7
中国	110	575	16.6
德国	60	323	9.3
意大利	43	229	6.6
法国	93	225	6.5
西班牙	44	153	4.4
加拿大	34	84	2.4
巴西	31	79	2.3
俄罗斯	28	77	2.2
荷兰	42	71	2.0
英国	31	69	1.9
土耳其	20	60	1.7
瑞士	13	50	1.4
墨西哥	34	48	1.4
比利时	19	46	1.3
波兰	19	44	1.3
日本	12	37	1.1
印度	14	35	1.0
奥地利	11	33	0.9
韩国	10	30	0.9

资料来源：UFI. 世界展览场馆地图，2017 年版。

表 2-14 美国十大会展中心一览表

名　　称	城　　市	室内面积（平方米）
麦考密会展中心	芝加哥	241 548
奥兰治县会议中心	奥兰多	195 096
拉斯维加斯会议中心	拉斯维加斯	180 290
佐治亚世界会议中心	亚特兰大	130 064
金沙博览会/威尼斯人/宫殿	拉斯维加斯	115 689
肯塔基博览中心	路易斯维尔	102 193
新奥尔良厄内斯特会议中心	新奥尔良	102 193
瑞兰特公园	休斯敦	98 125
克利夫兰国际博览中心	克利夫兰	97 548
曼德勒海湾度假酒店及赌场	拉斯维加斯	96 901

资料来源：UFI. 世界展览场馆地图，2017 年版。

美国的会展场馆场能供给方面在全球还居于领先地位。近年来，虽然德国和中国在大型会展场馆供给方面对美国形成了比较大的优势，如在 10 万平方米以上的大型会展场馆数量方面，而美国只拥有 7 个（参见表 2-14），但是，美国在专业会展场馆场能供给方面还存在相当大的优势。这方面的优势主要体现在会展场馆的绝对数量、室内可展览面积绝对总量和会展城市数量等三个方面。如表 2-13 所示，根据 UFI2017 年版《世界会展场馆地图》中世界各国会展场馆国家排名的数据，美国拥有 326 个会展场馆，平均单个场馆面积约 2.1 万平方米。这些会展场馆广泛分布于美国的 200 多个城市，也就是说几乎每个 10 万人口以上的城市都有相应的会展场馆，这表明美国会展产业具备广泛的社会和城市基础，这也是美国会展业规模远超过德国和中国会展业的重要原因之一。另外，美国会展场馆的室内展览总面积达 685 万平方米，约占世界全部会展场馆场能的 1/5，高于中国的 16.6% 和德国的 9.3%。

（二）美国强大的市场主导型发展模式

美国会展业充分尊重市场机制。美国的会展活动以企业自愿参加为特点，政府干预较少，具有较强的民间性。会展业主要通过自律机制和自律规范相对独立地承担管理责任，没有专门的政府部门通过行政手段来直接管理会展业。由于美国会展项目基本上不需要审批，任何商业机构和贸易组织都不需要特殊的审批程序就可以进入会展业，会展业具备强大的市场活力。

美国各类会展协会众多，涉及会展产业的每个部门和每类主体，不仅充分发挥着行业协调、行业自律、行业研究、行业促进和行业规范等职能；也代表了会展行业的不同群体的利益，充分扮演了政府和市场中间人的角色。据不完全统计，美国全国性及以上的会展行业协会有 60 多个，州一级的各类会展行业协会则有 100 多个。这些会展行业协会为企业提供技术与信息服务，协调政府、企业和消费者之间的关系，同时，实力强劲的行业协会与联邦政府各部门、国会都保持着密切联系，有时候扮演着类似于英国内阁会展业委员会的角色。

美国政府不直接干预会展活动，仅对美国会展业的发展提供间接支持。美国政府对会展业的间接支持主要体现在对出国会展项目和对国内展览会进行审核认证，即贸易展认证计划（Trade Fair Certification，TFC）[1] 和国际购买商项目（International Buyer Program，IBP）[2]。这两项工作均由美国商务部具体负责，主要目的是通过对展览会的质量和组展水平进行认证和监督，以保证美国企业无论是出国参展还是参加在美国国内举办的展览会都能取得较好的参展效果。通过该项目，美国商务部把大批高质量的专业观众带到展览会现场，使美国参展企业不出国门就能有效接触到来自世界各地的潜在客户，企业参展效果和参展积极性大幅度提高，展览会越办越好，规模越来越大。

（三）美国发达的工业、先进的科技和强大的软实力是美国会展业发达的根本原因

会展业是现代服务业，是伴随着工业革命和经济全球化的进程产生并发展成熟起来

---

① 美国商务部国际贸易署官网. 贸易展认证计划. https://2016.export.gov/tradefairs/index.asp, 2019-04-19.

② 美国商务部国际贸易署官网. 国际购买商项目. https://2016.export.gov/ibp/, 2019-04-19.

的一种新型的第三产业形态；其对第一产业、其他第三产业，尤其是第二产业——工业具有较大的依附性。国家的会展业实力的强弱最终取决于该国的工业实力，并对该国的工业实力具有巨大的提升作用。

美国是世界上工业最发达的国家，具有全世界最完整的工业体系和规模最庞大的工业力量，拥有排名最高且数量最多的世界500强企业。2017年，美国工业总产值为6.03万亿美元，仅次于中国，居世界第二位。美国工业基础能力居世界首位，是第二次工业革命、第三次工业革命的发起国和主导国家，并且在工业革命4.0进程中依然占据着巨大的优势地位。2008年金融危机爆发后，美国开始反省以往轻工业、重金融的做法，努力推进"再工业化"。特朗普政府上台后，一方面大力推进制造业回流美国计划，另一方面也十分重视新进制造业的建设。2018年10月，美国总统办公室发布了《确保美国先进制造业领先地位战略》[1]，旨在实现"维持美国先进制造业的领先地位，以确保国家安全和经济繁荣"这一愿景。美国的先进制造业领先地位战略实质是要确保美国的新一轮工业革命中的领先地位，可以预见这将加剧世界各国围绕工业革命4.0的争夺。反过来看，美国先进制造业领先战略的实施也将在一定程度上强化美国会展业的吸引力。

美国的科技实力还保持着世界领先的地位。科技是第一生产力，是国家实力的关键。美国是世界科技创新中心，也是全世界规模最大的科技转化中心，美国"硅谷"本身就是科技实力的代名词。2016年，美国的科技研发投入达到5103亿美元[2]，居全世界第一位，大幅领先于第二位的中国的2449.5亿美元，从研发投入占国民经济的比重看，美国科研投入占GDP的2.74%，居世界前列，高于中国的2.37%。[3]美国的大学是美国科技创新的重镇，2017年泰晤士高等教育世界大学排名前100的榜单中，美国的大学有43所，远超第二名英国的12所和中国的5所；其中排名前10的大学基本都来自美国和英国，中国排名最靠前的清华大学和北京大学都在20名开外。[4]在国际高科技竞争格局中，美国通过在新能源、新材料、人工智能和航空航天等领域牢牢占据着世界第一的地位。这是美国会展业具有长期吸引力的最为根本的原因，也在某种程度上强化了美国相关会展活动的专业性、权威性和国际认可度。

美国在国际事务中的核心地位和美国在金融、教育及文化等领域的强大的软实力也是美国会展业保持长期兴旺和领先地位的软环境。"二战"以后，美国主导成立了联合国、国际货币基金组织、世界银行等现代社会最为重要的国际组织，并使其总部都设立在美国，[5]在

---

① 美国白宫官网. 确保美国先进制造业领先地位战略. https://www.whitehouse.gov/wp-content/uploads/2018/10/Advanced-Manufacturing-Strategic-Plan-2018.pdf, 2019-04-19.

② 美国科学基金会. 2016年美国研发投入增长220亿美元，达到5103亿美元. https://www.nsf.gov/statistics/2019/nsf19308/nsf19308.pdf, 2019-04-19.

③ 根据中国国家统计局、科学技术部和财政部的《2016年全国科技经费投入统计公报》，2016年中国研发总投入为15676.7亿元，按2016年人民币兑换美元平均汇率计算，约为2449.5亿美元. http://www.stats.gov.cn/tjsj/zxfb/201710/t20171009_1540386.html, 2019-04-19.

④ 泰晤士日报官网. 2016—2017年世界大学排名. https://www.timeshighereducation.com/world-university-rankings/2017/world-ranking#!/page/0/length/25/sort_by/rank/sort_order/asc/cols/stats, 2019-04-19.

⑤ 联合国总部在美国纽约，国际货币基金组织和世界银行总部都在美国华盛顿特区. https://www.un.org/en/sections/about-un/secretariat/、https://www.imf.org/zh/About/Factsheets/IMF-at-a-Glance、http://www.worldbank.org/en/about, 2019-04-19.

此基础上，进而形成了众多政府间和非政府间国际组织落户美国的局面。美国也因此实质上确立了在世界政治、经济、文化和科技领域的霸主地位，这也成为美国会展业最具竞争力的核心竞争力之一。另外，"二战"后，美国的流行文化跟随着美国的产品席卷全球，形成了美国独步全球的软实力，包括美国的餐饮文化、篮球、橄榄球、电影和音乐等，在这些领域美国的会展活动成了国际相关会展业的标准和模仿的典范。

四、美国会展业发展的启示

（一）驱动强大的会展业需要一个综合性的基础条件系统

稳定的社会政治环境、繁荣的经济和高效的市场经济体系是会展产业的核心驱动要素。会展业发展需要良好的外部环境，政治、社会和经济三方面的大环境是会展业的驱动条件。纵观美国会展业发展的原因，不难发现，美国会展业起步于美国独立战争后。独立战争后，美国统一的国内市场最终建立，庞大的国内统一市场为美国工业革命扫除了市场障碍，并在 1898 年成为全球工业产值第一的国家。伴随着美国工业革命的进行，美国政府也开始通过举办世博会等来推动技术的进步和扩散，这期间最为著名的是 1876 年费城世博会和 1893 年芝加哥世博会。1876 年费城世博会是美国历史上举办的第一次世界博览会，通过这次博览会，美国成功地向世界展示了一个新兴工业国家的崛起，并证明它已经走出欧洲工业强国的阴影，是美国向世界宣布"美国时代"即将到来的宣示。[①]1893 年芝加哥世博会是为了庆祝哥伦布发现新大陆 400 周年而举办的，故又名"世界哥伦布博览会"。1893 年芝加哥世博会完全采用电力照明，开启了人类历史中电力时代的序幕。

发展会展业要有良好的区位条件。区位优势即区位的综合资源优势，是指某一地区在发展经济方面存在的客观有利条件或优越的地位，区位优势既可以是先天的，也可以是后天的。区位优势还是一个相对的概念和发展的概念，会随着有关条件的变化而变化。作为社会化大分工的产物，会展业在发展过程中也受到区位因素的影响和制约。美国会展业最为发达的地区和城市，最初都集中在东部沿海地区和北部的五大湖地区，这些也是英属北美殖民地时期最为发达的地区。随着美国西部大开发的推进和泛美铁路、公路的相继开通，落后和交通不便的美国西海岸迎来了发展的春天，最为典型的就是 1915 年在美国西海岸城市旧金山为庆祝巴拿马运河被开凿与通航而举办的巴拿马太平洋万国博览会，这届博览会对推动美国西部的发展意义重大，也成为美国西部正式崛起的序幕。

强大的会展业依赖于发达的基础设施条件。无论是航海时代的巴拿马运河、航空时代的众多机场，还是高铁时代的铁路枢纽；无论是城市的公共交通系统，还是城市发达的餐饮接待服务业，强大的会展业都依赖于发达的基础设施条件。我们很难想象会展业会在一个与世隔绝、交通不便、第三产业服务业一片空白的地方兴盛起来。美国早期会展活动和会展业发展的轨迹充分说明了这一点。

强大的会展业需要良好的软环境条件。美国在会展业的起步时代就创造了若干制度，

---

① Rydell R W. All the world's a fair: Visions of empire at American international expositions, 1876—1916 [M]. University of Chicago Press, 2013:9-37.

这些制度软环境构成了今天美国会展业软环境的内核。其中，第一项制度（或者称为历史惯例）是美国政府对世博会的不拨款制度，或者也可以称之为"消极认可"制度，这一制度最大程度地激发了民间和地方政府作为世博会主体的积极性和潜力。1871年3月3日，美国国会通过举办1876年费城世博会的议案，并决定成立"美利坚独立百年展委员会"负责筹办事务，但议案同时又明确规定：美国政府对此展览会费用不负有责任。[①]这一制度不同于欧洲各国政府拨款举办世博会的制度，对后世美国大型国际会展活动的举办，包括奥运会和世界杯，产生了极为深远的影响。第二项制度是美国政府对世博会市场化筹款的制度。虽然美国政府对世博会的费用不拨款，但是授权组委会可以通过发行债券、股票和纪念品的方式筹资。1876年费城世博会最终通过这种方式筹款300万美元。[②]第三项制度是美国人民对会展事业的参与制度。美国会展事业的群众基础深厚，这是美国会展业长盛不衰的最重要的基础。1889年在世博会申办阶段，芝加哥市政府就广泛发动市民和商人进行捐赠，并通过这种方式筹集了500万美元，在芝加哥最终获得举办权后，捐赠的人群和金额更多了。第四项制度是地方政府对会展活动支持的历史惯例。尽管美国联邦政府对各类会展活动不给予财政经费的支持，但是，地方政府从一开始就积极支持大型会展的举办，这种支持既包含政策、宣传等方面的支持，也包含资金上的支持。为了举办1876年费城世博会，宾夕法尼亚州和费城市分别拨款100万美元和150万美元直接用于世博会运营，此外，费城市政府还出资250万美元改造城市的交通等基础设施。[③]

（二）打造影响力强大的会展业需要有发达的依托产业

首先，会展业是典型的生产性服务业，其发展水平首先依赖于国家发达的工业。美国的现代会展业是伴随着美国工业革命历史进程诞生、发展和壮大的，美国会展业的内容、形式受到不同历史时期美国工业的直接影响和制约；与此同时，美国会展业放大了美国工业的实力和影响力，将美国工业一步一步由"山寨欧洲"提升为"美国制造"和"美国设计"，在世界范围打造了美国工业独步全球的形象。

其次，会展产业也依赖于国家发达的农业及其制造业。尽管美国农业在国民经济中所占比重很小，但是美国农业的绝对产值和影响并不小，而且美国农业的工业化水平世界领先。美国农业的发展历史也支撑起了美国农业会展活动的绵延不绝。据统计，80%以上的美国州政府都有自己的州一级并以州的名字命名的博览会，而这些博览会绝大多数都是农业唱主角的博览会。美国州一级的以州的名字命名的博览会具有历史悠久、影响力大和受众广等特征，如爱荷华州博览会（Iowa State Fair）始创于1854年，1866年开始每年举办一届，至今已举办过152届，成为世界上历史最悠久的农业博览会之一。[④]

---

① United States Centennial Commission. International Exhibition[M]. May, 1875:10-12.
② Pizor F K. Preparations for the Centennial Exhibition of 1876[J]. The Pennsylvania Magazine of History and Biography, 1970, 94(2): 213-232.
③ Pizor F K. Preparations for the Centennial Exhibition of 1876[J]. The Pennsylvania Magazine of History and Biography, 1970, 94(2): 213-232.
④ 美国爱荷华州博览会官网. 爱荷华博览会的历史. https://www.iowastatefair.org/about/history-museum/, 2019-04-19.

在美国，像这样的博览会在中西部的农业州还有很多。

（三）可持续的强大会展业需要拥有强大的会展核心要素聚集

美国会展核心要素集聚首先体现在会展场馆场能供给方面。相比德国和中国，美国会展场馆具有相对数量多、室内可展览总面积大，以及分布城市多等特点。根据 UFI 2017 年数据显示，美国拥有 326 个会展场馆，中国仅有 110 个，德国仅有 60 个。美国会展场馆的室内展览总面积达 685 万平方米，约占世界全部会展场馆场能的 1/5，高于中国的 16.6% 和德国的 9.3%。从城市分布看，美国会展场馆供给基本上成为美国 10 万人口以上城市的公共基础设施，由此可见，美国会展场馆作为一项城市公共基础设施的普及程度非常高。

其次，美国会展业的强大得益于数量众多、分工明确和影响力大的会展行业协会的存在。美国各类会展协会数量之多、种类之全、网络之密远超世界其他国家，这也显示了美国会展业市场力量强大的主导作用。美国会展行业协会影响力比较大的有美国国际展览和会展协会（IAEE，成立于 1928 年，总部位于达拉斯）、会展业理事会（EIC，1949 年成立，总部位于华盛顿）、独立组展商协会（SISO，成立于 1990 年，总部位于芝加哥）、展览业研究中心（CEIR，总部位于芝加哥）、美国专业会议管理协会（PCMA，成立于 1957 年，总部位于芝加哥）、国际专业会议组织者协会（MPI，成立于 1972 年，总部位于达拉斯）、国际节庆会展协会（IFEA，成立于 1955 年，总部位于爱达荷州博伊西）、国际奖励旅游管理者协会（SITE，成立于 1973 年，总部位于芝加哥）、国际现场会展活动协会（ILEA，总部位于芝加哥）、会展服务商协会（ESPA，成立于 1988 年，总部位于新泽西州普林斯顿），以及商务旅行和商务会议组织全球商务旅行协会（GBTA，总部位于弗吉尼亚州亚历山大）等。

最后，会展教育和培训是美国会展业可持续发展的人力资源原因。美国会展岗位数量居全球第一位，拥有全世界最为庞大的会展业就业群体和丰富的会展人力资源储备，这是美国会展业保持长期繁荣的重要的人力资源基础。美国对会展的教育和培训非常重视。美国高校在会展教育中居于核心地位，开设会展专业的主要有乔治·华盛顿大学、内华达大学、休斯敦大学、俄克拉荷马州州立东北大学、南加州大学、东卡罗来纳州立大学、中佛罗里达大学、爱荷华州立大学和南卡罗来纳大学等 50 多所高校。除此之外，美国的会展行业协会也开展了大量的职业培训和会展认证项目，在国际上比较权威的有国际展览和会展协会的展览会管理认证（The Certified in Exhibition Management，CEM）、美国专业会议管理协会（PCMA）的会议专家认证（Certified Meeting Professionals，CMP）、国际专业会议组织者协会（MPI）的会议管理认证（Certificate in Meeting Management，CMM）、国际节庆会展协会（IFEA）的节庆会展经理人认证（Certified Festival and Event Executive，CFEE）以及国际现场会展活动协会（ILEA）开发的特殊会展活动专家认证（Certified Special Events Professional，CSEP）等。

参考文献：

1. Rogers T.Conferences and conventions 3rd edition: A Global Industry[M]. Routledge, 2013.

2. Rydell R W.All the world's a fair: Visions of empire at Americaninternational expositions, 1876—1916[M]. University of Chicago Press, 2013.

参考网站：

1. 国际展览局官网: https://www.bie-paris.org

2. 美国商务部国际贸易署官网: https://export.gov

3. 美国会展业理事会(EIC)官网: https://eventscouncil.org

4. 美国爱荷华州博览会官网: https://www.iowastatefair.org

5. 国际展览业协会官网: https://www.ufi.org

第三章

会展业经典城市

第一节　会展城市概述

一、会展城市的产生

会展产业作为发展经济的一种重要手段，已有近 200 年的历史。在产品的集中展示、宣传和促销过程中，会展活动得到广泛使用并发展成为一种产业。与此同时形成了不少以会展为特色的著名城市，如德国的汉诺威、法国的巴黎、英国的伦敦、中国的香港、美国的拉斯维加斯和瑞士的日内瓦等。这些城市既是重要的商业中心、旅游胜地，又是著名的国际会展城市。

二、会展城市的概念

会展城市是指具备较发达的经济基础或特色产业支撑，具备大型会展设施和较强的会展接待能力，会展业综合实力、凝聚力、辐射带动能力与发展潜力较强，会展经济在国民经济中扮演重要角色的城市。

一般来讲，有两种标准来界定会展城市比较具有科学性和可操作性：一种是根据城市会展业的总产值占当地 GDP 的比例而定，即 0.5%～1%，达到或者超过这个比例就可以成为会展城市；另一种是根据城市会展经济发展的媒体曝光率来评定，其中必须对媒体的级别进行明确的限定。权威的国家级或者国际媒体在新闻报道中经常称该城市为会展城市，则该城市的形象和人们心目中的定位就是会展城市。2016 年，上海大学张敏教授从会展场馆展能、世界级商业展览会和国际知名会展组展商三个核心指标对国际会展城市进行了排名，并根据会展城市的不同实力，划分了三个会展城市梯队，这是对会展城市研究十分有意义的探索。

三、会展城市的类型

（一）根据会展认知差异分类

针对对会展认知的差异，会展城市类型可以分为会议城市、展览城市、节庆城市、赛事城市和复合型会展城市。客观地说，这种分类法受到了会展产业部门针对城市发展重要性的影响，这种影响有时候是决定性的。例如，我们经常提到的会议城市——日内瓦、节庆城市——戛纳、展览城市——汉诺威等。

（二）根据会展城市的发展阶段分类

会展城市有一定的历史发展轨迹，根据会展城市发展的历史阶段不同可以分为会展城市、区域会展中心城市、国际会展中心城市和国际会展之都。近年来，上海提出了建设国际会展之都的目标，杭州提出了建设国际会议目的地、国际会展之都和赛事之城的目标，广州则提出了建设具有国际影响力的会展之都的目标。

拓展阅读

2000 万平方米 上海市 2020 年基本建成国际会展之都

东方网 9 月 7 日消息：据《劳动报》报道，到 2020 年，上海市全年展览总面积达到 2000 万平方米，国际展占展览总面积的比重达到 80%，单次展览面积在 10 万平方米以上的展会项目达到 50 个。培育一批具有国际领先水平的顶级展会，入选世界百强商展的展会数量超过 15 个。记者昨天获悉，市商务委日前下发《上海市建设国际会展之都专项行动计划（2018—2020 年）》通知，通知指出，到 2020 年，上海会展业配置全球资源能力有望进一步提升，"上海会展"成为国际知名的城市名片。

根据专项行动计划，到 2020 年，本市将争取进入国际展览业协会的机构数量超过 35 家。培育若干个具有国际竞争力的展览业集团，主要展览场馆运营能力进一步提升，聚集一批专业化会展配套服务企业；形成具有上海特点的城市会展保障体制，会展行业管理水平进一步提升，便利化措施全面增强，形成平等规范、竞争有序的市场秩序，构建多措并举、精准高效的政策促进体系。

在经济社会效益方面，到 2020 年，本市会展业直接收入将超过 180 亿元，拉动相关行业收入达到 1600 亿元以上，展会的贸易平台和风向标作用进一步增强，会展业的贸易促进功能和消费引领功能凸显。

专项行动计划指出，要全力办好中国国际进口博览会，形成引领上海会展业发展的重大展会的服务保障、运行模式。以国家会展中心为核心区域、以虹桥区域为重点区域，全面提升安保、交通、住宿、餐饮、消费、窗口服务等服务保障水平，确保中国国际进口博览会等重大展会安全、有序、高效。为中国国际进口博览会量身定制现场查验、展品留购、核销退保等展品监管创新措施，调整优化展品入关监管等业务操作流程，提供涵盖展前、展中、展后的系列通关、检验检疫便利化服务，有力有序推动通关、检验检疫等制度创新、经验复制推广，进一步提升本市会展业的贸易便利化水平。打造"6 天+365天"交易服务平台，充分扩大中国国际进口博览会的溢出、衍生和放大效应，着力推动消费升级，带动更多的国际优质品牌、产品和服务从上海进入中国市场。

（资料来源：http://shzw.eastday.com/shzw/G/20180907/u1a14215912.html, 2019-04-19.）

（三）根据会展城市规模及影响力的大小进行的分类

根据会展城市发展的规模及影响力的大小，可以将会展城市分为会展小城镇、会展三线城市、会展二线城市和会展一线城市。国际上的会展小城镇还是有比较多的案例，如达沃斯、戛纳、博鳌等。会展城市三线划分的方法借鉴了国内城市分类的方法。

拓展阅读

会议小镇——达沃斯的成长要素

一、基础条件

达沃斯小镇位于瑞士东南部格劳宾登州格里松斯地区，坐落在一条 17 千米长的山谷里，靠近奥地利边境，它是阿尔卑斯山系最高的小镇，海拔 1 529 米，坐拥在高山积雪、茂密山林和山谷湖水间，人口约 1.3 万人，气候宜人，是疗养胜地。

二、发展历程

19 世纪时期，达沃斯是疗养地、健康度假村，医院众多。最早达沃斯是靠空气出名的。四面环山、海拔相对较高，空气干爽清新，对身体健康的恢复有极大帮助作用，成为当时各种肺病患者的最佳疗养地，今天的很多酒店也是由当时的医院改建的。

1877 年，达沃斯建成了欧洲最大的天然冰场，吸引了世界各国顶级选手来这里训练，开始承办一些冬季国际体育大赛。

1900 年后，达沃斯根据市场需求，开始发展休闲旅游，并不断完善相关基础设施建设，相继建成了世界第一条雪橇道、第一条滑雪索道、高尔夫球场等。

1969 年，达沃斯会议中心建筑部分建成，这也使达沃斯彻底打开了向世界展示的大门。从那时开始到今天，各类国际知名会议"落户"达沃斯，其中最著名的就是一年一度的世界经济论坛，也叫达沃斯论坛。

三、成功模式总结

1. 充分挖掘自身环境和气候优势，注重提供干净、舒适的住宿条件，吸引全世界游客前来养生度假，为旅游发展打下基础。

2. 不断加强配套基础设施建设，提升酒店、餐饮、旅游业整体服务质量和接待能力。

3. 因地制宜，发挥地理优势。打造世界"滑雪胜地"，承办各类国际冬季体育赛事。

4. 形成以世界经济论坛等高端会议为引领，结合著名疗养地和运动度假胜地两大定位，打造世界级品质，提升全球影响力。

5. 成功的商业运作。达沃斯论坛每年的会费收入就可达上千万美元，作为论坛成员的公司或企业其年营业额或资产需达 10 亿美元以上；其参加会议的代表必须是董事长或总裁级人物，政界人物必须是现任在职。

四、国际会展之都的功能、现状和趋势

国际会展之都是会展城市发展的高级阶段，具有多重功能。国际会展之都是一种依托于一定地域空间和产业经济的中观经济，其主要功能有区域经济联动作用、区域形象塑造、区域产业集聚、区域知识扩散和区域资源整合等作用。

目前，国际会展之都主要集中在欧洲、北美洲和亚洲。根据上海大学张敏教授 2016 年的评估，全球主要有 55 个会展中心城市，其中 34 个集中在欧洲，14 个在亚洲，7 个

分布在美国，其他大洲和国家为零。

未来，国际会展之都发展将呈现六大趋势。第一个趋势是中国的国际会展之都集体崛起的趋势，第二个趋势是国际会展之都建设向内涵和特色方向发展，第三个趋势是国际会展之都的争夺将带动城市间国际地位的变迁，第四个趋势是国际会展之都将呈现规模化、专业化和智能化的发展趋势，第五个趋势是国际会展之都的建设将带动新一轮的城市空间调整和布局，第六个趋势是国际会展之都将随着亚非拉地区的发展在更广阔的地理空间中得到扩散。

参考文献：

1. 王先庆，戴诗华，武亮. 国际会展之都研究[M]. 北京：中国社会科学出版社，2014.
2. 张敏. 中外会展业动态评估研究报告 2016[M]. 北京：社会科学文献出版社，2016.
3. 王春才. 德国会展中心城市的发展路径与策略研究[J]. 江苏商论，2010(1).
4. 徐洁. 国际会展中心城市评价指标体系研究[D]. 华东师范大学，2010.
5. 乔小燕，胡平. 中德会展中心城市的比较分析——以上海、慕尼黑和法兰克福为例[J]. 上海经济研究，2010(10).
6. 胡平. 上海会展业国际竞争力研究[M]. 上海：立信会计出版社，2011.

第二节　国际组织：国际会议中心城市维也纳的成功密码[①]

一、维也纳会议业的发展概况

维也纳被称为世界级的会议目的地。维也纳在协会类国际会议排名中长期居于全球前五强城市，是名副其实的国际会议之都。ICCA 在 2017 年的排名显示，维也纳以全年举办 190 场国际协会会议的成绩和巴黎并列全球第二位，仅次于排名第一位的巴塞罗那的 195 场。UIA 的排名也显示维也纳在国际协会会议方面具有强大的吸引力，2017 年 UIA 统计数据显示，维也纳以举办 639 场国际会议的成绩位居全球第四位，约占全球会议市场份额的 6.8%。

维也纳的会议业影响巨大，是维也纳支柱性的产业之一。根据维也纳会议局《2018年会议业报告》显示 2018 年维也纳一共承接了 4685 个会议，参会代表 63.12 万人，会议业的产值对 GDP 的贡献达到 11.98 亿欧元，提供了 21 499 个全职工作岗位。[②]值得注意的是，2018 年维也纳的国际协会和国际企业的会议有 2872 个，参会代表约 46.8 万人，分别占当年维也纳接待会议总数、参会代表总数的 61.3%和 74.18%。由此可见，国际会议不仅对整个维也纳会议业，而且对维也纳城市发展都具有举足轻重的地位和作用。

---

① 本篇文章是根据吴珊珊、刘明广 2013 年 11 月 29 日和 2014 年 5 月 28 日发表在《中国旅游报》的《国际组织选择驻地的规律》和《国际组织在国际会议城市建设中的功能》整理并更新而成。

② 维也纳会议局官网. 2018 维也纳会议业统计报告. https://www.vienna.convention.at/en/news/2019/wiener-tagungs-bilanz-2018, 2019-04-19.

二、维也纳国际组织落户情况

（一）国际组织

国际组织是指国家间为了实现共同的政治、经济和文化等目的，协商国际治理或区域合作，通过缔约或依照国际法而设立的常设性组织机构。虽然不同的国际组织有不同的宗旨和章程，但是其作用基本可以归纳为为成员国提供各种层次的对话和合作的平台，管理全球化所带来的国际社会问题，协调和组织国际社会各领域的相关活动等。

根据国际组织组成单位的性质不同，可以分为政府间国际组织和非政府间国际组织两大类。根据国际组织服务领域的不同，可以划分为国际政治组织、国际经济组织、国际文化组织和国际科技组织等。根据国际组织覆盖地域范围的不同，又可以分为全球性国际组织、洲际国际组织和地区性国际组织。根据国际组织工作内容则可以划分为综合性国际组织和专业性国际组织。

在全球一体化和区域集团化的时代背景下，国际组织蓬勃发展，其作用也日益引起各方重视。国际组织不仅为所在城市带来众多的国际会议和活动，促进所在城市经济社会领域的发展，而且逐渐演化成为所在国家软实力的一部分。

（二）维也纳国际组织落户情况

维也纳是欧洲的文化之都，也是著名的音乐之都，吸引了数量众多的国际组织落户。据维也纳市政府统计，约有 29 个政府间国际组织总部设在维也纳，另外还有 76 个非政府间国际组织。[①]1979 年，维也纳成为继纽约和日内瓦之后的第三座联合国驻地城市和"联合国城"，这一身份也促使更多的国际组织落户于此。[②]维也纳也是联合国很多附属的功能性组织的总部所在地，如联合国毒品和犯罪办公室、和平利用太空委员会、麻醉药管制署、国际反洗钱信息网络、国际贸易法委员会和全面禁止核试验条约组织等，同时也是国际原子能机构和联合国工业发展组织两大联合国专门机构总部所在地。因此，很多关联的国际组织也纷纷落户维也纳。

除了与联合国相关的国际组织，维也纳还是石油输出国组织与欧洲安全合作组织的总部所在地，如表 3-1 所示，著名的政府间国际组织的总部常驻维也纳及其国际会议的基本情况。影响力比较大的非政府间的国际组织总部设在维也纳的有世界道路协会、欧洲自行车联合会、欧洲国家公园组织、国际博物馆理事会、国际公园和娱乐管理局联合会、世界遗产城市组织和国际公共交通协会等。[③]

---

① 维也纳市政府官网. 维也纳城市的国际网络. https://www.wien.gv.at/politik/international/netzwerke/mitgliedschaften.html#f, 2019-04-19.

② 联合国维也纳中心官网：关于联合国维也纳中心. http://www.unis.unvienna.org/unis/en/ unvienna.html, 2019-04-19.

③ 维也纳市政府官网. 维也纳城市的国际网络. https://www.wien.gv.at/politik/international/netzwerke/mitgliedschaften.html#f, 2019-04-19.

表 3-1　著名政府间国际组织总部常驻维也纳一览表

名　称	宗　旨	活动类型及规模	每年活动数量
联合国第三总部	和平、合作、发展	全体会员国大会	一次大会 9—12 月
国际原子能机构	能源合作和安全	会议、论坛	一次大会、四次理事会
石油输出国组织	稳定全球石油市场	会议、出版刊物	每年两次会议
欧洲安全与全作组织	欧洲稳定合作	会议、调查	安全合作会每周一次
联合国国际麻醉品管制署	协调全球麻醉品管制	禁毒、出版刊物	每年一次大会
最高审计机关国际组织	统一审计标准	会议、交流	每年一次全体大会
联合国工业发展组织	技术援助和投资	会议、投资项目	每四年一次大会

三、国际组织选择维也纳的规律分析

为什么如此多的国际组织选择维也纳作为驻地呢，其选择的内在规律在哪里？下面我们结合维也纳的具体情况进行分析。

（一）地缘战略规律

1. 得天独厚的绝对位置

维也纳处于北纬 45°~50°，地属北温带,受海洋性气候和大陆性气候交替影响，降水较少以晴朗天气居多；夏季凉爽宜人，气温在冬季相较欧洲其他主要城市显得更为温暖。这样的气候条件使得维也纳十分适合举办各种会议和活动。

另外，坐落在多瑙河畔的维也纳有着"多瑙河女神"的美称，阿尔卑斯山支脉伸展于其西郊，绿林绵延，风景秀美，还有各式的花园和葡萄园点缀其中，碧浪连天的"维也纳森林"为整座城市缔造了一份绿色的魅力。迷人的多瑙河从维纳城中蜿蜒而过，清新的自然风光和古老华美的建筑相映成趣。

2. 独一无二的相对位置

维也纳正好处在欧洲地理的中心位置，与法国、德国、意大利和俄罗斯等几个大国之间的距离都相差无几。因此维也纳成为各大国争夺国际组织总部设立地的妥协产物。另外，维也纳还是欧洲交通的心脏，国际组织总部设于此地也便于各国的交流。

（二）历史人文规律

1955 年 10 月 26 日，奥地利国民议会宣布通过宪法性法律——永久中立法，其永久立国的地位随后得到世界各国的公认，这为维也纳争取国际组织落户打造了良好的国际政治环境。[①]随后，维也纳逐渐成为国际会晤与磋商的场所，如美苏首脑的多次会晤和联合国许多会议都在维也纳举行。

国际组织选择中立国城市作为总部所在地具有多方面的好处：第一，和平中立的城市形象符合大多数国际组织追求的和平与发展；第二，其总部运作可以避免国际纷争或

---

① 奥地利联邦数字化和商业部官网. 1955 年 10 月 26 日联邦宪法对奥地利的中立. https://www.ris.bka. gv.at/GeltendeFassung.wxe?Abfrage=Bundesnormen&Gesetzesnummer=10000267, 2019-04-19.

者减少外部政治力量干预，也可以免受战争和政治斗争干扰；第三，中立国的定位可以为国际组织的中立权威增添更高的可信度。

此外，维也纳巨大的城市软实力也是国际组织落户的一个重要原因。维也纳素有音乐之都、建筑之都、文化之都和装饰之都的美称，其中人们最为熟知的便是音乐之都，贝多芬、舒伯特、莫扎特等著名的音乐家都在此进行过创作，是著名圆舞曲华尔兹的故乡，也是欧洲许多著名古典音乐作品的诞生地。时至今日，维也纳金色大厅也是音乐领域的最高殿堂，维也纳新年音乐会每年都会为全世界的音乐爱好者呈上一道音乐的**饕餮**大餐，令人倾心。浓厚的艺术氛围酝酿着和谐与稳定，这对于国际组织的选择也是一种巨大的吸引力。

（三）城市经营和营销规律

维也纳除了一贯的中立特质吸引国际组织之外，城市独特的经营和营销战略也功不可没。早在 1973 年，奥地利总理布鲁诺·克赖斯基就将关于建设国际组织之都的想法付诸实践，维也纳国际中心的兴建就是维也纳走上国际化的具体举措，这也是吸引联合国在此设立办事机构的一个原因。[①]其后，众多联合国专门机构总部纷纷落户，并吸引了大量关联的非政府间组织落户维也纳，这一城市经营战略可谓非常成功。

维也纳市政府还致力于打造世界级的会议目的地的城市形象。1969 年维也纳就成立了会议局，在全球市场宣传推介维也纳国际会议目的地的城市形象。为了招徕国际会议，提升国际影响力，维也纳会议局还加入了 UIA、ICCA、PCMA、MPI、ACB 和 Destinations International 等国际会议协会组织，并通过国际会议协会网络不断提升维也纳在国际会议市场上的吸引力和影响力。[②]为了使国际会展活动利益相关者了解维也纳会议业的发展情况，维也纳会议局每年都会发布年度的会议业发展报告，这也已经成为传统。[③]

拓展阅读

维也纳国际中心简介

一、中心概况

维也纳国际中心，也称联合国城，是联合国第三个总部的驻地。维也纳国际中心综合体占地 18 万平方米，总建筑面积 23 万平方米，最高的塔楼高 127 米，共 28 层。2009年建造的会议中心大楼，现在称为 M 楼，M 楼和 C 楼都是会议用楼。

维也纳国际中心同维也纳奥地利中心相邻，维也纳奥地利中心是维也纳最大的会展中心，可以举办容纳 15 000 人的国际会议。维也纳国际中心每年举办大量国际会议和专

---

① 华盛顿邮报官网. 奥地利前总理去世，享年 79 岁. https://www.washingtonpost.com/archive/local/1990/07/30/ex-austrian-chancellor-bruno-kreisky-dies-at-79/47c257c4-6d0b-4c13-843a-fb35f4d1b6df/?noredirect=on&utm_term=.394e023e9cb4, 2019-04-19.

② 维也纳会议局官网. 维也纳会议局简介. https://www.vienna.convention.at/en/about/vcb, 2019-04-19.

③ 维也纳会议局官网. 维也纳会议业统计. https://www.vienna.convention.at/en/meeting-destination/statistics, 2019-04-19.

家会议，其中较大的会议在临近的维也纳奥地利中心举行。

二、历史发展

1957 年，应奥地利政府的邀请，国际原子能机构（IAEA）在维也纳设立了总部。

1966 年，奥地利政府提议联合国在维也纳建造一个供联合国系统各组织使用的国际中心。

1967 年，奥地利政府和维也纳市在一项联合决定中指定多瑙河左岸的一个区域作为该中心的所在地。同年，联合国工业发展组织也将总部设立在维也纳。

1968 年，奥地利为联合国使用的国际中心组织了一次国际建筑设计竞赛，最终奥地利建筑师 Johann Staber 获胜。维也纳国际中心于 1972 年开始建设，1979 年 8 月 23 日落成。

1979 年 9 月 28 日，国际原子能机构和联合国工业发展组织代表联合国与奥地利政府在维也纳签署了单独的租赁协定，该建筑物每年只收取一个先令（7 欧元）的象征性租金，租期 99 年。

三、中心现状

目前，在维也纳中心办公的联合国系统内的国际组织有联合国维也纳办事处（联合国四个总部之一）、国际原子能机构、联合国工业发展组织、联合国毒品和犯罪问题办公室、全面禁止核试验条约组织筹备委员会、联合国外层空间事务厅（UNOOSA）、国际多瑙河保护委员会（ICPDR）、国际麻醉品管制局、国际移民组织、"以享有可持续能源"倡议（SEforALL）办公室、联合国国际贸易法委员会（UNCITRAL）、喀尔巴阡山脉框架公约秘书处、联合国难民事务高级专员办事处、联合国新闻处（新闻处）维也纳、联合国维也纳和平与安全联络处、联合国裁军事务厅维也纳办事处、联合国邮政管理处、联合国在巴勒斯坦被占领土修建隔离墙造成的损失登记办公室，以及联合国原子辐射影响科学委员会 19 个国际组织总部。

来自 110 多个国家的 4000 多名员工在联合国维也纳办事处工作，其中约 1/3 的工作人员是奥地利人。

（四）集聚效益规律

这里产业集聚指的是相互关联的公司、供应商等在一定区域内的集聚可以达到共享区域公共设施、市场环境和外部经济的目的，从而形成集聚效益、规模效益、外部效益和区域竞争力。

国际组织集聚在维也纳也有集聚效益的考虑。落户维也纳的国际组织以经济法规类、医学健康类、自然科学类和人权维护类的为主，这些组织集聚于此除了可以共享公共设施资源外，相关国际组织之间存在着高度的内在联系，集聚发展有利于促进彼此之间的非正式交流，并有利于提高办事效率。

在 1979 年，联合国就在维也纳办事处设立了一个非政府间组织联络员。[1] 这一联络员的设立，不仅吸引了大量的非政府间组织到维也纳活动，而且也影响了相当一批非政

---

① 联合国维也纳办事处官网：非政府间组织联络员. https://www.unov.org/unov/zh/ngo_liaison_service.html, 2019-04-19.

府间组织总部的设立。据联合国维也纳办事处网站介绍，有 300 多个非政府间组织和联络员建立了制度化的沟通机制。

拓展阅读

维也纳国际总部和会议中心股份有限公司

1971 年，维也纳国际总部和会议中心股份有限公司（IAKW-AG）成立，负责维也纳国际中心的规划、建设、维护、管理和融资。奥地利共和国是维也纳国际中心的所有者，该中心是一座联邦建筑。目前，该公司的主要业务有两项：维也纳国际中心的运营和管理，管理会议中心——维也纳奥地利中心。

维也纳国际总部和会议中心股份有限公司也可以称为联合国（国际组织）总部运营服务商。2015 年，维也纳奥地利中心产生的总增加值为 3.778 亿欧元。

维也纳国际总部和会议中心股份有限公司非常重视国际网络建设。该公司现在是国际大会和会议协会、国际会议中心协会（AIPC）、奥地利会议局（ACB）和维也纳会议局等机构的成员。

四、国际组织对国际会议城市发展的功能体现

众所周知，国际组织对常驻城市的会议业发展起着十分重要的作用，发挥着十分重要的影响力。那么国际组织对国际会议城市的发展到底起着什么样的作用呢？我们应该如何认识这些功能呢？下面就让我们结合维也纳的实践进行一番细致的梳理和分析。

（一）品牌形象塑造功能

国际组织的落户通常伴随着国际会议、国际活动和国际交往的增加。维也纳通过这些会议和活动拓展了其自身的国际往来，让各国的政要、媒体和宾客感受和认识到其在经济上的发展、社会上的进步和独特的城市魅力，由此达到了很好的对外宣传效果，提升了其在世界范围内的知名度和美誉度，塑造了其在世界人民心目中美好的城市品牌形象。

（二）提升城市软环境和软实力

维也纳在历史上本就有着中立的传统，如今众多的国际组织落户于此，更加让这座城市成为处理国际性问题的中心，其在国际政治上的地位也得到进一步的提升。

随着全球经济一体化、区域集团化、社会信息化和文化多样化的不断发展，各种国际性问题也日益凸显。凭借众多国际组织总部落户的传统优势，维也纳成为各国协商解决贸易、公共卫生、能源与环境等全球性问题的中心。一些国家还把维也纳作为一些国际重大和热点问题的谈判地点，使其不仅成为世界各国合作与交流的重要舞台，同时也成为世界了解奥地利的重要窗口。

（三）发展城市经济功能

1. 国际组织促进维也纳会议业的发展

众多国际组织总部落户维也纳带来了数量可观的国际组织例会以及其他形式的会议。在维也纳会展中心场馆的多数场馆中，国际组织开展的例会活动占到了总业务量的50%以上，有的甚至高达70%～80%。以2018年为例，当年共有1004个国际协会会议在维也纳举行，同时还有1868个公司举办的国际会议。ICCA和UIA的排名也显示，维也纳举行的各种会议数量也稳居世界前列，成为名副其实的国际会议之都和"最受欢迎的会议城市"。[①]

2. 国际组织带动城市整体经济的发展

国际组织的落户也会吸引大量的外资流入，给维也纳带来丰厚的经济效益，并带动城市的旅游业、餐饮业、娱乐业和交通物流业等第三产业的快速发展。仅维也纳国际中心就有4000多人办公，而这其中1/3的工作岗位被奥地利人获得。据估计，国际组织总部落地每年给维也纳带来的直接消费不低于50亿美元。

（四）丰富城市社会功能

众多国际组织落户，也为维也纳城市的多元化和国际化增添了色彩，各种文化汇聚于此，互相交融碰撞，形成了独特的文化魅力。在维也纳一贯的自由、平等和包容等精神得到传承的同时，也被注入了许多新的元素。

伴随着各种国际会议的召开，维也纳逐渐成为全球和地区治理中心以及国际事务协调中心。通过国际组织这一强大的助推器，维也纳更加深度地融入国际社会中，其城市外向程度、国际竞争力和国际交往能力得到了不同程度的提升。这使得维也纳最终成为了一座开放、包容和真正国际化的城市。

五、维也纳的成功对国内会议城市发展的启示

（一）把握历史发展规律

对历史规律的认知和把握是国际会议中心城市建设的关键环节。众多国际组织落户维也纳，与历史上欧洲世界事务中心的地位和欧洲的"均势政策"有着不可分割的联系。"冷战"和"均势政策"等在无形中也催生出维也纳这样的国际会议之都。

当今世界政治和经济的重心正在向亚洲及太平洋地区转移，这为该地区带来了巨大的历史发展机遇。这将为我国带来新一轮的国际会议城市发展的巨大历史机遇。

---

① ICCA2017年全球会议城市排名维也纳位于第二位，仅次于巴塞罗那，详情参见ICCA官网. 2017 ICCA统计报告. https://www.iccaworld.org/newsarchives/archivedetails.cfm?id=16587, 2019-04-19. UIA 2017年全球会议城市排名维也纳位于全球第4位，排名仅次于新加坡、布鲁塞尔和首尔，详情参见UIA官网. 国际会议统计报告（第59版）. https://www.uia.org/sites/uia.org/files/misc_pdfs/pubs/Meetings_Statistics_Report_ed59_lookinside.pdf, 2019-04-19.

（二）精准的国际会议城市定位和经营

一个国际会议城市的发展越来越离不开精准的定位和经营，其定位是建立在综合分析自身要素和市场要素的基础上形成的关于城市发展的基调、特色和策略的过程。随着北京建设"世界城市"的口号提上日程，"怀柔国际会展之都"项目的建设也将加快进程，该项目的建设无疑是对城市未来发展的准确把握。国际性会议的召开也是城市经济控制力、影响力和国际事务协调能力的重要体现，对北京而言有着重要的意义。

（三）鼓励国际组织落户

我国政府应该出台具体的政策鼓励国际组织落户。国家应当积极鼓励国际组织总部的落户，如果由于历史原因争取具有强大国际影响力的国际组织总部落户有困难的话，争取地区分布落户也是不错的选择。另外，积极吸引新兴国际组织落户，力争成为新兴国际事务协调的中心对发展我国的国际会议城市也十分重要和关键。

国内的会议中心城市可以结合自身的功能定位积极吸引国际组织落户，尤其是吸引专业性强的国际组织集体落户。在维也纳落户的国际组织都具有相当强的专业性和行业性。

（四）打造独特的城市品牌

城市独特的品牌魅力来自方方面面，如维也纳的艺术气息、优美环境和令人垂涎的美食都增添了其作为国际会议之都的吸引力。当然，结合当地各种自然、历史和人文资源的品牌活动更是打造独特城市品牌的一条捷径。

参考文献：

1. Oppermann M.Convention Cities: Images and Changing Fortunes[J]. Journal of tourism studies, 1996, 7(1).

2. Mair J. Conferences and conventions: A research perspective[M]. Routledge, 2013.

3. Canali S, d'Angella F.Managing cultural events and meetings activities in European urban destinations[J]. International Journal of arts management, 2009, 11(3).

参考网站：

1. 维也纳会议局官网：https://www.vienna.convention.at

2. 维也纳市政府官网：https://www.wien.gv.at

3. 联合国维也纳办事处官网：https://www.unov.org

4. 维也纳奥地利中心官网：https://www.acv.at

5. ICCA 官网：https://www.iccaworld.org

6. UIA 官网：https://www.uia.org

第三节　品牌论坛造就会议中心小城
——以达沃斯和博鳌为例[①]

一、达沃斯小镇与世界经济论坛

（一）达沃斯小镇与达沃斯世界经济论坛简介

达沃斯是瑞士知名的温泉度假、会议与运动度假胜地，也是闻名全球的会议中心小城；它是阿尔卑斯山系最高的小镇。根据达沃斯官方的统计数据显示，达沃斯面积约 284 平方千米，2015 年拥有人口 12624 人。达沃斯的经济结构以第三产业为主，第三产业从业人口占全部人口就业的 84%。[②]

世界经济论坛（World Economic Forum）是一个非政府的国际论坛组织，总部设在瑞士日内瓦。其前身是论坛主席克劳斯·施瓦布于 1971 年创建的"欧洲管理论坛"，1987 年更名为世界经济论坛。因论坛每年的年会都是 1 月下旬在达沃斯召开，故也被称为"达沃斯论坛"。[③]随着论坛的影响力不断扩大，达沃斯论坛被称为"非官方的国际经济最高级会谈"；2015 年，其被正式认定为国际组织。

（二）论坛选址达沃斯小镇的原因

首先，达沃斯独特的地理和自然风光吸引了论坛创始人的目光。根据瑞士国家旅游局官方网站的介绍，达沃斯是全世界滑雪和单板滑雪运动爱好者的圣地，在海拔 1124~2844 米，有 58 条滑雪索道、320 千米的滑雪坡地、75 千米的越野滑雪道，以及两个人工滑冰场和一个全欧洲最大的天然滑冰场；此外，这里常年拥有不少于三条的雪橇跑道。[④]达沃斯还是著名的维斯夫鲁峰达沃斯联邦雪和雪崩研究学会的总部所在地。[⑤]论坛创始人施瓦布酷爱滑雪，达沃斯作为滑雪胜地自然吸引了他的目光。

其次，达沃斯小镇被雪山环绕，安全清静，不易受外界打扰，适宜进行高端的多方会谈。冯仑曾说，关于达沃斯小镇的安静，很多人说那里的夜晚，躺在房间里时，可以寂静到听到自己的心跳。世界经济论坛创始人施瓦布最初就把"非正式、平等、休闲"的概念浓缩为"达沃斯精神"，使得论坛成为一个在轻松、休闲气氛中探讨国际经济走势和风云变幻之地。[⑥]冯仑也评价说：把会议和旅游产业放在一起来做，这是达沃斯迈向新领域的一个开端。[⑦]

① 本篇文章是根据蒋颖、胡巳倩、刘明广 2011 年 3 月 23 日发表在《中国旅游报》的《浅析品牌论坛与城镇营销》基础上更新而成。

② 达沃斯官网. 达沃斯简介. http://www.gemeindedavos.ch/de/ueberdavos/fakten/gemeindeinzahlen/, 2019-04-19.

③ 世界经济论坛官网. 世界经济论坛历史. https://www.weforum.org/about/history, 2019-04-19.

④ 瑞士国家旅游局官网. 达沃斯. https://www.myswitzerland.com/zh/ski-snowboard/davos.html, 2019-04-19.

⑤ 达沃斯官网. 达沃斯研究. http://www.gemeindedavos.ch/de/wohnenwirtschaft/wirtschaft/forschung/, 2019-04-19.

⑥ 达沃斯会议局官网. 达沃斯精神. https://www.davos.ch/en/davos-klosters/portrait-image/storytelling/world-economic-forum/, 2019-04-19.

⑦ 冯仑. 从贫困镇到全球胜地，达沃斯的三步进化史. 凤凰网. https://wemedia.ifeng.com/8420827/wemedia.shtml, 2019-04-19.

最后，小镇本身的吸引力，加上居民的热情好客，以及配套设施的逐步完善，都使论坛继续选择了达沃斯小镇。19 世纪末 20 世纪初，达沃斯小镇就已经成为远近闻名的疗养胜地、冰雪体育赛事基地和旅游度假胜地。1969 年，达沃斯会议中心主体部分就已经建成，从那以后的 50 年中，达沃斯不仅承办了许多会议，而且吸引了众多的世界著名会议在这里安家，其中就包括世界经济论坛。[①]

（三）小镇因举办论坛得到的发展

成功举办世界经济论坛给达沃斯带来了世界级的"好名声"，并为达沃斯带来了一个又一个的国际会议，让达沃斯成功发展起国际会议经济。现在达沃斯每年举办 400 多个会展活动，达沃斯可以提供 100 多间不同类型的会议房间，可以接待 150000 人规模的大会。会议业是达沃斯的支柱性产业，达沃斯专门成立了会议局来促销达沃斯的会议业。[②]

近年来，在世界政治经济中日益重要的世界经济论坛也放大了达沃斯原有的"滑雪胜地"目的地优势，使得当地游客激增。现在，达沃斯小镇每年要接待来自世界各地的230 多万名游客。

二、博鳌小镇与博鳌亚洲论坛

（一）博鳌小镇和博鳌亚洲论坛简介

博鳌镇位于我国海南省琼海市，面积仅 86 平方公里，只有达沃斯的 30.28%，人口约 2.9 万人，是达沃斯的 2.3 倍[③]。由于两地具有很强的可比性，因此，博鳌镇也常被称为"东方的达沃斯"。因为博鳌也是一个由品牌论坛，即博鳌亚洲论坛，而一夜成名，蜚声海内外。在短短 17 年间，博鳌从一个小渔村直接过渡到现如今的会议中心小城，它完美地借鉴了达沃斯小镇的成功经验。

博鳌亚洲论坛官方发起人为菲律宾前总统菲德尔·拉莫斯、澳大利亚前总理鲍勃·霍克和日本前首相细川护熙，民间发起人为蒋晓松，人称"博鳌之父"。论坛为非官方、非营利性的国际论坛组织，2002 年起，论坛每年定期在博鳌召开年会，是亚洲以及其他大洲有关国家政府、工商界和学术界领袖就亚洲以及全球重要事务进行对话的高层次平台。[④]

（二）论坛选址博鳌的原因

首先是创始人的眼光。1992 年，蒋晓松在进行环海南岛旅游时，发现了还是小渔村的博鳌。博鳌拥有融江、河、湖、海、山麓与岛屿于一体，集椰林、沙滩、奇石、温泉和田园于一身的绝美自然风光和淳朴的民风，使得蒋晓松一下子喜欢上这个地方，并产

---

① 达沃斯国际会议中心官网. 会议城市达沃斯. http://www.davoscongress.ch/en/davos/congress-city-davos/, 2019-04-19.

② 达沃斯会议局官网. 达沃斯会议业和会议局介绍. https://www.davos.ch/en/davos-klosters/meeting-place/convention-bureau/, 2019-04-19.

③ 琼海市政府官网. 博鳌简介. http://qionghai.hainan.gov.cn/zjqh/xzzc/201810/t20181020_305800.html, 2019-04-19.

④ 博鳌亚洲论坛官网. 博鳌亚洲论坛简介. http://www.boaoforum.org/gyltbjjs.jhtml, 2019-04-19.

生了将其推向世界的强烈的使命感。1997 年，蒋晓松就已经开发建设好博鳌水城项目，并在这一年得到日本前首相细川护熙夫妇和澳大利亚前总理霍克的共同建议，成立一个亚洲人自己的国际组织，并将总部设在博鳌。

其次是博鳌自身优越的自然地理条件。从亚洲范围看，博鳌既可以算作靠近亚洲地理中心，却又不像中国中心城市那样敏感。从中国政府来看，中国有其独特的国际地位、巨大的市场潜力，以及政府对论坛举办的大力支持。从博鳌当地的自然地理资源看，位于海南岛东部的博鳌，是万泉河、九曲江和龙滚河三江的入海口，具备优越的地理位置和优美的风光，是一个理想的"第三地"。

最后，在 20 世纪 90 年代末，区域集团化和经济全球化成为并行不悖的历史潮流。从全球范围来看，欧洲、美洲和非洲都有了自己的区域一体化组织，而亚洲还没有，1998年席卷亚洲国家的金融危机也加剧了亚洲国家一体化的急迫感和危机感。与此同时，随着中国政府越来越融入国际社会，对新成立国际组织、国际会议越来越支持的态度，在客观上都有助于博鳌亚洲论坛的成立和举办。①

（三）论坛给小镇带来的巨变

首先，博鳌小镇成为国际闻名的国际会议目的地。随着博鳌亚洲论坛带来的效应，镇上五星级酒店从无到有，星级酒店有 10 余家，客房总数逾 3600 间，博鳌由传统的小渔镇摇身一变成了举世闻名的天堂小镇、外交小镇、田园小镇和著名的旅游目的地，具备了举办重大国际外交外事活动的所有条件。②

其次，博鳌小镇产业获得转型升级，成为国内领先的第三产业主导的会议特色小镇。博鳌小镇的产业从原先的以渔业为主发展成了如今的以会议业、房地产业、旅游业和特色农业为主。2018 年，美丽乡村博鳌国际峰会、博鳌健康产业论坛、世界医疗旅游与全球健康大会等一批大型会议定期定址在博鳌召开，全年举办会议 350 场，参会 15 万多人次，分别同比增长 25% 和 26%。③

最后，博鳌的基础设施获得了极大改善。曾经有媒体报道，20 世纪末博鳌的路都是泥路，一下雨腿都不知道往哪迈。如今的博鳌已经有了发达的、便利的和立体的交通网络，不仅拥有各类现代化的道路桥梁，开通了高铁，并且建成开通了琼海博鳌国际机场，这也是海南省的第三座国际机场。2018 年博鳌机场年旅客吞吐量突破 55 万人次，同比增长 74%，累计通航城市 40 个。④

三、达沃斯和博鳌成功原因的总结

达沃斯和博鳌的成功既是偶然的，也是必然的，它是由天时、地利、人和的多种内外部因素交织影响所成就的。

---

① 博鳌亚洲论坛官网. 博鳌亚洲论坛历史. http://www.boaoforum.org/gyltbjjs.jhtml, 2019-04-19.

② 瞭望东方周刊. 博鳌：从小渔村到"外交小镇". http://www.lwdf.cn/article_4865_1.html, 2019-04-19.

③ 海南省琼海市政府官网. 琼海市 2019 政府工作报告. http://qionghai.hainan.gov.cn/xxgk/zfgzbg/szfgzbg/201902/t20190202_2306480.html, 2019-04-19.

④ 同上。

首先，两地和国际论坛组织结合都是顺应了"天时"，是历史大潮下时代的产物。由于具有战略眼光，世界经济论坛和博鳌亚洲论坛创始人都敏锐地把握了当时的国际社会需求，从而精心策划了品牌论坛。世界经济论坛的前身是 1971 年成立的欧洲管理论坛，其目的是帮助欧洲学习美国企业的管理经验，实现欧洲经济的崛起。1987 年，欧洲管理论坛更名为世界经济论坛则是顺应了论坛影响力全球化的趋势，并且是对苏联和东欧地区的社会主义国家经济市场化改革的积极回应。同样，20 世纪末亚洲在经济上的全面崛起和中国国力的发展也呼唤一个真正代表亚洲声音的地区组织，博鳌亚洲论坛的诞生顺应了这一趋势，并努力推动亚洲的一体化和区域合作。

其次，两地和国际论坛的结合也都是建立在各自的"地利"条件之上。达沃斯依山，是阿尔卑斯山系最高的小镇，山地风光和冰雪资源极为丰富，拥有世界范围内滑雪、滑冰及疗养休闲等相关产业的巨大优势。另外，达沃斯的所在国瑞士是中欧国家、中立国家，拥有在国际经济事务中比较优越的地理中间位置和政治中立地位。博鳌依水，位于海南岛东部，东临南海，远望太平洋，融江、河、湖、海、山麓和岛屿于一体，集椰林、沙滩、奇石、温泉与田园于一身，是独有的世界级自然人文地区，有高尔夫与航海等运动产业优势。另外，博鳌在地理上更为接近东南亚地区，其相对中心的地理位置以及不敏感地区的政治环境，也符合了非政府品牌论坛的需求。此外，品牌论坛以举办地小镇名称作为其命名的一部分对于城镇的营销是非常有利的。

最后，良好的"人和"因素也是达沃斯和博鳌成功的主导原因。一方面，创始人的慧眼和强大的人际关系整合能力非常关键，正是因为有施瓦布和蒋晓松才有了达沃斯世界经济论坛和博鳌亚洲论坛今天的影响力。另一方面，政府的支持也是达沃斯和博鳌成功不可或缺的重要条件。2001 年 2 月 27 日，时在中国国家主席江泽民出席了博鳌亚洲论坛成立大会并在致辞中对论坛的成立表示衷心的祝贺，并支持"博鳌亚洲论坛"作为一个非官方的国际性会议组织，以亚洲国家和地区为主，又向其他地区开放，为各方人士提供一个共商亚洲地区经济发展、人口和环境等问题的高层次对话场所的建设构想，这使得博鳌亚洲论坛开创伊始就拥有较高的起点。2002 年 4 月首届博鳌亚洲论坛年会，时任中国政府总理朱镕基率团出席，同年中国政府向博鳌亚洲论坛捐款 800 万元人民币。另外，达沃斯和博鳌的成功也和当地居民的配合是分不开的。现在博鳌亚洲论坛已经成为中国政府年度最为重要的主场外交活动之一。[①]

四、达沃斯与博鳌的成功对中小城市营销的启示

（一）利用大型国际会议等会展活动塑造城市品牌

中小城市在营销中可以充分借鉴和吸收静态营销和动态营销相结合的方法，[②]为城市量身定做大型国际会议，并将其打造成为城市动态营销和静态营销最佳的结合点。借助大型国际会议的影响力，中小城市可以打造标志性的城市建筑，提升城市的公共基础设

---

① 王毅. 2018 年中国外交大幕已拉开，有四大主场外交. 载中国网，http://www.china.com.cn/lianghui/news/2018-03/08/content_50682277.shtml, 2019-04-19.

② 郭惠玲，郭朝阳. 自适应营销能力的理论模型构建[J]. 现代管理科学，2014(8):105-107.

施水平。在大型国际会议的带动下，国内外媒体集中的大规模的报道也会带动了城市品牌和形象的提升。正因为有了世界经济论坛、电影节和狂欢节，才让我们知道了达沃斯、戛纳和尼斯；也正是因为有了博鳌亚洲论坛、中国企业家论坛，我们才知道了博鳌和亚布力，这些都是动态营销驾驭静态营销的例子。熟练地运用动态原理能使一个不起眼的中小城市的影响力遍及全球。

（二）把握国际发展潮流和趋势，适时推出会展活动

城市经营者需要对全球动向有敏锐的观察力，能够预先发现国际潮流、趋势和市场需求，适时推出会展活动，才可以占得先机。达沃斯论坛创始人施瓦布正是发现了当时欧洲公司急需新的管理模式来重塑其企业形象，继而发起了"欧洲管理论坛"，首届论坛就吸引了440多家跨国公司的领导者参与研讨。"博鳌之父"蒋晓松敏锐地把握了亚洲崛起对于真正属于亚洲的论坛组织的需求、把握了"博鳌水城"项目开发的需求，以及21世纪以来中国政府对国际事务治理的需求，从而发起了博鳌亚洲论坛。由此可见，顺应国际趋势、因势利导，中上城市的营销方能成功。

（三）注重可持续发展，逐步提升品牌效应

仅有政府支持是远远不够的，只有将全民积极性调动起来，共同维护精心打造的城市名片，才能使整个城市形成良好的亲会展活动的氛围，从而达到真正的可持续发展。要做到这一点，必须让当地居民享受到城市发展的益处，激发他们的会展意识。达沃斯市主管城建的副市长亨利奇女士曾说："当地居民把在世界经济论坛中赚到的钱，继续投入到酒店、餐饮等旅游服务方面的软、硬件改善中，这又吸引了世界各地更多的游客慕名前来，促进了当地旅游业的发展。"正是当地居民这种旅游意识才使得达沃斯小镇得以蓬勃发展。

一个城市的品牌形象并不是一朝一夕就能打造的，需要管理者长期耐心地持续经营。在通过大型国际会议进行城市营销时，必须要注意国际会议的品牌和城市的品牌两者是相辅相成的。一方的声誉越高，则另一方获益也越多；反之，一方形象受到影响则必将波及另一方。达沃斯小城和博鳌小镇都是凭借连续成功举办品牌论坛吸引了更多国际会议在此召开，继而发展起了国际会议经济。

（四）独特会展定位强调的是差异化营销

在城市发展中可以学习其他城市利用会展活动进行营销的理念、方法和精神，但不能盲目效仿，必须结合本地的定位，整合各方优势资源，制定差异化的发展战略，才有可能成功。国内外很多地方都想学习达沃斯世界经济论坛的模式，但是成功者寥寥，失败的主要原因就在于城市管理者盲目效仿，没有从本地可持续发展和特色定位上下功夫。

博鳌最初的定位策略是打造东方的达沃斯，这是一种典型的跟随者定位策略，实质上也是西方中心观的反映。初期来看，这种定位是赢得了一定的关注的，但是长期来看，这有损于博鳌自身品牌、特色和个性的打造。更为重要的是，随着亚洲整体的崛起，博鳌亚洲论坛影响力随之不断提高，博鳌也逐渐走出达沃斯的阴影，成为独树一帜的国际

会议中心城市。

（五）旅游资源的整合与开发

现代的旅游资源既包括了传统的自然旅游资源和文化旅游资源，也包括了商务、会议、休闲、健身、节庆、娱乐、购物、教育和科技产业等各种旅游资源。中小城市可以将现代意义上的旅游资源整合起来进行营销，开发新的旅游产品，挖掘新的文化内涵，形成一个全新的旅游文化体系。例如，博鳌挖掘当地的历史文化和民俗特色，保留过去当地渔业的亲水的特色，以博鳌特有的生活方式去感动游客。

同时，中小城市发展不能急于求成地在商务、旅游、会展和房地产等领域过度开发，否则将有损品牌的质量和健康，不利于未来的发展。

（六）中小城市需要不断完善会展业发展所需的软硬件配套设施

中小城市凭借国际会议活动闻名后，硬件设施需要不断地更新、完善，才能更好地为会展业发展服务。在软件方面，居民旅游意识、服务意识与会展活动的组织协调能力也需不断增强。只有软硬件设施共同提升，才能维护好会议品牌项目，做到真正的可持续发展。

参考文献：

1. 郭惠玲，郭朝阳. 自适应营销能力的理论模型构建[J]. 现代管理科学，2014(8).
2. 余玮. 博鳌：小镇变身为亚洲大外交的鳌头[J]. 党史纵览，2018(6).
3. 崔晓林，韩文. 博鳌镇凡人故事[J]. 中国经济周刊，2017(13).

参考网站：

1. 达沃斯市官网：http://www.gemeindedavos.ch
2. 世界经济论坛官网：https://www.weforum.org
3. 瑞士国家旅游局官网：https://www.myswitzerland.com
4. 达沃斯会议局官网：https://www.davos.ch
5. 达沃斯国际会议中心官网：http://www.davoscongress.ch
6. 琼海市政府官网：http://qionghai.hainan.gov.cn
7. 博鳌亚洲论坛官网：http://www.boaoforum.org

第四节　世界展览中心城市汉诺威

一、汉诺威城市发展的情况

（一）汉诺威的历史渊源

中世纪时期，在莱纳河的岸上形成了一个村镇，名叫汉诺威（Honovere），意思是"高高的河岸"，其位于德国北部，1241年开始建市。

1636 年，汉诺威公国成立。汉诺威公国曾经长期和英国汉诺威王朝拥有共同的君主。1866 年，汉诺威公国被普鲁士吞并。在"二战"中，汉诺威遭到巨大的破坏，工商业凋敝。1947 年，英国军政府下令举办工业博览会，用以恢复汉诺威的工商业，收获巨大成功，成为汉诺威现代会展业崛起的标志性事件。[①]

（二）汉诺威的地理位置

汉诺威位于莱纳河畔，是德国下萨克森州的首府和最大城市。汉诺威位于北德平原和中德山地的相交处，既处于德国南北和东西铁路干线的交叉口，又濒临中德运河，是个水陆辐辏的交通枢纽。汉诺威机场位于城市北部的朗根哈根，是德国第九繁忙的机场。

汉诺威的地理位置非常重要。如图 3-1 所示，从整个西欧的地理形势看，汉诺威处在西欧的地理中心的战略位置，发展会展业的区位优势得天独厚。

图 3-1　汉诺威战略位置示意图

（三）汉诺威的人口、宗教、文化和经济

2015 年，汉诺威拥有人口 53.21 万人，其中 31.1%的人口是新教徒，13.4%的人口是罗马天主教徒，55.5%是无宗教信仰或其他信仰人口。汉诺威是几个新教组织的总部，包括世界改革宗教会、德国福音派教会、改革宗联盟、德国联合福音派路德教会和独立福音派——路德教会。

汉诺威是工业制造业高度发达的城市，是德国的汽车、机械、电子等产业中心。此外，其第三产业的从业人数已占就业人数的 2/3。除商业、金融和保险业外，汉诺威最著名的就是会展业和旅游业，欧洲最大的旅行社组织途易集团 TUI（Group）的总部就设在这里。汉诺威拥有数量众多的世界著名品牌企业，大众汽车公司（商用车）总部也位于汉诺威。[②]

汉诺威的科学技术特别发达，拥有数量众多的大学和科研机构，能够提供各种学科的一流科学研究。比较著名的有汉诺威大学、汉诺威医学院、汉诺威兽医学院、汉诺威

---

① Röhrbein W. Hannover: Kleine Stadtgeschichte[M]. Verlag Friedrich Pustet, 2015.
② 汉诺威市政府官网. 汉诺威制造. https://www.hannover.de/en/Economy-Business/Made-in-Hannover-Global-Players, 2019-04-19.

音乐、戏剧和媒体学院、汉诺威应用科学大学等，总计拥有约 37000 名学生，其中包括来自国外的 6000 名留学生。[①]

二、汉诺威作为世界展览中心城市的主要表现

汉诺威是名副其实的国际展览之都，也是德国唯一举办过综合性世界博览会的城市。虽然从全球范围来看城市体量比较小，但是汉诺威的展览业在全球具有领先地位和优势，对全球展览业影响力特别大。上海大学教授张敏根据《中外会展业动态评估研究报告（2016）》对世界主要展览中心城市进行的建模评价显示，汉诺威居全球展览中心城市第 4位，远高于广州的第 10 位和北京的第 26 位，在德国展览城市中仅次于法兰克福的第 2 位。

（一）汉诺威拥有全球最具优势的展览场馆展能供给

展览场馆展能供给主要是指展览场馆的室内可展览面积、展览场馆使用的便利度、展览场馆配套设施的丰富度等。

德国在大型会展场馆展能供给方面居全球第一位，其中汉诺威以绝对优势占据全球前列。根据 AUMA2018 年全球展览中心排名最新数据，汉诺威会展中心以室内展览面积46.3 万平方米位居全球最大的单体展览中心第一位；而且这个第一的位置已经保持了几十年。

1. 汉诺威展览中心

现代化的展会场馆设施促使汉诺威成为全球展览经济的发动机，同时也是展览理念、创意和投资的风向标。汉诺威展览中心是目前世界上单体面积最大的展览中心，如图 3-2所示，占地面积约 1 平方千米，是名副其实的展览城，拥有承接世界级国际商业大展的能力。根据汉诺威展览公司官方网站的数据，汉诺威展览中心拥有 46.3 万平方米的室内展览空间和 5.8 万平方米的室外展览空间，可容纳大约 2.6 万参展商和 230 万的观众。[②]

图 3-2　汉诺威展览中心外景图

---

① 汉诺威市政府官网. 汉诺威的科学技术和教育. https://www.hannover.de/en/Science-Education, 2019-04-19.

② 汉诺威展览集团公司官网. 展览场地. https://www.messe.de/en/company/exhibition-grounds/germany/, 2019-04-19.

汉诺威展览中心具备承接大型展览和会议的能力。该中心拥有 27 个独立的展厅，可展览面积从 1 万平方米到 4 万平方米不等，其中 27 号展厅为最新建造，展览面积为 3.2 万平方米，造价 6140 万欧元。此外，汉诺威展览中心还拥有 35 个多功能会议中心，这些会议中心分布在展馆中心地带，是展览期间举办会议、大会、非正式聚会、研讨会和路演等各种活动的理想场所。

汉诺威展览中心的 27 个展厅是在几十年间通过持续不断的扩建完成的，各个展厅既连为一体，又相对独立。这些展厅可以根据需要分为四个独立的场地，同时举办四场 10 万平方米左右的中型展览会，可以做到每个展览会互不干扰，每个展览会都有自己的入口、游客导航系统和班车服务，如图 3-3 所示。

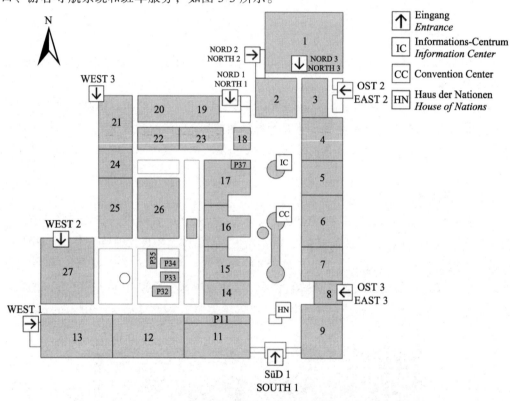

图 3-3 汉诺威展览中心平面图

汉诺威展览中心内值得一提的建筑还有：面积达到 1.6 万平方米的木结构 EXPOCanopy"，建于 1958 年并于 2000 年汉诺威世界博览会期间装修一新的标志性建筑 HermesTower，以及 Exponale 这个欧洲最大的人行桥，可连通城市高速路和 8 号馆。

汉诺威展览公司连续多年持续投入总计超过 8 亿欧元建设新的展览馆、改善停车设施、建立卓越的公路网、完善大宗货物运输道路和具有吸引力的建筑，这些努力使得汉诺威展览中心成为国际市场交流的最佳场所。

汉诺威展览中心的交通非常方便，北面和东面各有一条干线地铁，还有连通法兰克福、汉诺威和汉堡的德国南北干线的火车站。两条空中走廊（装备有人行电梯），一条从西面连通火车站和 13 号馆入口，另一条从东面连通停车场和 8 号及 9 号馆。一条新的地铁线路提供了从汉诺威机场途经汉诺威中央火车站到达展览中心的快速交通。展览中心的停车场可停放 5 万部各类车辆，其中有遮盖的泊位有 8700 个。

2. 汉诺威会议中心

汉诺威会议中心秉承"传统与创新"的座右铭，将历史氛围与现代化设施融为一体。汉诺威会议中心共有 41 个大厅和会议室，包括 4 个多功能活动大厅、7 个大厅和 30 间会议室；总面积为 15000 平方米，拥有 13000 个座位。[1]汉诺威会议中心平均每年举办 1200 场会议活动，约有 40 万名访客。此外，汉诺威会议中心周围被 6 万平方米的城市公园环绕，如图 3-4 所示，人们可以漫步其间，也可以利用公园空间开展活动。

图 3-4　汉诺威会议中心实景图

汉诺威会议中心的活动餐饮和活动技术由中心统一提供；此外，其场地提供内部专业的会议服务，包括全包服务。这对客户来说意味着他们可以从汉诺威会议中心获得所有必要的一站式服务。

汉诺威会议中心是一座历史悠久的建筑，同时也是一座依托现代化理念运营的建筑。2011 年以来，汉诺威会议中心已通过 Green Globe 认证，绿色环球评分为 98%，汉诺威会议中心是欧洲领先的绿色会议中心。[2]

汉诺威会议中心地理位置优越，交通极其便利。中心距高速公路出口只有 1 千米，距离汉诺威火车站 3 千米，距离汉诺威机场 12 千米。

（二）汉诺威领先世界的展览会

汉诺威的展览会发展成熟度居世界各国城市前列。根据《中外会展业动态评估研究报告（2016）》对全球展览城市展览会发展指数所做的排名，在入选指数排名的全球 24

---

① 汉诺威会议中心官网. 汉诺威会议中心简介. https://www.hcc.de/ueber-uns/, 2019-04-19.

② 汉诺威会议中心官网. 汉诺威会议中心可持续发展. https://www.hcc.de/ueber-uns/verantwortung/, 2019-04-19.

个城市中，汉诺威居第 3 位，仅次于巴黎和法兰克福，高于上海的第 4 位、北京的第 13 位和广州的第 14 位。

在工业领域人们的认知中，有这样一条"铁律"，即只要工业领域和技术领域出现新趋势，最早可以见到它的地方就是汉诺威，更准确地说是在汉诺威举办的国际大型展览会上。正是世界级的工业展览会推动了汉诺威跻身全球著名展览中心城市的领先行列。汉诺威市的展览会主要集中在工业领域，是世界工业的世界博览会和"奥斯卡"，汉诺威的著名展览会主要有全球顶尖的信息与通信技术博览会、技术和自动化领域的全球盛事——汉诺威工业博览会（Hannover Messe）等。

汉诺威拥有数量众多的全球 100 强商业大展，这是汉诺威展览业具有全球影响力的基石。根据《进出口经理人》2018 年最新发布的 2018 年世界商展 100 强排行榜，如表 3-2 所示，汉诺威拥有 100 强世界商业大展中的 10 席，居全球城市第 2 位，仅次于科隆的 11 席。

表 3-2　2018 年汉诺威世界 100 强商业大展名单

排名	Logo	名　称	简　称	面积（万平方米）	展览时间
2		汉诺威工业博览会	HANNOVER MESSE	39.58	2019.4.1—4.9
3		汉诺威农业机械交易会	AGRITECHNICA	39.36	2019.11.10—16
13		欧洲机床展览会	EMO	29	2019.9.16—21
15		欧洲畜牧业展览会	EuroTier	28.35	2018.11.13—16
19		汉诺威商用车博览会	IAA Nutzfahrzeuge	27	2018.9.20—27
28		汉诺威信息与通信技术博览会	CeBIT	24.29	2019.6.24—28
36		汉诺威国际林业木工展	LIGNA	22.06	2019.5.27—31
58		汉诺威国际消防装备展	INTERSCHUTZ	17.82	2020.6.15—20
67		汉诺威地毯及地面铺装材料展	DOMOTEX	16.5	2019.1.11—14
85		汉诺威技术板材加工技术展	EUROBLECH	14.8	2018.10.23—26
合计				258.76	

资料来源：《进出口经理人》杂志。

汉诺威的展览会具有高度国际化、品牌化、规模化和专业化的综合性特征。以汉诺威信息与通信技术博览会为例，2018 年共有来自全世界 70 多个国家和地区的 3300 家参展商，参展商国际化比例高达 60%，其中，中国有 620 家企业参展，比 2017 年增长 20%；

展出面积达到了 16000 平方米，比上届上涨 67%，共吸引了超过 22 万名的观众，其中专业观众比例近 90%。除此之外，近年来，汉诺威信息与通信技术博览会还努力采取品牌移植的手段开拓国际会展新兴市场，如俄罗斯、中国等，进一步提升了展览会的国际化水平和影响力。①

（三）世界领先的会展主办机构——德国汉诺威展览公司

汉诺威展览公司成立于 1947 年，至今已 70 多年，是世界领先的展览集团公司和著名的展览集团之一。汉诺威展览公司年营业收入为 3.57 亿欧元，是世界第九大展览集团公司。汉诺威展览公司的业务领域基本上覆盖了展览业的几乎所有产业链，主要包括场馆运营、展览会主办和承办、教育培训和餐饮等。

汉诺威展览公司是世界上领先的展览场馆运营企业。汉诺威展览公司拥有目前世界最大的展览场馆——汉诺威展览中心，室内可展览面积达 46.3 万平方米，每年可接待数百场大中小型展览会活动，同时也运营过 2000 年汉诺威世界博览会的场馆，积累了丰富的大场馆、大展览的实战管理经验。在 20 世纪末，汉诺威展览集团联合德国杜塞尔多夫展览集团和法兰克福展览集团共同投资上海新国际博览中心并向其输出管理团队。上海新国际博览中心拥有 20 万平方米的室内展览和 10 万平方米的室外展览面积，是中国最大的展览中心之一，也是中国大陆唯一的营业额超 1 亿欧元的展览企业。2014 年，汉诺威展览集团的子公司——汉诺威展览场馆运营公司获取了印尼最大的会展中心——印尼会展中心的运营权。②

汉诺威展览公司以成为国际顶尖展会服务商为目标，以打造"全球展会，全球商贸"公司为努力方向。汉诺威展览公司具有强大的展览会举办能力，每年在全球各地举办 130 多场展览会，拥有 4 万多家参展商和 350 多万参观者，每年展览会的总展出面积达 350 万平方米，在国际上这是一个中等展览国家的展览业体量。汉诺威展览公司主要涉及的行业有农业（3 个德国本土展览会）、汽车和商用车行业（8 个展，分布在德国、中国、美国、加拿大和土耳其）、教育和人力资源（5 个展，分布在德国、匈牙利和奥地利）、能源（8 个展，分布在德国、加拿大、墨西哥、土耳其和美国）、安全和安保（3 个展，分布在德国、意大利和澳大利亚）、地板地毯等地面覆盖物（4 个展，分布在德国、中国、美国和土耳其）、食品和旅游业（5 个展，分布在中国和印度）、卫生保健（5 个展，都在德国）、ICT 与数字业务（6 个展，分布在德国、中国、俄罗斯和土耳其）、制造业（14 个展，分布在德国、中国、美国、墨西哥和土耳其）、物流运输业（6 个展，分布在中国、土耳其、俄罗斯、印度尼西亚、澳大利亚和意大利）和金属加工与冶金（7 个，分布在德国、中国和土耳其）等 17 个行业。③

---

① 详细参见 CEBIT 俄罗斯展、中国计算机+博览会、CEBIT 澳大利亚展、CEBIT 东盟展和南欧自由技术展. https://cebit-russia.ru/en/, http://www.internetplus-expo.com/, https://www.cebit.com.au/, https://cebitasean.com/ 和 https://www.librecon.io/, 2019-04-19

② 汉诺威展览集团官网. 汉诺威场馆运营业务. https://www.messe.de/en/company/exhibition-grounds/index-3.xhtml, 2019-04-19.

③ 汉诺威展览集团公司. 汉诺威的展览业务. https://www.messe.de/en/trade-fairs, 2019-04-19.

表 3-3　世界营业额超一亿欧元展览公司排名表（2018）

公 司 名 称	2017（亿欧元）	2016（亿欧元）	公 司 名 称	2017（亿欧元）	2016（亿欧元）
励展展览（英国）	12.64	12.77	伯明翰 NEC 集团(英国)	1.83	1.7
UBM（英国）	9.79	8.3	ITE 集团（英国）	1.73	1.56
法兰克福展览（德国）	6.69	6.47	Clarion Events（英国）	1.71	1.83
英富美（英国）	6.31	3.58	Easyfairs（比利时）	1.6	1.15
GL 会展（法国）	4.82	4.53	Tokyo Big Sight(日本)	1.57	1.78
MCH 集团（瑞士）	4.22	4.1	巴黎会展集团（法国）	1.46	1.65
杜塞尔多夫展览（德国）	3.67	4.43	塔苏斯集团（英国）	1.33	0.8
科隆展览（德国）	3.58	2.74	DMG 会展集团（英国）	1.32	1.23
汉诺威展览（德国）	3.56	3.02	斯图塔特展览（德国）	1.31	1.59
慕尼黑展览（德国）	3.33	4.28	IEG 会展集团（意大利）	1.31	1.25
绿宝石博览（美国）	2.85	3.06	上海新国际博览中心（中国）	1.28	1.21
柏林博览（德国）	2.84	3.09	哥德堡会展（瑞典）	1.27	1.31
米兰展览（意大利）	2.71	2.21	博罗那展览（意大利）	1.26	1.32
香港贸发局（中国）	2.54	2.38	RAI Amsterdam（荷兰）	1.23	1.2
i2iEvents（英国）	2.22	2.1	马德里展览（西班牙）	1.18	1.06
纽伦堡展览（德国）	2.06	2.88	乌特勒支展览（荷兰）	1.16	1.11
巴塞罗那展览（西班牙）	1.88	1.65	高美博览（法国）	1.08	1.27

资料来源：AUMA 官网

三、汉诺威展览业领先的原因

（一）政府主导是汉诺威展览业核心竞争力的基础

在汉诺威展览业发展中，联邦州政府和市政府都扮演了最重要的推动者、规范者和主导者的角色。不同于法兰克福、莱比锡等具有悠久展览业传统的贸易中心城市，汉诺威历史上的商业贸易并不十分突出；其真正与现代展览业结缘始于 1947 年英国军政府举办展览会的行动，这也是汉诺威工业博览会的前身，同时也是汉诺威现代会展业真正的起源。[①] 这也可以称为汉诺威特色的政府主导型展览业发展模式。

政府对汉诺威展览业的主导还体现在对展览业基础设施、大型展览活动和展览主办公司等的投资方面。以汉诺威展览公司为例，其共有三个股东，其中下森州政府持股 50%，是第一大股东；汉诺威市政府持股 49.871%，是第二大股东，汉诺威大区持股 0.129%，是第三大股东。[②] 汉诺威展览公司的三个股东通过成立 21 人的监督委员会来监督公司的运营，并对公司的展览业务进行各种针对性的支持，监督委员会现任主席由下萨克森州经济事务、就业、运输和数字化部长 Bernd Althusmann 博士担任，汉诺威市长 Stefan

---

① 汉诺威展览集团公司. 汉诺威展览的历史. http://chronik.messe.de/en/1947-1952, 2019-04-19.

② 汉诺威展览集团公司. 汉诺威展览集团的管理层和监管层. https://www.messe.de/en/company/us/management-advisory-board/, 2019-04-19.

Schostok 先生担任监督委员会副主席，监督委员会的成员还包括下萨克森州与汉诺威市政府各相关部门的首长，这样可以充分保证展览业发展所需的政府支持。另外，政府也会主办很多大型展览活动，并投资会展场馆、公共交通等配套设施。

政府对展览业的主导还体现在国际营销方面。不仅下森州政府和汉诺威市政府重视汉诺威展览业的国际营销，而且德国联邦政府也非常重视对汉诺威相关展览会（如汉诺威工业博览会、CeBIT 等）的国际营销。德国总理默克尔经常邀请世界其他国家领导人参观汉诺威的展览会（如汉诺威工业博览会），并将其视为德国强大的外交工具和展示德国强大工业科技的舞台。

（二）全国性协会和大型跨国公司的广泛参与是汉诺威展览业的又一核心竞争力

汉诺威展览业的世界级商展主要集中在工业和农业领域，这和汉诺威特别重视工业、农业全国性行业协会以及龙头型跨国公司有重要的关系。与德国其他展览集团公司不同，汉诺威展览公司的监督委员会除了有政府部门的领导以外，还有大众汽车公司、德国工业联合会、德国农业协会和西门子股份公司等德国全国性主要工、农业协会负责人和跨国公司代表，这从产业和大企业上保证了汉诺威展览公司运营展览会的高效率和权威性。

（三）尊重市场的机制是汉诺威展览业繁荣的最根本原因

汉诺威高度尊重展览业市场机制的作用。汉诺威展览公司的运营管理采取市场化的办法，公司由管理层负责运营，政府行使监督权。虽然政府是汉诺威展览公司的股东，但是，政府不仅没有霸占全部监督委员会职位，而且充分吸收德国全国性工业协会、农业协会、西门子和大众汽车等行业协会和跨国公司进驻监督委员会。这既可以充分吸收行业发展的意见和建议，[①]也可以将行业最新的想法及时反馈给管理层，提升展览业务决策的科学化、合理化。

汉诺威尊重展览业市场机制作用的另一个表现是充分尊重并发挥各种行业协会在其主办展览会中的主导地位。以欧洲机床展览会（EMO）为例，汉诺威市政府充分尊重欧洲机床展主办单位——欧洲机床工业合作委员会（CECIMO）自主举办展览会的权利，作出了不在汉诺威举办欧洲机床展的年份举办同类展览会的规定。

（四）品牌化运作是汉诺威展览业领先世界的关键

品牌化运作的思路贯穿了汉诺威展览业的方方面面。汉诺威展览业特别重视展会品牌化的打造，其品牌化打造一般会采取四种方式。第一种是注册商标，现在大多数汉诺威的展览会都已经注册了自己的商标，对于展会知识产权的保护非常重视，杜绝了同一产业领域恶性竞争的可能性。第二种是进行专业认证，汉诺威的展览会一般会进行两种认证，一种是 AUMA 的认证，另一种是 UFI 的认证。第三种是实施子母展战略，即依托

---

① 汉诺威展览集团公司. 汉诺威展览集团的管理层和监管层. https://www.messe.de/en/ company/us/ management-advisory-board/, 2019-04-19.

品牌化展览会细分出新的品牌展览会。第四种是将品牌展览会从国内市场移植到新兴市场，即品牌移植，通过这种方式最大程度地拓展展览会的品牌价值和影响力。

（五）重视国际化运作是汉诺威展览业长盛不衰的重要原因

汉诺威展览公司非常重视国际网络的建设和全方位的一站式参展服务。汉诺威展览公司在美国、意大利、中国、俄罗斯、加拿大、澳大利亚、印度、墨西哥、土耳其和印度尼西亚设有分公司，另外，在全球各地还拥有 62 个销售合作伙伴，这样的公司网络和销售网络共同为参展商和参观者提供了一个全球化网络。如汉诺威米兰展览会（中国）有限公司和汉诺威米兰展览（上海）有限公司每年都会邀请优秀的中国企业前往德国、意大利、印度、土耳其、俄罗斯、美国及加拿大等国家，参加汉诺威旗下涉及 20 余个主题的 60 多项专业贸易展览会，其中包括汉诺威工业博览会、汉诺威国际地面铺装展览会、汉诺威、信息与通信技术博览会、米兰家居及消费品展、米兰国际食品及酒店用品展及所有展会的全球系列展。

汉诺威展览公司还十分重视通过资本手段开展国际化业务。汉诺威国际展览有限公司（Hannover Fairs International）是汉诺威展览公司的国际并购部门，于 1981 年作为一个业务部门成立，并在 1985 年正式成为一家有限公司。汉诺威国际展览有限公司收购并组织德国以外的贸易展览会，其主要目标市场是中国、东南亚地区、澳大利亚、土耳其、俄罗斯、美国、墨西哥和巴西。汉诺威国际展览有限公司还负责管理和营销汉诺威的交易会品牌。

四、汉诺威成为世界展览中心城市的启示

（一）世界展览中心城市需要在三个维度上取得突破

汉诺威成为世界展览中心城市的三项核心指标，世界级的商业大展、世界级的展览场馆和世界知名的展览主办企业等都非常亮眼。汉诺威在 2016 年世界展览城市实力综合评价中排名第 4 位，这主要得益于汉诺威的展览场馆展能评价得分世界排名第 3 位、展览会发展指数世界排名第 3 位、组展商发展指数世界排名第 8 位，这份排名显示出汉诺威在展览业发展方面非常均衡。

与汉诺威相比，我国的上海市在展览展能评价得分世界排名第 1 位，是全球展览场馆展能供给最好且最多的城市，为标准分 100 分，远高于汉诺威；展览会发展指数世界排名第 4 位，比汉诺威低 3.44 分，但是比满分的巴黎低 83.46 分，评分仅为巴黎展览会的 16.54%，差距非常大；组展商发展指数世界排名第 15 位，仅为排名第 1 位的伦敦的 6.21%，约为汉诺威组展商的 50%。这些都也说明上海要提升在全球展览中心城市的地位，必须要加大力度从世界级商业大展的打造和世界知名展览主办公司培育两个维度努力。这也是我国其他会展城市要努力的方向。

（二）世界展览中心城市打造需要发挥政府的关键作用

汉诺威成为世界展览中心城市离不开下森州政府和汉诺威市政府发挥的作用。汉诺

威展览中心是由汉诺威政府投资建造，汉诺威展览公司也是由下森州政府和汉诺威市政府联合投资；在汉诺威举办的众多世界级展览会主要也是由政府主办推动发展起来的，如汉诺威工业博览会等。德国联邦政府、下森州政府和汉诺威市政府对展览业的主导和推动作用还体现在政府为展览业的发展营造良好的国际国内舆论环境，在国内外营销汉诺威的展览会，起到了超级宣传员的作用。

我国的主要会展城市在发展展览业时要全面正确地认识自己的角色，看到政府不可回避的主导地位的体现方式和领域，另外也需要制定政府展览业发展国际化营销推广的总体战略，政府领导亲自抓国际营销。

（三）世界展览中心城市打造需要充分发挥市场机制的作用，努力推进展览业的国际化、市场化和规模化

汉诺威成长为国际展览中心城市既离不开政府的强力主导和推动，也离不开充分发挥市场机制的作用，更与汉诺威展览企业不断推进市场化经营、国际化经营和规模化经营密不可分。

从全球竞争格局来看，我国城市要想在国际展览城市格局中有所突破，必须坚定不移地发挥市场机制的作用，通过政府组建强有力的展览集团，落实经营权和监督权的相对分离，真正落实政府主要领导在监督当地龙头展览企业中的主导作用，并且协调各方资源推进市场化经营、国际化经营和规模化经营。这是一个城市展览业长盛不衰的秘诀。

参考文献：

1. 曼弗雷德·基希盖奥格. 博览管理：博览、会议和活动的策划、执行与控制[M]. 刁晓瀛译. 上海：上海财经大学出版社，2008.
2. 张敏. 中外会展业动态评估研究报告 2016[M]. 北京：社会科学文献出版社，2016.
3. 王春雷. 国际城市会展业发展理论与实践[M]. 北京：中国旅游出版社，2014.

参考网站：

1. 汉诺威会议中心官网：https://www.hcc.de
2. 汉诺威市政府官网：https://www.hannover.de
3. 汉诺威旅游局：https://www.visit-hannover.com
4. 汉诺威展览公司官网：http://www.messe.de
5. 汉诺威消费信息、电子展：https://www.cebit.de
6. AUMA 官网：https://www.auma.de/en

第五节　世界节庆之都——爱丁堡

拓展阅读

"聚焦中国"再登爱丁堡艺穗节

作为 2018 年爱丁堡艺穗节的亮点项目之一，集中展示中国优秀表演艺术的"聚焦中

国"活动 8 月 3 日在英国苏格兰首府爱丁堡启动。

这是"聚焦中国"继去年登陆爱丁堡艺穗节并大获成功之后的再次亮相。中英两国政府部门代表、剧目主创人员、合作机构代表、英国文创界代表及艺术家等百余人出席了启动仪式。

据介绍，8 月 3 日至 27 日期间，中国国家话剧院的历史剧《行者无疆》、上海淮剧团的传统戏曲《神话中国之洪荒时代》、侯莹舞蹈剧场的后现代舞蹈作品《涂图》、英国伦敦大学金匠学院中国传统戏剧艺术社的实验跨文化肢体剧《画皮·归尘》，以及"天生的孩子"儿童剧团的《山海经》五部剧目将在爱丁堡各大剧院上演，集中展示中国文化的气韵。

据承办方中国上海国际艺术节中心介绍，今年参加"聚焦中国"活动的剧目经过精心挑选，皆以中华优秀传统文化中的经典神话、民族历史和文学经典为基础，结合西方戏剧演出技巧与创作理论，将为艺穗节观众带来中西文化碰撞与交融的艺术盛宴。

与去年相比，今年的"聚焦中国"扩大了宣传规模，在爱丁堡艺穗节官方节目册显著位置投放"聚焦中国"品牌广告，并特别增加街道宣传活动，以吸引更多国际观众关注和欣赏"中国故事"。

中国驻爱丁堡总领事潘新春表示，"聚焦中国"项目积极推动具有中国符号的文化产品走出国门，走向世界。作为中英戏剧文化的桥梁，"聚焦中国"也让两国戏剧艺术家在相互借鉴与欣赏过程中共同发展，为未来集聚更多中国优秀原创作品亮相国际舞台及中英戏剧合作奠定了基础。

爱丁堡艺穗节又称爱丁堡边缘艺术节，是爱丁堡艺术节主要的子艺术节之一，每年8 月举行，其"无准入门槛"的开放政策吸引着世界各地艺术家踊跃参与。今年爱丁堡艺穗节于 8 月 3 日开幕，来自 50 多个国家和地区的演员将在近一个月的活动中为全球观众带来 3000 多场演出。

一、爱丁堡城市发展的情况

爱丁堡是苏格兰第二大、英国第七大城市。2016 年，爱丁堡拥有 46.5 万人口，位于苏格兰中部低地的福斯湾的南岸，面积 260 平方千米。2016 年，爱丁堡市的 GDP 为 254.05亿美元，人均 GDP 为 5.46 万美元。爱丁堡的造纸和印刷出版业历史悠久，造船、化工、核能、电子、电缆、玻璃和食品等工业也十分重要。

爱丁堡市是英国重要的政治中心、教育中心和金融中心。爱丁堡拥有 1500 年的优秀建城史，从 15 世纪到 18 世纪都是苏格兰王国的首都；现在是苏格兰政府、苏格兰议会和苏格兰最高法院的所在地。爱丁堡在医学、法律、文学、科学和工程学等领域的教育方面具有崇高的地位，创建于 1583 年的爱丁堡大学是世界著名公立综合研究型大学，是英语国家中第六古老的高等学府。爱丁堡还是英国现存第二古老的银行——苏格兰银行的总部所在地和众多金融保险机构的总部所在地，是仅次于伦敦的英国第二大金融中心。

爱丁堡是英国著名的文化古城和联合国"文学之都"。在 18 世纪欧洲启蒙运动的浪潮中，爱丁堡逐渐成为欧洲的学术中心，作家、艺术家与评论家聚集在爱丁堡，使其享有"北方雅典"的美誉；文学和出版业极为发达，是世界出版业的中心。爱丁堡是《福尔摩斯探案集》《哈利·波特》等著名文学作品的诞生地，也是英国著名的文学奖项——"布克奖"的举办城市，拥有巨大的文学影响力。2004 年，爱丁堡成为第一座被联合国教科文组织授予"文学之都"。①截至 2019 年 4 月，联合国教科文组织共授予 28 所城市世界"文学之都"称号。

爱丁堡地理位置优越，交通极为发达。爱丁堡是英国重要的运输枢纽，海陆空交通极为便利。2017 年，爱丁堡机场共起飞航班约 12.87 万次，运送旅客 1341 万人次，是苏格兰最大、最繁忙的机场和通往爱丁堡的主要国际门户。

爱丁堡也是全球著名的节庆之都。爱丁堡的艺术节作为世界领先的苏格兰文化品牌，以其独有的专业性、前瞻性、影响力和国际公认性超越了世界上其他所有的文化活动。爱丁堡拥有一系列世界级的节庆活动，包括爱丁堡艺穗节、爱丁堡国际艺术节、爱丁堡军乐节和爱丁堡国际图书节等。这些节日中历史最悠久的是创办于 1947 年的爱丁堡国际艺术节，该艺术节主要包括一系列高调的戏剧作品和古典音乐表演，是目前世界上持续时间最长、规模最大和影响力最广的国际艺术节，也是世界上众多艺术节的鼻祖。

二、爱丁堡的主要节庆活动

（一）爱丁堡国际科技节

爱丁堡国际科技节是全球各种奇观、发明和科技变革的一场盛会，于 1989 年由爱丁堡市议会和苏格兰行政院发起，是欧洲乃至世界上最大的科技节之一。每年 4 月，成百上千的科学家和工程技术专家通过融入感强、互动性高、易于理解的讲座、工作坊、表演及展览等形式，和公众一同分享他们的科学热情和成就。爱丁堡国际科技节 Logo 如图 3-5 所示。

在爱丁堡科技节举办期间，整个爱丁堡转变成了一个游乐场，多姿多彩的活动散布在城市中的 20 多个场馆，包括郁郁葱葱的皇家植物园、富丽堂皇的麦考恩礼堂和孩子们最爱的城市艺术中心。这场汇聚观念、创造和革新的盛宴，旨在照亮世界的奇幻迷思，为孩子们提供充满灵感与自信的经历，也为大人们观察周边世界提供不同的视角。

作为世界第一个科技节以及欧洲最大的同类节日，它持续向世界昭示着爱丁堡这个启蒙运动发源地的地位。爱丁堡国际科技节的所有活动均由科技节总监及其团队安排组织。

图 3-5 爱丁堡国际科技节 Logo

① 联合国教科文组织世界"文学之都"官网. 世界"文学之都"爱丁堡. http://www.cityofliterature.com/international-cities-of-literature/edinburgh/, 2019-04-19.

（二）爱丁堡国际电影节

爱丁堡国际电影节创始于1947年，每年的8月至9月举办，是世界上连续举办时间最悠久的国际电影节。电影节由爱丁堡电影节日学会主办，英国电影协会、苏格兰艺术委员会、苏格兰电影委员会、苏格兰教育技术委员会和爱丁堡区议会赞助。每年的电影节上有超过100部最新影片上映，包括故事片、纪实片、实验电影、动画片和短片等。爱丁堡国际电影节也以回顾电影作品为电影史的鉴赏添上浓墨重彩的一笔。荧屏以外，电影节还增加了令人兴奋的主题讨论、教育工作坊等相关活动，爱丁堡电影节一直在努力扩展电影节的边界。爱丁堡国际电影节 Logo 如图 3-6 所示。

图 3-6　爱丁堡国际电影节 Logo

爱丁堡国际电影节致力于发现及推广国际影院中的优质影片，并关注、庆祝和探讨全球电影业的变化。近年，在爱丁堡国际电影节上映的一系列影视作品中，包括非常多的杰出影片的首映，如《机器人总动员》《拆弹部队》《走钢丝的人》和《勇敢传说》等。

电影节除了为公众推出电影和现场节目以外，也为电影专业人士量身定制了许多特别节目。这些热门的业界活动为各阶段电影人的职业发展带来了机会；这些活动包括正规培训、社交契机、专题讨论，以及面对面会议。

（三）爱丁堡艺术节

爱丁堡艺术节创办于2004年，是英国最大的年度视觉艺术庆典。爱丁堡艺术节每年7月底到8月初举办，是汇集了爱丁堡主要画廊、博物馆、艺术家经营的空间、新成立和新兴艺术家的新公共艺术委员会和特别活动的创新艺术节；所邀请的参展对象包括音乐、舞蹈和戏剧等领域中的顶尖人士以及深具潜力的新秀。爱丁堡艺术节被公认为世界上最具有活力和创新精神的艺术节之一，对推动全球剧场艺术蓬勃发展功不可没。爱丁堡艺术节 Logo 如图 3-7 所示。

图 3-7　爱丁堡艺术节 Logo

爱丁堡艺术节涵盖40多场展览、放映和艺术讲座等，约有90%的活动向公众免费开放，每年吸引超过 25 万名的参观者和参与者。

（四）爱丁堡艺穗节

爱丁堡艺穗节创办于 1947 年，是一个开放的和大众的艺术节，其与同时间段举办的精英主义的爱丁堡国际艺术节被称为孪生兄弟，也是世界上同类活动中最大的艺术节。爱丁堡艺穗节起源于 1947 年，当时爱丁堡国际艺术节正在举行，有 8 个未获得主办方邀请的艺术团体自行占领那些相对便宜的非热门场地作为演出场地，与艺术节的官方节目分庭抗礼、自负盈亏，掀起了世界范围内的小剧场创作浪潮。这些爱丁堡国际艺术节期间的非官方演出以边缘自居，故爱丁堡艺穗节也称爱丁堡边缘艺术节。从那以后，爱丁堡艺穗节不仅自成一体，而且逐步发展成为爱丁堡最重要的节庆活动之一。据主办方统计，2018 年爱丁堡艺穗节售出门票高达 284 万张。爱丁堡艺穗节 Logo 如图 3-8 所示。

图 3-8　爱丁堡艺穗节 Logo

爱丁堡艺穗节迎合了所有人，从演艺界的大腕到新兴演员，涵盖各种艺术形式。爱丁堡艺穗节期间，成千上万的表演者在爱丁堡的数百个舞台进行演出，以展示各种各样的艺术形式。观众则可以欣赏戏剧、喜剧、舞蹈、马戏、歌舞表演、儿童节目、物理剧、音乐剧、歌剧、音乐、展览和活动。在 2017 年爱丁堡艺穗节期间，在 300 个会场一共举办了 3398 场演出。爱丁堡艺穗节完全开放，吸引创意制作人、行业和媒体，使其成为世界上最大、最具活力的国际艺术市场。

（五）爱丁堡国际艺术节

爱丁堡国际艺术节创办于 1947 年，每年 8 月在爱丁堡举办，是目前世界历史上最悠久、规模最宏大的艺术节，被公认为世界上最具有活力和创新精神的艺术节之一。爱丁堡国际艺术节 Logo 如图 3-9 所示。

图 3-9　爱丁堡国际艺术节 Logo

爱丁堡国际艺术节诞生于"二战"结束初期，当时的英国元气尚未恢复，老百姓的物质和精神生活也没有这么丰富。为了让苏格兰乃至英国人民的文化生活复苏，爱丁堡举办了第一届国际艺术节，这场艺术节在当时算是半官方性质，吸引了相当多的观众。

此后，爱丁堡举办艺术节这个传统就一直延续了下来，发展至今，内容从一开始的以音乐为主，演变为舞蹈、戏剧与音乐并重，进入21世纪后则变得更为丰富多彩起来。

2018年爱丁堡国际艺术节以Virgin Money Fireworks音乐会结束。这个为期3周的艺术节总共有来自60个国家和地区的2800位艺术家演出了85部作品，演出场次高达180场，这些演出吸引了来自80多个国家和地区的数十万名观众。

（六）爱丁堡国际书展

爱丁堡国际书展始于1983年，现在是爱丁堡每年八月的重要节庆活动，每年吸引大约22万名来自世界各地的游客。爱丁堡国际书展最初是双年节，1997年开始成为一年一度的节庆活动。爱丁堡图书艺术节历史悠久，规模和范围迅速发展，已经成为世界上规模最大、最具活力的书展。在1983年，爱丁堡国际书展举办了30场"与作者见面"活动。2018年，爱丁堡国际书展举办了900多场活动，深受各个年龄段人群的喜爱。爱丁堡国际书展Logo如图3-10所示。

图3-10　爱丁堡国际书展Logo

爱丁堡国际书展的一个重要特色是一系列高调的辩论和讨论活动。每年来自世界各地的作家聚集在一起，成为这个独特论坛的亮丽风景，读者和作者在这个论坛上相遇，就世界上一些最紧迫的问题交换意见和看法。另外，与书展中一般项目并列的是备受推崇的Baillie Gifford儿童节目，该节目包括研讨会、讲故事、小组讨论、作者活动和书籍签名等，已成为全世界儿童作家和插画家的主要展示地。

2017年，规模巨大、影响力空前的爱丁堡国际书展共吸引了约25万名游客参与，这一数字几乎是爱丁堡人口的一半。书展期间售出各类活动门票13.87万张，现场售卖图书67000册，20000个家庭参加了Baillie Gifford儿童节目的232场活动。共有来自49个国家和地区的966位作者参加了书展，其中苏格兰的作者仅占30%。爱丁堡国际书展受到了全世界媒体的广泛关注，共有来自包括中国、美国、巴西、加拿大和德国等21个国家的记者参与了近400场活动的报道。

（七）苏格兰国际讲故事节

苏格兰国际讲故事节创办于1989年，每年10月举办，至今已经举办30届，是全世界最大的、最受推崇的讲故事节。苏格兰讲故事节以传统故事为主题，提供各种表演、工作坊、讲座、展览和活动。为期12天的讲故事节包括现场讲故事、口头传统和文化多样性的庆祝活动，汇集了众多苏格兰和国际故事讲述者和音乐家等。第一届苏格兰国际讲故事节就迎来了700名与会者，到2017年则超过23000人。

苏格兰国际讲故事节和爱丁堡国际图书节为爱丁堡成为联合国首座"世界文学之都"作出了巨大贡献。苏格兰国际讲故事节Logo如图3-11所示。

图 3-11　苏格兰国际讲故事节 Logo

（八）爱丁堡新年庆祝节

爱丁堡新年庆祝节创办于 1993 年，经过 20 多年的发展，已经成为全世界最大和最好的新年庆祝活动之一。爱丁堡新年庆祝活动充满了浓郁的苏格兰历史风情，在爱丁堡城市的广场、公园和街道等场所展开，包括传统特色篝火游行、街道聚会庆典、跨年烟火表演、露天新年音乐会和大型露天舞会等 18 项活动。

2018 年爱丁堡新年庆祝活动吸引了来自全世界的 16.6 万名观众，其中售票观众约 9 万名，对爱丁堡贡献了 3920 万英镑的直接收入，比 2010 年增长 40.5%，对苏格兰贡献了 3980 万英镑的直接收入，比 2010 年增长 22.8%。另外，爱丁堡新年庆祝活动还为爱丁堡贡献了 2818 个工作岗位。纸媒、广播、网络和电视等各类报道 2700 多篇，在 Facebook、Twitter、Instagram 和爱丁堡新年庆祝网站等社交媒体和自媒体平台分别上传了 10 万多条视频，被提到 8715 次，并被约 100 万人关注，获得 13358 个点赞和 242.8 万次网页浏览量。爱丁堡新年庆祝节 Logo 如图 3-12 所示。

EDINBURGH'S HOGMANAY

图 3-12　爱丁堡新年庆祝节 Logo

（九）皇家爱丁堡军乐节

皇家爱丁堡军乐节始于 1950 年，每年八月举办，是目前全世界规模最大、影响力最广、参与度最高的国际性军乐节。皇家爱丁堡军乐节每年集中展示来自世界各地军队的音乐家和表演者的才华。皇家爱丁堡军乐节每年现场观众人数约为 22 万，此外，每年还有约 1 亿人通过电视收看直播。2004 年，皇家爱丁堡军乐节首次邀请中国人民解放军军乐团参加表演，2007 年邀请了中国台湾地区台北市第一好中学的军乐表演队，2015 年再次邀请中国人民解放军军乐团，并举办中国日，军乐节上的各国乐团共同演奏中华人民共和国国歌。皇家爱丁堡军乐节 Logo 如图 3-13 所示。

图 3-13　皇家爱丁堡军乐节 Logo

三、爱丁堡节庆活动领先世界的三大标志

（一）爱丁堡节庆历史悠久、数量众多、类型多样、规模巨大

爱丁堡作为世界一流的艺术节之都富有深厚的历史底蕴。爱丁堡国际艺术节始创于1947 年，其初衷是为建立"人类精神之花绽放的平台"。同年，爱丁堡艺穗节和爱丁堡国际电影节开始举办，其他节庆活动随之而来。随着这些节庆活动成为世界领先的庆祝活动，卓越的国际艺术、文化和科学成为爱丁堡城市身份永久和不可分割的一部分。

自首届爱丁堡国际艺术节举办以来，其运作历经演变，目前包含 12 个主要独立艺术节，包括 3000 多项活动，每年接待超过 25 000 名国际艺术家，吸引超过 1000 家官方认可的媒体以及来自全球 70 个国家和地区的 450 万人的参与。[①]

（二）爱丁堡标志性的艺术节的吸引力直追世界杯和奥运会

爱丁堡的节庆活动是苏格兰世界领先的文化品牌，具有全球任何其他文化活动无法比拟的专业知识、愿景、影响和国际认可。这些活动既具有鲜明的苏格兰风格，又具有深刻的国际性，每年吸引来自 70 多个国家和地区的艺术家、观众和媒体。它们是文化平台、国家和国际辩论论坛，美国百老汇亚洲公司的塞门·吉耐特说，很多人认为你必须去百老汇或者西区才能寻求到国际市场。但是当我们把一个新戏带到爱丁堡后，在之后的 10 年我们的戏在 40 个不同国家进行了巡演。爱丁堡国际艺术节让你能从一开始就把握全球市场。

标志性节庆活动是一种可重复举办的节庆活动。对于举办地来说，标志性节庆活动具有传统、吸引力、形象或名声等方面的重要性。标志性节庆活动使举办节庆的场所、社区和目的地赢得市场竞争优势。随着时间的消逝，标志性节庆活动将与目的地融为一体。爱丁堡国际艺术节就属于爱丁堡举办的标志性节庆活动。调查显示，超过 80%的游客认为爱丁堡国际艺术节的多样性是他们选择来爱丁堡的主要原因。93%的游客认为艺术节让爱丁堡变得特殊，82%的游客认为因为有了艺术节，所以他们希望以后还来爱丁堡。[②]

爱丁堡节庆活动是世界上最大的文化活动，观众人数与足球世界杯相当，仅次于奥运会。爱丁堡国际艺术节被认为是世界上最大的艺术节，其在 1996 年、2004 年分别售出 79 万和 150 万张门票，2015 年则上升到 230 万张门票。爱丁堡图书节的观众人数从1997 年的 6.3 万人，至 2015 年则达到 35 万人。约旦《皇家航空杂志》评价说，当大多数主要的欧洲城市都在唱空城计的时候，爱丁堡却是一个特例，在 8 月，爱丁堡的 50 万人口骤然翻了一倍，艺术爱好者从全世界各地成群结队拥入爱丁堡享受艺术节这一文化盛宴。[③]

---

① 爱丁堡节庆联盟官网. 关于节庆之城——爱丁堡. https://www.edinburghfestivalcity.com/the-city, 2019-04-19.

② 爱丁堡节庆联盟官网. 爱丁堡节庆影响研究. https://www.edinburghfestivalcity.com/assets/000/001/964/Edinburgh_Festivals_-_2015_Impact_Study_Final_Report_original.pdf?1469537463, 2019-04-19.

③ 爱丁堡节庆联盟官网. 爱丁堡艺术节引领世界. https://www.edinburghfestivalcity.com/assets/000/003/925/World_Leaders_Chinese_2018_original.pdf?1533648720, 2019-04-19.

（三）爱丁堡节庆活动的影响力巨大，具有经济、社会和文化等多重影响

爱丁堡的节庆活动创造着巨大的经济效益。爱丁堡的节庆每年都会吸引约 460 万观众、25 000 多名艺术家和超过 1000 家认证媒体访问爱丁堡，为爱丁堡创造约 3.13 亿英镑的直接收入和 5660 个全职工作的岗位。[①]爱丁堡市议会文化和社区召集人唐纳德·威尔逊议员说："爱丁堡艺术节对游客的持久吸引力得到了广泛认可，每年观众达到 460 万人，在世界其他地方都是无与伦比的。节日共同支持数千个就业机会以及当地和苏格兰经济体。"

爱丁堡的节庆活动对爱丁堡城市的品牌塑造具有巨大的效果。爱丁堡国际艺术节为巩固爱丁堡作为世界上最有吸引力、最令人振奋的城市之一的地位作出了巨大的贡献。自 1947 年第一届艺术节举办以来，艺术节成为爱丁堡走向国际化，转变为一座有远见、开放的城市的重要手段。印度《今日新闻》评价说，爱丁堡国际艺术节的重要性不可小觑。世界各地的艺术和文化都在这个无与伦比的舞台上竞相绽放，把苏格兰的首府转换成了一个魔幻神奇的城市。加拿大《多伦多星报》评论说，如果只把爱丁堡国际艺术节称为一个"现象"恐怕太过保守。艺术节对整个英国都产生了重大影响，其影响力就像是新奥尔良马尔迪·格拉斯音乐狂欢节和里约热内卢狂欢节的总和甚至是更大。[②]

爱丁堡节庆活动的社会影响同样明显。根据爱丁堡政府委托 BOP 咨询公司所做的研究表明，89%的本地观众同意艺术节增长了他们对爱丁堡的自豪感，89%的观众同意艺术节提高了苏格兰开放、积极的民族身份，75%的观众同意艺术节为他们提供了更多和家人一起参与活动的机会，69%的教师表示艺术节对孩子们的创造力有一定的影响力，65%的家长同意艺术节提高了孩子们的生活质量。爱丁堡人口调查显示，76%的居民表示节日使爱丁堡成为更好的居住地。[③]对爱丁堡的居民而言，艺术节是充满活力的年度盛会；对访客而言，艺术节是精彩的文化磁石；对企业和它们的雇员而言，艺术节创造了多元且富有创造力的工作环境；对学生而言，艺术节激发了充满活力的学习和交友氛围。艺术节不仅为艺术家和公司提供了非凡的无可比拟的国际平台和发展跳板，而且也为那些选择在爱丁堡和苏格兰居住、生活、访问和投资的个人提供了主要的参考，并对他们选择在爱丁堡发展产生影响。

爱丁堡的节庆活动同样具有多元的文化影响。爱丁堡的艺术节为来自世界各地的演出公司、艺术家、思想家和科学家提供了高质量的展示平台。每年众多的活动组织者、制作人和艺术节导演都会聚集在爱丁堡，艺术节为他们提供了独一无二的作品展示、交换想法和探讨合作的机会。根据爱丁堡政府委托 BOP 咨询公司所做的研究表明，88%的表演者同意参加艺术节给他们提供了观看国际作品的机会，79%的表演者同意艺术节给

① 爱丁堡节庆联盟官网. 爱丁堡节庆影响研究. https://www.edinburghfestivalcity.com/assets/000/001/964/Edinburgh_Festivals_-_2015_Impact_Study_Final_Report_original.pdf?1469537463, 2019-04-19.

② 爱丁堡节庆联盟官网. 爱丁堡艺术节引领世界. https://www.edinburghfestivalcity.com/assets/000/003/925/World_Leaders_Chinese_2018_original.pdf?1533648720, 2019-04-19.

③ 爱丁堡节庆联盟官网. 爱丁堡节庆影响研究. https://www.edinburghfestivalcity.com/assets/000/001/964/Edinburgh_Festivals_-_2015_Impact_Study_Final_Report_original.pdf?1469537463, 2019-04-19.

他们提供了与其他业内人士见面的机会，92%的观众同意艺术节是"必须要亲身体验"的活动，92%的观众同意艺术节为他们提供了从其他地方无法获取的观看演出的机会。[①]荷兰鹿特丹艺术节执行主席尤翰·摩尔曼说：对艺术节业内人士而言，没有比爱丁堡艺术节更好地能与同行进行交流、打开思路、发现和讨论新想法并把这些想法付诸实践的机会。爱丁堡节日主席 Sorcha Carey 表示：我们的节日既具有深刻的国际性，又具有明显的苏格兰风格，我们为支持国家的文化产业所发挥的独特作用感到自豪。

四、爱丁堡节庆活动领先世界的原因

（一）爱丁堡在全球较早地确立了节庆运作的"一二三"科学战略框架

爱丁堡市政府高度重视节庆活动的一个关键问题，即节庆活动在爱丁堡城市营销中的关键地位。为了保持爱丁堡在国际节庆城市中的超强和领先地位，爱丁堡市政府于2007年和2015年两次委托专业咨询机构 BOP 制定了《爱丁堡节庆：奔马》和《爱丁堡节庆：奔马 2.0》两份纲领性文件，确立了爱丁堡节庆活动可持续发展的十年战略计划，从节庆之城的总体定位、深度和广度的参与、国家和全球的定位、数字渠道和策略、投资和促进等方面进行了十分详尽的规划。[②]爱丁堡市在2016年制定了《爱丁堡节庆发展新战略》。[③]另外，在《苏格兰国家会展发展战略（2015—2025）》中对爱丁堡节庆的发展也作出了总体指导。[④]

爱丁堡政府围绕关键问题，创造性地实施了标志性节庆与节庆系列化两个发展战略。为了发挥节庆活动的长期效应，爱丁堡市政府将爱丁堡定位于世界节庆之都；并将爱丁堡国际艺术节、爱丁堡艺穗节等整合成一个有机的爱丁堡节庆活动体系，打造成爱丁堡的标志性节庆活动。[⑤]与此同时，爱丁堡的各个节庆活动仍然保持着各自的独立性，形成了戏剧系列、电影系列和图书系列等发展系列，在时空的布局方面，从年初到年尾科学合理地布局节庆活动，将爱丁堡变成一个真正的一年四季都有节庆活动的节庆之城。

在具体运作层面，爱丁堡市政府高度重视节庆活动的品牌化、公益化和市场化的基本策略。所谓品牌化就是爱丁堡市政府把节庆活动作为一个品牌来进行运作，成立专门的爱丁堡节庆城市联盟组织来负责整体的营销和推广。所谓公益化就是政府将爱丁堡的节庆活动视为国家和城市重要的公共资产，每年为节庆活动进行专门的拨款。苏格兰政府早在2007年就设立了爱丁堡节庆博览基金，如图3-14所示，仅2017年节庆博览基金就投入230万英镑，截至2018年，该基金为爱丁堡节庆活动的成员提供了超过1900万

① 爱丁堡节庆联盟官网. 爱丁堡节庆影响研究. https://www.edinburghfestivalcity.com/assets/000/001/964/Edinburgh_Festivals_-_2015_Impact_Study_Final_Report_original.pdf?1469537463, 2019-04-19.

② 爱丁堡节庆联盟官网,《爱丁堡节庆：奔马》和《爱丁堡节庆：奔马 2.0》. https://www.edinburghfestivalcity.com/assets/000/000/355/Thundering_Hooves_Report_-_04.05.06_original.pdf?1411049125, https://www.edinburghfestivalcity.com/assets/000/000/821/TH_2_0_-_24_page_summary_original.pdf?1432032670, 2019-04-19.

③ 爱丁堡市政会文化局官网. 爱丁堡节庆发展新战略. https://cultureedinburgh.com/sites/default/files/2018-12/Item_7.4___A_new_Events_Strategy_for_Edinburgh.pdf, 2019-04-19.

④ 苏格兰会展业委员会官网. 苏格兰国家会展战略(2015—2025). http://www.eventscotland.org/assets/show/4658, 2019-04-19.

⑤ 爱丁堡节庆联盟官网. 爱丁堡节庆联盟简介. https://www.edinburghfestivalcity.com/about, 2019-04-19.

英镑的资金，用以创造重要新作品的遗产并在国际上推广苏格兰艺术家。①所谓市场化就是爱丁堡市政府采取成立专业机构负责运用市场化手段运营节庆活动。

2017 年爱丁堡博览基金投资 230 万英镑。分配如下：

爱丁堡艺穗节协会捐赠 56 万英镑；

节日 70 周年庆典奖金 30 万英镑；

为 HOGMANAY 活动留出 20 万英镑；

爱丁堡国际艺术节 20 万英镑；

爱丁堡爵士乐和蓝调音乐节 14 万英镑；

爱丁堡艺术节 14 万英镑；

2018 年爱丁堡国际科学节 13 万英镑；

苏格兰国际故事节的 12 万英镑；

爱丁堡国际电影奖 11 万英镑，爱丁堡国际儿童节 10 万英镑；

爱丁堡国际图书节 10 万英镑。

图 3-14 2017 年爱丁堡博览基金资金分配方案②

（二）成立爱丁堡节日城市联盟，进行节庆资源的整合和营销

为了推动爱丁堡节庆活动的健康和可持续发展，2007 年，在政府的推动下，爱丁堡主要的 12 个节庆活动的管理者共同发起成立了爱丁堡节庆城市联盟。爱丁堡节庆城市联盟由其成员缴纳的会费和政府、议会等公共部门提供的资金维持运营，其工作重点是通过主要的合作项目和战略计划来维持爱丁堡节庆城市的全球竞争优势。

爱丁堡节庆城市联盟通过发起成立爱丁堡节庆论坛、监督爱丁堡节庆基金的执行、进行爱丁堡节庆的案例研究、推动爱丁堡节庆志愿者运作和推动环境政策在节庆中落实等方式来推动爱丁堡节庆活动的整体发展。爱丁堡节庆论坛是爱丁堡节庆城市联盟发挥作用的重要机制，其核心成员由 11 人组成，包括爱丁堡议会首席长官、苏格兰政府文化、历史和环境负责人、苏格兰旅游局会展总监、苏格兰英国文化协会主任、爱丁堡商会首席执行官和爱丁堡营销组织等。③

（三）爱丁堡重视文化和会展教育，拥有丰富的节庆会展人才资源

爱丁堡是英国的教育中心城市，拥有众多的高校资源。爱丁堡的学生总人数占据了全市总人口的 20%，约为 9.3 万人，是名副其实的大学城市。爱丁堡大学依照皇家宪章成立于 1583 年，是英国的古典大学和世界著名公立综合研究型大学之一。爱丁堡大学的人文与社会科学学院拥有 11 个小学院，包括商学院、艺术学院、历史、古典和考古学院等。此外，爱丁堡还拥有玛格丽特女王大学、赫瑞-瓦特大学、爱丁堡龙比亚大学、爱丁堡学院、苏格兰建筑学院、爱丁堡皇家外科医学院和爱丁堡皇家内科医学院 7 所高校。

① 苏格兰政府官网. https://www.gov.scot/policies/arts-culture-heritage/creative-talent-and-engagement/, 2019-04-19.

② 苏格兰政府官网. 节庆基金. https://news.gov.scot/news/funding-for-festivals, 2019-04-19.

③ 爱丁堡节庆联盟官网. 节庆论坛. https://www.edinburghfestivalcity.com/about/core-partners, 2019-04-19.

爱丁堡的众多大学开设了众多节庆活动相关专业，为爱丁堡节庆活动的发展提供了最为专业的人力资源支持。爱丁堡大学、赫瑞-瓦特大学和爱丁堡龙比亚大学等都开设了旅游管理、休闲娱乐管理等专业，爱丁堡大学甚至有相关研究生和博士专业。更为重要的是，玛格丽特女王大学、爱丁堡龙比亚大学还直接开设了节庆和会展相关专业，每年为爱丁堡培养和输送大量优秀的会展人才。根据英国《卫报》2019年大学排名信息显示，爱丁堡龙比亚大学在商业、管理和市场营销学学科，接待业、会展和旅游学学科与现代语言和语言学学科内共开设了多达 11 个节庆会展营销和管理、节庆会展企业管理和节庆会展人力资源管理等会展专业，①是名副其实的国际节庆会展人才培养基地。另外，玛格丽特女王大学在接待业、会展和旅游学学科与新闻、出版和公共关系学学科两个学科下开设了会展和节庆管理、公共关系、市场营销和会展三个会展专业；同时还开办有国际会展策划研究中心和培训中心，开展节庆管理认证和高级节庆人才培训项目。②此外，爱丁堡大学还在艺术学院开设了收藏和策展研究生专业。③英国文化协会和爱丁堡节庆城市也已经合作推出国际节庆学院。④

五、爱丁堡节庆活动领先世界的启示

（一）借节庆活动的定位力，提升城市品牌形象

节庆活动的定位力，就是节庆所具有的地点营销和形象塑造等功能。任何一个节庆活动都要有一个合适的坐标，并对自身进行准确定位。当然，节庆活动的定位应与城市的定位特别是城市特质相吻合。爱丁堡借助节庆活动塑造了国际节庆之都和国际节庆领先城市的品牌形象，同时也提升了爱丁堡世界文学之都的形象。2016 年，苏格兰首席部长尼古拉·斯特金说："我们以爱丁堡可以为举世闻名的节庆提供舞台而感到自豪。"⑤

爱丁堡国际艺术节具有显著的苏格兰特点，兼备浓郁的国际色彩，每年吸引各大洲超过 70 个国家和地区的艺术家、观众和媒体参与，艺术节展示了苏格兰自信、开放和具有创造力的一面。

（二）用节庆活动的创造力，塑造新的生活方式

文化对创造一个可持续发展的社会起着十分重要的作用，文化能够使每一个城市拥有自己独特的城市形象，并赋予它更高的生活质量。20 世纪 40 年代以来，爱丁堡越来

---

① 英国卫报官网. 2019 英国大学联盟. https://www.theguardian.com/education/ng-interactive/2018/may/29/university-league-tables-2019, 2019-04-19.

② 玛格丽特女王大学官网. 会展和节庆管理以及公共关系、市场营销和会展. https://www.qmu.ac.uk/study-here/undergraduate-study/2019-undergraduate-courses-folder/baba-hons-public-relations-marketing-and-events/, https://www.qmu.ac.uk/study-here/undergraduate-study/2020-undergraduate-courses-folder/baba-hons-events-and-festival-management/, 2019-04-19.

③ 爱丁堡大学官网. 收藏和策展专业介绍. https://www.ed.ac.uk/studying/postgraduate/degrees/index.php?r=site/view&edition=2019&id=921, 2019-04-19.

④ 英国文化协会官网. 国际节庆学院项目. https://www.britishcouncil.org/cultural-skills-unit/projects/international-festivals-academy, 2019-04-19.

⑤ 苏格兰政府官网. 爱丁堡节庆为苏格兰创造价值 3.13 亿英镑的收入. https://news.gov.scot/news/edinburghs-festivals-worth-313m-to-scotland, 2019-04-19.

越重视文化节庆活动的重要作用,为了保持爱丁堡在国际节庆城市中的超强和领先地位,爱丁堡市政府于 2007 年和 2015 年两次委托专业咨询机构 BOP 制定了《爱丁堡节庆:奔马》和《爱丁堡节庆:奔马 2.0》两份纲领性文件。

爱丁堡在节庆活动中重视全民的参与、重视本土文化的发扬和发掘,形成了全民办节和弘扬传统文化的理念,节庆活动已经融入爱丁堡的城市生活,并成为市民的生活方式,极大提升了市民的归属感、自豪感和主人翁的情感。爱丁堡政府 2016 年的一项调研显示,参加节庆的人中有 68% 更有可能参加另一个文化节庆活动,89% 的当地节庆引起了市民的自豪感。

(三)重视节庆活动评估,不断提升节庆活动经济、社会和文化效益

评估是节庆活动管理中的一个重要环节,通过对节庆活动环境、节庆活动工作本身和节庆活动效果等方面进行系统、深入的数据分析、评价和总结,有利于城市与节庆活动管理者正确、客观地评估节庆活动,这对于深刻地了解节庆活动环境、节约社会资源、提高办节效率、改进节庆活动水平、培育品牌节庆活动以及实现可持续发展具有十分重要的作用。

爱丁堡高度重视节庆活动的评估和影响研究,这些研究为爱丁堡优化节庆政策和支持体系提供了科学的依据,也使爱丁堡的节庆活动始终站在全球领先的地位。这些研究中比较有代表性的有委托第三方咨询机构 BOP 做的《2015 年爱丁堡节庆活动的影响研究》《爱丁堡节庆活动的网络影响——在国家文化和会展部门中爱丁堡节庆活动的角色》和《苏格兰政府的爱丁堡节庆博览基金:评估十年的发展》。

(四)整合相关节庆活动资源,形成城市节庆活动的主导力量

节庆活动资源包括人力资源、自然资源、文化资源、非物质资源、社会资源和基础设施等。爱丁堡的艺术节在真正意义上风格鲜明地活跃在这座历史之城中心的各个角落——每座剧场、每间礼堂、每个庭院、每间地下室和每个公园,都能找到艺术节的踪影。从爱丁堡城堡城门前的大广场到中世纪老城区古老的后街,从建于 18 世纪的夏洛特广场到皇家一英里大道旁铺着鹅卵石的狭窄小巷,从恢宏大气的节日剧场到幽暗私密的共济会会所礼堂,都成为艺术节的表演场地。

在苏格兰政府、爱丁堡市政府、创新苏格兰、英国文化协会、苏格兰赛事委员会和苏格兰企业开发署的共同支持下,爱丁堡的艺术节为众多来访者和本地观众提供了丰富多彩的活动选择,也为艺术节的茁壮成长和艺术节总导演们愿景的实现提供了有力保证。

(五)借助商业伙伴选择,提升城市节庆活动的可持续发展能力

高度发达的商业伙伴关系对于节庆活动的可持续发展具有重要的作用和意义。这在文化节庆活动中体现得更为明显,因为节庆活动本身具有的公共性消费特征使得其表现为免费提供的或者获取高额补贴资助的活动或服务。在通常情况下,只有通过补贴才能使节庆活动确保自身的存在,其长期效应也才能够得以持续。同时,与赞助商的紧密关系可以提高或者使节庆活动价值合理化和最优化。

爱丁堡的节庆活动都建立了丰富的商业伙伴关系网络，在一定程度上保证了爱丁堡节庆活动资金来源的多元化，有利于减轻政府的公共财政负担，并提升了节庆活动的市场化。以爱丁堡国际书展为例，其建立了一套四级的商业伙伴体系，从主导赞助商和主要支持单位（lead sponsor & major supporter，2 家）、主要赞助商（major sponsors，14 家，包括基金公司和爱丁堡大学等）和赞助商（sponsors，19 家），到媒体赞助商和支持单位（media sponsors & supporters，7 家），这些单位贡献了爱丁堡国际书展 2017 年支出预算的 48.8%，即 143.96 万英镑，比书展贡献第二大的门票收入的比例还高 18%，即 122.06 万英镑。①

参考文献：

1. Robertson M, Wardrop K M.Events and the destination dynamic: Edinburgh festivals, entrepreneurship and strategic marketing[J]. Festival and Events Management, 2012.

2. Todd L, Logan-McFarlane A.Imaging Edinburgh as the "Festival City"[J]. Critical Tourism Studies Proceedings, 2017(1).

3. Todd L. Developing brand relationship theory for festivals. A study of the Edinburgh Festival Fringe[J]. The future of events and festivals, 2015.

4. Knowles R. Festivals: What Good Are They? What Are They Good at? The Case of Edinburgh 2017[J]. Theatre Journal, 2018.

5. Weber M. Literary Festivals and Contemporary Book Culture[M]. Springer, 2018.

6. Richards G. Emerging models of the eventful city[J]. Event Management, 2017, 21(5).

7. Richards G, Hannigan J,Richards G.Eventful cities:Strategies for event-based urban development[J]. The SAGE Handbook of New Urban Studies, 2017.

参考网站：

1. 爱丁堡节庆城市联盟官网：https://www.edinburghfestivalcity.com
2. 创意苏格兰机构官网：https://www.creativescotland.com/
3. 爱丁堡市政府官网：http://www.edinburgh.gov.uk/
4. 英国《卫报》官网：https://www.theguardian.com/
5. 伊萨卡学院戏剧艺术系官网：https://www.ithaca.edu/hs/depts/theatre/
6. 爱丁堡艺穗节官网：https://www.edfringe.com/
7. 爱丁堡艺术节官网：https://www.edinburghartfestival.com/
8. 爱丁堡节日官网：http://www.edfestmag.com/
9. 苏格兰会展业委员会官网：http://www.eventscotland.org/
10. 爱丁堡市政会文化局官网：https://cultureedinburgh.com/
11. 苏格兰政府官网：https://gov.scot/
12. 玛格丽特女王大学官网：https://www.qmu.ac.uk/
13. 爱丁堡大学官网：https://www.ed.ac.uk/
14. 英国文化协会官网：https://www.britishcouncil.org/

---

① 爱丁堡图书节官网. 爱丁堡图书节 2017 年度审查报告. https://d3v4sx4i2y2qe1.cloudfront.net/content/programme_pdfs/annual-review-2017.5aa1595540990.pdf.

第四章

会展业经典企业

第一节　励展中国的资本运营模式分析

资本运营是市场经济条件下社会配置资源的一种重要方式，它通过资本层次上的资源流动来优化社会的资源配置结构。从微观上讲，资本运营是利用市场法则，通过资本本身的技巧性运作，实现资本增值、效益增长的一种经营方式。资本运营的目的是要获取理想的利润，并使资本增值。只有实现利润最大化，才能实现股东权益最大化，进而实现企业价值最大化。从企业经营方式的角度来看，资本运营有如下作用：资本运营可以优化企业的资本结构；资本运营可以带动企业迅速打开市场，拓展销售渠道；资本运营可以让企业获得先进的生产技术和管理技术；发现新的商业机会；资本运营可以给企业带来大量资金。

一、励展博览集团的国际化概况

（一）励展博览集团简介

励展博览集团是世界领先的展会主办方，总部设在英国伦敦。2018 年，励展博览集团在全球 30 个国家的 43 个行业，举办了超过 500 次展会和活动，吸引了 700 多万参与者，其在全球拥有 38 个办事处和分公司，超过 3900 名员工。2018 年，励展集团的营业收入共计 12.19 亿英镑，约合人民币 107.5 亿元，其中 18% 来自北美，44% 来自欧洲，38% 来自剩余的其他地区。[①]根据德国展览行业协会的报告，2017 年励展以 12.64 亿欧元的销售收入遥遥领先于其他展览公司，继续占据榜首位置。

随着国际经济格局的不断变化，新兴经济体在全球经济增长中的贡献越来越大，这也为展览业提供了更多的机遇。励展集团对于新兴经济体市场的开拓表现活跃，在中国、印度、土耳其等国的业务增长迅速，已成为励展收入的重要组成部分。

（二）励展大中华区的发展背景

1983 年，励展博览集团进入中国市场，经过 30 年的发展，已成为中国领先的展会活动主办机构。目前，励展在华拥有 10 家成员公司，分别为励展中国、国药励展、励展

---

① 励讯集团（RELX）官网. 2018 年 RELX 集团年度报告. https://www.relx.com/~/media/Files/R/RELX-Group/documents/reports/annual-reports/2018-annual-report.pdf, 2019-04-19. 特别需要指出的是励讯集团（RELX）是励展博览集团的母公司，是一家全球级别的信息收集与分析提供商。

华博、励展华群、上海励扩、励新展览、励展光合、励展华百、励展宏达和励进展览。①

2017 年，励展博览集团在大中华区主办的 60 余场展会吸引了 150 万余名观众，共有 3 万余家参展商，其展位面积总计超过 190 万平方米。②2019 年，励展博览集团在大中华区范围内拥有 600 多名员工，服务于多个专业领域，包括汽车制造与汽车后市场、电子制造与装配、娱乐与潮流文化、花卉与园艺、餐饮与酒店服务、礼品与家居、海洋、能源、石油与天然气、医疗、医药与健康、金属加工与工业材料、印刷包装和地产与旅游。③

二、励展的中国扩张之路

（一）对于展览公司的股权收购

1. 成立国药励展

国药励展展览有限责任公司（简称国药励展）是中国大健康领域领先的专业展览和会议组织者，是中国领先的医药健康产业集团——中国医药集团和世界领先的博览集团——励展博览集团的合资企业。国药励展旗下拥有 26 个展会品牌，覆盖整个大健康产业链，并延伸至科研、教育等领域。

2005 年 8 月，励展出资收购中国医药集团下属公司——国药展览有限责任公司 50% 的股份，并成立国药励展展览有限责任公司。通过此次收购，励展收获了多个优质品牌展会的经营权，并顺利进入中国的生命科学与医药保健领域。而励展的国际资源、办展经验及品牌号召力，将使合作双方优势互补、资源共享。截至 2019 年 4 月，国药励展已发展为国内医药健康领域最大的展览和会议组织者。国药励展通过全年 30 余场国际水准的大中型商贸展览，结合 700 余场专业会议与学术研讨，为来自全球近 20000 家展商提供提高生产力与竞争力的创新解决方案，全年展出面积 110 余万平方米，来自全球 150 多个国家的专业观众 62 万人。④

成立国药励展，毫无疑问是励展进军中国市场所迈出的重要一步。以此为契机，励展的扩张速度明显加快，在中国的展览业务全面铺开。

2. 成立励展华博

2007 年 6 月，励展与深圳华博展览有限公司（简称华博）签署协议，成立合资企业——励展华博展览（深圳）有限公司，由蒋承文先生出任董事总经理。该合作是励展首次与我国民营企业携手，也是其继 2005 年 8 月收购国药展览之后又一次重要战略部署。

深圳华博展览有限公司的拳头产品就是深圳礼品家居展，每年春秋两季在深圳举办，吸引着十多万买家前来采购各种商务礼品、赠品与时尚消费品，运营状况良好，素有"中

---

① 以上数据截至 2019 年 4 月 15 日. 综合 https://www.reedexpo.com.cn/10/和 https://www.reedexpo.com.cn/About-Us2/.

② 励讯集团（RELX）官网. 2018 年 RELX 集团年度报告. https://www.relx.com/~/media/Files/R/RELX-Group/documents/reports/annual-reports/2018-annual-report.pdf, 2019-04-19.

③ 励展集团大中华区官网. 2019 年励展集团大中华区展会目录. https://www.reedexpo.com.cn/RXCH/RXCH_ReedExpoCH_V2/documents/RXGC%20Show%20Calendar%202019.pdf, 2019-04-19.

④ 国药励展官网. 国药励展简介. http://www.reed-sinopharm.com/common/about.aspx?nodeid=2, 2019-04-19.

国礼品第一展"的美誉。收购华博是励展进军我国华南地区的一项重要举措。该次收购之后,励展在中国的版图从以北京为中心的环渤海区域、以上海为中心的长三角区域,顺利延伸至以深圳为中心的珠三角区域,得以立足于中国内地的关键经济区域。至此,励展在中国的业务步入正轨,并开始以两位数的速度增长,远高于其在世界范围内的平均增长水平。

(二)对于展会项目的并购

2012 年,励展华博展览(深圳)有限公司和中百会展(北京)股份有限公司,就开发中国日用百货商品交易会(以下简称百货会)达成合作,并成立合资公司——励展华百展览(北京)有限公司,由楚修齐先生担任新公司的总经理职务。

励展看中的,正是展会优秀的历史沉淀和资源积累。百货会源于 1953 年国家商务部召开的第一届全国百货供应会,发展至今已有 60 余年历史。

截至目前,双方的合作令展会取得突破性增长。第 112 届百货会于 2018 年 7 月在上海新国际博览中心落下帷幕,展会面积达到 160000 平方米,吸引超过 80000 人次专业观众,已成为中国乃至亚洲地区家庭用品供应商拓展中国市场和提升品牌知名度的最佳平台。[1]

励展在中国的发展并不局限于一线城市。根据客户的需求,展览项目的举办地也会发生改变。2012 年 6 月,励展集团与郑州鑫达实业有限公司合资成立了河南励展宏达展览有限公司(简称励展宏达),使励展成为第一个进军我国二线会展城市的外资展览公司。合资公司成立后,双方将共同致力于我国汽车后市场的开发。

2012 年 11 月,励展宏达与上海歌华展览策划有限公司签署协议,获得上海国际汽车装饰用品采购交易会(CSAE)100%股份以及该交易会的全部资产,随即展会更名为上海国际汽车后市场博览会(SIAAF),2014 年 10 月入驻上海新国际博览中心。该展会的举办无疑为法兰克福展览公司在上海举办的汽配展带来一定冲击。该次合作不但让励展顺利进入汽车后市场,开辟了巨大的新商机,更使励展在中国的版图扩张至我国中部地区。正是通过在不同区域举办展会,并充分利用了中国的区域经济进行有效定位,使励展博览集团获得战略性立足点。

(三)对于展会项目的合作

2018 年 12 月,励展博览集团正式宣布携手上海恒进展览有限公司成立全新合资公司——励进展览(上海)有限公司。新公司励进展览将主办中国汽车工程行业风向标盛会——上海国际汽车制造技术与装备及材料展览会(AMTS)以及同期举办的上海国际工业装配与传输技术展览会(AHTE)。除此之外,励进展览还将继续策划及组织一系列聚焦汽车制造及智能装配领域的专业会议、论坛及活动。

AMTS 和 AHTE 合计约 100000 平方米,2018 年接待了超过 77000 名专业贸易观众,

---

① 励展华百官网. 第 112 届展后报告. https://www.reedhuabai.com/RXCH/RXCH_ChinaDailyUseArticles-TradeFair/documents/112Post-exhibition-report-CN.pdf?v=636724021774686740, 2019-04-19.

超过2017年的访客量12%。这些活动还吸引了来自众多顶级汽车制造商的240个代表团，其中高质量的会议计划受到好评，并为中国各地的游客提供了主要吸引力。

励展博览集团大中华区总裁 Michael Cheng 表示："汽车制造业是中国经济的核心支柱，占中国 GDP 总量的 11%。这项新的合资企业使得励展博览集团能够进一步扩大并在这个市场建立稳固的立足点。"①

三、励展资本运营特点的总结

（一）鲜明定位，精确判断

励展在选择投资项目时十分谨慎，一般要进行周密的考察和可行性分析后才作出决定，这也是后续并购行为能否顺利实施的关键步骤。以下几点是励展评估展会价值的主要依据。

（1）当地的投资环境。我国展览业近年来发展迅速，成为全球展览业发展引擎，外资展览公司在中国投资已成为必然。对于国外资本的流入，我国政府在行政上并没有限制。此外，我国目前缺少第三方的价值评估机构，这对于外资公司在中国进行的收购某种程度上是一种优势。

（2）展会的市场前景。行业的前景和趋势、政府的政策扶持，对于展会的成败具有重要影响。例如，励展和国药集团的合作，正是看中了我国日益增长的医药健康市场。

（3）有效的资源配置。投资方一方面需考虑合作伙伴的实力，是否具有相关的资源优势；另一方面则要考虑展会项目是否符合公司发展战略需要，是否能够与公司现有资源实现良好匹配或结合。励展华博即是强强联合的典型案例。

（4）展会的规模和盈利。进行展会的收购，收购方必然要考虑到展会的规模，如北上广地区的展会规模能否维持在 5 万平方米以上，同时，也需要关注展会目前的盈利水平是否稳定，如北上广地区的展会的毛利率是否达到 50%左右。

（5）所有权和企业文化。展会项目的所有权是否清晰也应列入收购方的考虑范围，避免日后产生法律纠纷。例如，对于展会原有的经营团队，是否仍能发挥作用？如果继续沿用，他们能否接受公司的企业文化等。

（二）只求最好，不怕最贵

励展作为英国上市公司，实力雄厚、融资方便，追求高投资回报率；在拓展海外市场时，具有明显资本运作优势。展会并购通常涉及金额较大，而并购的项目一般都是业内领先的龙头展会。例如励展对于我国医药展览巨头国药展览的收购，据《泰晤士报》披露，此次收购金额高达 2500 万美元，按 2005 年的汇率折算，总金额超过 2 亿元人民币，这对于彼时刚刚起步的中国展览业来说，无异于天价，造成业界巨大轰动。励展博览集团就像是锐意进取的冒险家，通过现代资本运作生意越做越大。

---

① 励展博览集团官网. 励展展览集团宣布将和上海恒进展览成立新的合资企业，开发汽车制造业部门. https://www.reedexhibitions.com/reed-exhibitions-announces-new-joint-venture-shanghai-forever-exhibition-expanding-automotive, 2019-04-19.

（三）中英结合，各取所需

励展高度关注如何创造高效的运营协同效应，并不断尝试与来自各领域的合作伙伴建立长期、富有前景的合作关系。组建充满活力的合资公司是励展的重要发展战略之一，该战略使励展在中国的业务取得了快速发展。经过多年的磨合，励展拥有的 9 家合资公司均取得了令人瞩目的发展。①

励展寻求的是合作伙伴的行业资源、占据的市场份额，以及相关领域的丰富经验。通过并购与合作，双方各自所需，实现双赢。励展通常能顺利进入该行业领域，并占据一定市场份额。至于其合作伙伴，则能依托励展的品牌形象、国际资源、先进的管理理念和操作方法，显著提升展会的国际化水平，甚至走出国门面向国际舞台。

合作是励展在中国发展的最大诀窍。励展在中国所有的展会都是与合作伙伴一同展开，励展博览集团注重与本土的合作者分享知识及实践经验；每一个合作伙伴也都为其提供了大量资源，最终使合作达到"1+1>2"的效果。

（四）广有涉猎，全面覆盖

通常展览公司会专注于一个或几个细分行业，以集中优势资源获取更多商业利益。然而，扩大区域与行业范围却是励展在中国长期积极发展战略的一部分，该发展战略包括自办新展、收购现有展会、与当地展览公司建立合作伙伴关系、向快速发展的二、三线城市进军，以及开拓新兴行业领域。

励展的母公司励讯集团是一家全球信息与分析提供商，面向科技和医药、风险与商业分析、法律和会展领域的专业及商业客户提供服务，是全球最大的科学与医药信息出版商，在英国伦敦、荷兰阿姆斯特丹和美国纽约上市，在全球拥有超过 3 万名员工。②平面媒体、传统媒体、网络平台、资讯平台以及展会的运营，使励展的业务达到了线上线下的整合统一，能够成功对某一领域进行全方位的覆盖。

值得一提的是，励讯集团一向奉行高盈利、高科技的核心策略，并通过大量收购、结构性调整和专注利润丰厚的市场等战略取得成功。这也就不难解释为什么并购成了励展开拓国际市场的主要手段。

（五）品牌复制，布局中国

我国幅员辽阔，同主题的展会可以在我国不同地域重复举办，如此可有效利用展会品牌，充分开发市场。以励展旗下的礼品系列展为例，励展华博每年在深圳、上海和成都举办 4 场展会。③

① 包括 2018 年 12 月刚刚成立的励进展览(上海)有限公司. http://www.for-expo.com/content/?292.html, 2019-04-19.
② 励讯集团（RELX Group）官网. 励讯集团（RELX Group）的投资关系一览. https://www.relx.com/investors/investor-overview, 2019-04-19.
③ 励展华博在深圳、上海和成都举办的四场展览会分别是国（深圳）国际礼品、工艺品、钟表及家庭用品展览会、上海国际礼品及促销品展览会、上海国际尚品家居及室内装饰展览会和中国（成都）礼品及家居用品展览会暨文创旅游商品展。

另外，展会举办地点的选择也十分有讲究。例如，上海可为企业发展提供完善的基础设施和全套服务，北京是我国政治与文化的中心，深圳是中国最为活跃的经济体之一，而成都的企业运转成本相对较低，具有广阔的发展空间。而展会举办时间的安排几乎遍及全年（除了传统展会淡季 1 月和 2 月）。①展会时间和地点组成了一张纵横交错的"网"，全面覆盖了整个中国，通过细致合理的规划布局，励展将我国礼品与家居领域的市场开发到了极致。

参考文献：

1. 杨开然. 英国励展注资，国药展览更名[J]. 临床医学工程, 2005(10).

2. 吴振. 成都再出发——西部会展第一城发展侧记：成都会展的国际脚步——蓉城与全球会展巨头英国励展博览集团大中华区的握手[J]. 中国会展, 2014(9).

3. 林云. 励展在中国提速——访励展全球主席兼 CEO 麦克·拉斯布莱德[J]. 中国会展, 2007(16).

4. 刘松萍, 刘勇. 外资进入中国会展业的历程和模式分析[J]. 广州大学学报(社会科学版), 2013, 12(4).

参考网站：

1. 励讯集团（RELX）官网：https://www.relx.com/

2. 励展集团大中华区官网：https://www.reedexpo.com.cn/

3. 国药励展官网：http://www.reed-sinopharm.com/

4. 励展华百官网：https://www.reedhuabai.com/

5. 励展博览集团官网：https://www.reedexhibitions.com/

6. 国际展览产业联盟官网：https://www.ufi.org/

第二节 德国汉诺威展览公司的中国扩张战略

一、德国汉诺威展览公司概述

近 30 年来，德国展览行业在保持自身传统并积极跟随时代步伐的同时，也积极参与全球化的市场行动，保持自己在国际博览领域中的领先地位。凭借出色的表现以及广泛的影响力，德国展览企业在海外举办的展会一直被冠以"Made in Germany" 的标签。法兰克福、慕尼黑、杜塞尔多夫、汉诺威、科隆和纽伦堡等知名展览公司均在开拓国际市场方面表现活跃。

（一）德国展览业概况

作为世界第四大经济体的德国是世界展览强国。全球超过 150 个世界顶级的行业博览会中有 2/3 在德国举办，每年吸引 16 万~18 万家企业参展，接待 900 万~1000 万名观

---

① 励展集团大中华区官网. 2019 年励展集团大中华区展会目录. https://www.reedexpo.com.cn/RXCH/RXCH_ReedExpoCH_V2/documents/RXGC%20Show%20Calendar%202019.pdf, 2019-04-19.

众参观。德国共有 25 个大型展览中心，室内展示面积达 275 万平方米，室外展示场地有 100 多万平方米，展览总面积超过 375 万平方米。世界上最大的 10 家展览中心，其中有 4 家在德国，如表 2-7 所示。

德国展览会主办方每年的营业额约为 30 亿欧元，在世界上营业额排名前 15 位的展览公司中，有 6 家是德国企业，为各国之最，分别是法兰克福（3）、杜塞尔多夫（7）、科隆（8）、慕尼黑（9）、汉诺威（10）、柏林（12），如表 2-8 所示。

（二）德国汉诺威展览公司简介

德国汉诺威展览公司（Deutsche Messe），成立于 1947 年，是世界领先的展览公司之一，总部位于德国汉诺威市，是一家国有企业。[①]汉诺威展览公司拥有世界最大的展览场馆——汉诺威展览中心，总面积达到 100 万平方米，室内展出面积 46.3 万平方米。其在全球拥有超过 1000 名员工，在超过 110 个国家和地区设立了海外分公司和办事处。2017 年，该公司年收入达到 3.56 亿欧元，创近十年来新高。

汉诺威展览公司的核心业务是在德国汉诺威及其他国家举办领先的国际贸易展览会。这些展览会旨在反映行业最新动向，引领国际市场潮流；同时也是展示先进应用技术、发布最新前沿科技和研发成果的平台。

汉诺威展览公司的展览主题主要是资本货物。凭借丰富的办展经验和不断创新的办展理念，德国汉诺威展览公司每年举办逾 50 场专业贸易展览，共吸引来自 100 多个国家和地区的约 179 万名观众和 1.6 万名记者前往参观，每年吸引的参展商总数约为 2.1 万家。[②]

（三）汉诺威展览公司旗下主要展会

1. 汉诺威工业博览会（HANNOVER MESSE）

汉诺威工业博览会创办于 1947 年，迄今已有 70 余年的历史。作为世界最大的工业类展会，该展会引领着世界工业的创新与发展，被誉为"世界工业发展的晴雨表"。2019 年该展的展出内容涵盖了工业自动化、数字化工厂、动力传动、空压、风能、能源、工业分承包和表面处理等 11 类大工业主题，展出面积超过 227000 平方米，共有来自全球 75 个国家和地区的 6500 家参展商参展，专业采购商达到 215000 名，海外采购商比例超过 40%，创历史纪录。[③]

2. 德国汉诺威国际农业机械展览会（AGRITECHNICA）

德国汉诺威国际农业机械展览会每两年举办一次，是全世界最大的国际农业机械展

---

① 关于汉诺威展览公司的国有企业性质我们主要看公司的股权情况，根据汉诺威展览公司官方网站的披露，汉诺威展览公司的股东一共有三家，分别是下萨克森州政府（持有 50% 的股份）、汉诺威市政府（持有 49.871% 的股份）和大汉诺威市（0.129%），政府持有 1005 的股份，因此我们认定汉诺威展览公司是国有企业。关于汉诺威展览公司的股权情况，详见汉诺威展览公司官网有关股权的说明。https://www.messe.de/en/company/us/management-advisory-board/,2019-04-19.

② 汉诺威展览公司官网. 2017 年汉诺威展览报告. https://www.messe.de/files/000-fs5/media/downloads/deutsche-messe-ag-geschaeftsbericht-2017.pdf, 2019-04-19.

③ 汉诺威工业博览会官网. 2019 年汉诺威工业博览会的事实与数据. https://www.hannovermesse.de/en/exhibition/facts-figures/after-show-report/infographic/, 2019-04-19.

会，在世界范围内具有广泛影响力。2017 年，德国汉诺威国际农业机械展览会展览面积高达 39.4 万平方米，吸引了来自 52 个国家的 2802 家参展商，其中海外参展商 1673 家，约占 60%，专业观众约 45.76 万名专业观众（包括了 10.99 万名国际客商），来自于 128 个国家和地区，经展览会认证的记者达 1486 名，来自世界 52 个国家。①

3. 德国汉诺威国际铺地制品展（DOMOTEX）

德国汉诺威国际铺地制品展始于 1989 年，每年 1 月在汉诺威举办，是全球最大的地毯及地面铺装贸易展会之一。2019 年德国汉诺威国际铺地制品展展示总面积达 9.2 万平方米，来自 60 多个国家和地区的 1400 名展商展示了在地毯、纺织和柔润地铺材料以及层压木地板和实木地板等类别中的最新产品与创新。②德国汉诺威国际铺地制品展还成功地将自身复制到世界各地，成为汉诺威展览公司的重要品牌资产。③

二、汉诺威展览公司选择中国市场的动因分析

（一）欧洲经济的疲软和展览市场的萎缩

欧债危机爆发以来，欧洲各国经济信心普遍下滑、银行信贷收紧、财政紧缩，虽然欧盟国家经济已连续 6 年保持增长，总体复苏态势得到维持，但是欧洲经济多个方面的指标都出现放缓，短期内恢复强势增长的势头不容乐观。受整体大环境影响，汉诺威虽在德国本土的展览业务保持稳定（这与德国经济的坚挺不无关系），但在欧洲其他国家如西班牙、葡萄牙、匈牙利等国，业务均出现大幅下滑。鉴于此，汉诺威不得不将目光投向欧洲以外地区。

（二）中国经济的不断发展，催生展览市场和需求日益扩大

改革开放 40 多年来，我国经济持续较快增长。2018 年我国国内生产总值达到 90.03 万亿元，约合 13.7 万亿美元，人均国内生产总值提高到 9769 多美元，经济总量稳居世界第二，2018 年纯增量 1.4 万亿美元，在全球主要经济体中约为第 13 位，约等于一个澳大利亚和两个瑞士的经济体量。2018 年，中国进出口总额达 4.6 万亿美元，为世界第一贸易大国。④

据商务部统计，中国展览业规模继续稳居全球首位。2017 年在专业展览场馆举办的各类展览会共 5604 场，展览总面积 10642 万平方米，分别较 2016 年增长 1% 和 12.3%。平均单体展会规模持续扩大，展览面积达 10 万平方米以上的展会数量占 3%，较 2016

---

① 德国汉诺威国际农业机械展览会官网. 2017 年展后报告. https://www.agritechnica.com/fileadmin/downloads/2017/aussteller/AT_Rueckblick_e_IT.pdf, 2019-04-19.

② 德国汉诺威国际铺地制品展官网. https://www.domotex.de/en/exhibition/after-show- report/infographic/, 2019-04-19.

③ 德国汉诺威国际铺地制品展除了在德国本土的展览外，还在美国亚特兰大、中国上海、墨西哥墨西哥城、土耳其加济安泰普分别办展。https://www.domotex.de/en/exhibition/after-show-report/, 2019-04-19.

④ 以上数据人民币数据取自中国国家统计局《2018 年国民经济和社会发展统计公报》，美元数据根据公报中 2018 年人民币兑美元的平均汇率计算得出。http://www.stats.gov.cn/tjsj/zxfb/201902/t20190228_1651265.html, 2019-04-19.

年提升 0.3 个百分点。2017 年全国展馆市场继续保持平稳增势，一部分大型展馆新建或投入使用，室内可供展览面积在 5000 平方米以上且正在运营使用的展馆共计 211 家，其中达 10 万平方米以上的展馆 23 家。[①]

（三）竞争对手的带动和刺激作用

1973 年，美国学者科尼克博克（Frederick T. Knickerbocker）提出企业对外直接投资的"寡占反应理论"。该理论认为，若某国国内某一寡头垄断行业中的一家公司率先到某国外市场进行直接投资，则其余寡头公司在国外市场的份额就面临下降的威胁，因此，也会紧随竞争对手进入该国市场直接投资，以保持竞争均衡。

2003 年 1 月，商务部颁布《设立外商投资会议展览公司暂行规定》，批准外商进入中国独资办展。世界著名会展巨头如励展博览集团、法兰克福展览公司等纷纷进入中国，试图在中国市场中谋得一席之地。为此，汉诺威也相应加大了对中国市场的投入，以应对竞争。

（四）开发中国市场的 SWOT 分析

如表 4-1 所示，列举了汉诺威选择重点开发中国市场的优势、劣势、机遇和威胁，进行 SWOT 分析。

表 4-1　汉诺威展览公司开发中国市场的 SWOT 分析

优势 （strength）	S1. 雄厚的资本 S2. 完善的营销网络 S3. 先进的管理运营理念 S4. 成熟的展会品牌	S5. 多年的资源积累 S6. 丰富的办展经验 S7. 本土化的员工 S8. 拥有自己的场馆（SNIEC）
劣势 （weakness）	W1. 缺少政府资源和相关渠道 W2. 品牌展会在中国的识别度不高 W3. 人力资源配置不具优势，制约了展会规模的扩张	
机遇 （opportunity）	O1. 国家经济发展稳健 O2. 国家政治局势稳定 O3. 相关产业发展良好，市场潜力巨大 O4. 政府对于会展产业的扶持	
威胁 （threat）	T1. 来自竞争对手的巨大挑战（国有展览企业和其他外资企业） T2. 会展业相关法规不完善（恶性竞争和侵权、假冒现象） T3. 品牌展会移植的"水土不服"	

结合上述 SWOT 分析，为了更好开发中国市场，汉诺威展览公司积极整合资源，把握自身优势和机遇，具体方案如表 4-2 所示。

---

① 商务部官网. 中国展览业发展统计分析报告（2017）. http://www.mofcom. gov.cn/article/ae/ai/201805/20180502741740.shtml, 2019-04-19.

表 4-2　汉诺威展览公司开发中国市场的 SWOT 战略组合

战略组合		机会（O）				威胁（T）		
		O1	O2	O3	O4	T1	T2	T3
优势 S	S1					S1-T1		
	S2			S2-O3		S2-T1		
	S3				S3-O4	S3-T1		
	S4				S4-O4	S4-T1		
	S5			S5-O3		S5-T1		
	S6					S6-T1		
	S7							S7-T3
	S8							S8-T3
劣势 W	W1				W3-O3	W3-T1		
	W2						W2-T2	
	W3				W1-O4			

分析说明：发挥 S1~S5，克服 T1，利用汉诺威展览公司的品牌确立竞争优势；发挥 S7、S8，避免 T3，依靠本土员工，结合当地市场，将更多品牌展会带入中国；发挥 S2、S5，把握 O3，依托相关产业的发展，扩大市场份额；发挥 S3、S4，把握 O4，借助政策的扶持，培育更多品牌展会。

克服 W1，把握 O3，依托产业的良好发展和高效的人均产出，克服人力资源的不足；克服 W3，把握 O4，加强与协会的合作，降低缺少政府资源的影响；克服 W1，避免 T1，提高人均产出，以应对竞争对手的威胁；克服 W2，避免 T2，加强法律维权，保护品牌展会的知识产权。

三、汉诺威展览公司开拓中国市场的具体路径分析

（一）从公司层面分析

1. 设立全资子公司

全资子公司是企业在国外拥有 100% 股权的企业。由于在海外建立全资子公司，企业必须承担全部的风险和成本，因此这也是成本最高、风险最大的一种进入模式。通过设立海外子公司，汉诺威展览将本土成熟的品牌展会引入中国，成功地开发了中国乃至亚洲的市场，有效提高了企业效益。

1999 年，德国汉诺威展览公司在上海成立了全资子公司——汉诺威展览（中国）有限公司。依托德国母公司品牌展会的广泛影响力，先后将信息及通信技术展、动力传动展（PTC）、物流技术与运输系统展（CeMAT）、能源装备展、工业自动化展（IAS）和数控机床与金属加工展（MWCS）引入中国。[1]

---

[1] 汉诺威米兰展览（中国）有限公司官网. 汉诺威米兰展览（中国）有限公司简介]. http://www.hmf-china.com/Cn/Pa/?CID=10, 2019-04-19.

2. 建立合资企业

合资企业是指由两个或两个以上的独立企业共同出资成立的企业，是独立于母公司的法人实体。通常合资双方各拥有 50% 的股权，并组成一个管理团队共享合资企业的经营控制权。20 世纪 90 年代以来，合资企业被赋予了更多的战略功能，如伙伴间的技术研发、更大范围的资源共享，从而实现合作双方的长远利益，提升竞争优势。从这个意义上讲，合资企业也可以是战略联盟的一种形式。

2008 年 1 月，德国汉诺威展览公司和意大利米兰展览公司①正式签署合作协议，成立合资公司汉诺威米兰国际展览有限公司，其成员公司汉诺威米兰展览（上海）有限公司成为海外市场拓展战略的重要平台。

成立合资企业之后，双方利用各自多年积累的海外市场开拓经验和丰富资源，进行充分的资源共享与整合，共同致力于在中国、印度、俄罗斯和巴西等海外市场上开拓展览业务，扩大在以上新兴市场的展览会规模及业务范围。

3. 成立战略联盟

战略联盟是企业为了开发、生产、分销或销售一个产品或一种服务而与竞争者、供应商、消费者、分销商或相关行业或不同行业的企业达成合作安排；一般是为了获取技术、规避分险或获取关键资源而成立的。20 世纪 80 年代以来，在经济全球化的背景下，战略联盟日益成为企业谋求发展的重要手段和形式。

以上海新国际博览中心（以下简称 SNIEC）的合作项目为例。如图 4-2 所示，该项目由上海陆家嘴展览发展有限公司与德国展览集团国际有限公司（成员包括德国汉诺威展览公司、德国杜塞尔多夫博览会有限公司和德国慕尼黑国际展览中心有限公司）联合投资建造，双方拥有相等股份。②

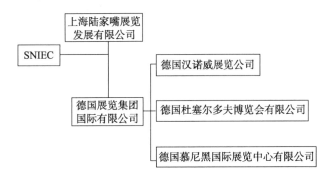

图 4-1　上海新国际博览中心项目合作成员结构图

自 2001 年开业以来，SNIEC 取得了稳定的增长，每年举办 100 余场知名展览会，吸引 400 余万名海内外客商。③由于良好的运营，SNIEC 由此能够将每年的盈利用于展馆

---

① 意大利米兰展览公司官网. 米兰展览公司的历史. http://www.fieramilano.itun-secolo-di-storia, 2019-04-19.

② 汉诺威展览公司官网. 亚洲展览场地. https://www.messe.de/en/company/exhibition-grounds/asia/, 2019-04-19.

③ 上海新国际博览中心官网. 上海新国际博览中心宣传手册. http://www.sniec.net/uploadfiles/download/1464851013_ZiWbTQschZ.pdf, 2019-04-19.

的扩建。截至 2019 年 4 月，SNIEC 拥有 17 个单层无柱式展厅，室内展览面积约 20 万平方米，室外展览面积 10 万平方米。2017 年，上海新国际博览中心营业额达 1.275 亿欧元，成为唯一上榜 AUMA 营业额超一亿欧元的中国展览企业。

（二）从项目层面分析

1. 品牌展会移植

品牌展会是指具有一定的规模，能代表和反映该行业的发展动态和发展趋势，对该行业具有较强的指导和影响力的展会。品牌展会有四大基本特征：具有较高的知名度，具有较好的规模成效，具有较强的权威性，具有规范的服务和完善的功能。

早在 1998 年，汉诺威展览公司就已着手移植旗下的品牌工业展。世界规模最大的工业盛会——汉诺威工业博览会，其多个主题展先后被成功移植到中国。例如，动力传动展，进入中国后更名为亚洲国际动力传动与控制技术展览会（PTC），经过 20 多年的发展，如今已成长为该行业内亚洲规模第一，世界规模第二的优质展会。[①]

2. 并购同类展会

资本运营是现代企业运作的一种新趋势，其中企业并购是重要形式之一。《布莱克韦尔金融百科辞典》对于并购的解释为：当两个独立公司的资产和行为在单一公司的控制下被结合起来时，并购便发生了。而协同效应理论认为，并购发生的根本原因在于它能够改善企业资源的配置，通过各种整合效应提高并购者的经营水平和利润水平。

2013 年 10 月，汉诺威就已成功举办过 8 届华南地区最具人气的自动化展——华南国际工业自动化展的收购事宜与广东会展推广有限公司达成协议。收购成功后，汉诺威展览公司将直接接触我国华南地区自动化市场，在进一步扩大市场份额的同时，也减少了竞争，是典型的横向兼并。2018 年，华南国际工业自动化展览会展出面积达 3.356 万平方米，参展商达 560 家，专业观众达 35157 名，成为华南地区自动化领域的旗舰展。[②]

由于中国幅员辽阔，同主题的展会可以在我国不同地域重复举办，以便充分利用市场，达到效益最大化。自汉诺威展览公司将华南国际工业自动化展收归旗下，其在中国的自动化展会布局已遍布北京、上海、深圳，遥遥领先其他竞争对手。

3. 合作办展

2006 年起，由上海市政府牵头，汉诺威展览公司携旗下品牌工业展会 MWCS、IAS、ES 加入中国国际工业博览会（以下简称"工博会"），与上海东浩国际服务贸易（集团）有限公司展开合作，携手办展。在具体的合作形式上，双方根据各自所长进行了明确分工，上海东浩国际服务贸易（集团）有限公司拥有丰富的国内资源、强大的媒体宣传以及政府影响力。汉诺威展览公司则利用其完善的全球营销网络和丰富的国际资源，邀请国际知名企业前来参展。

---

① 亚洲国际动力传动与控制技术展览会官网. 2018 年 PTC ASIA 展后报告. http://www.ptc-asia.com/upload/file/1545982008.pdf, 2019-04-19.

② 华南国际工业自动化展官网. 2018 年展后报告. http://www.iamdshenzhen.com/SiteDocuments/Files/2018/08/7021180829101930.pdf, 2019-04-19.

经双方不懈努力，工博会如今已成为中国装备制造业最具影响力的国际工业品牌展。2018 年，工博会展示面积达 287902 平方米，吸引了来自 28 个国家的 2665 家参展商，吸引观众 181346 人，其中专业观众家 174118 人次，来自 83 个国家和地区。[①]

四、启示和建议

现阶段我国展览企业的国际化程度还很低，如何实现展览企业的国际化，是我们需要思考的问题。鉴于德国汉诺威展览公司的国际化战略研究，可得出如下启示。

（一）明确使命——企业国际化经营的根本前提

企业国际化经营的使命，一般包括国际化经营的管理哲学、总体经营意图与任务、经营范围和主要业务。通过对国际化使命的描述，企业应该清晰地与全球市场上的竞争对手相区别。这种自我定位，有助于企业在国际化经营活动过程中认清目标市场、重点技术领域和资源优势，是制定正确国际化战略的前提条件。

在制定国际化战略之前，展览企业应对自身目标市场进行明确定位。由于汉诺威展览公司的优势一直在工业领域，故其在国际化过程中也着重开发工业类展会，先后将动力传动展、物流展、工业自动化展等带到了世界各地，创造了可观的收益。

（二）苦练内功——全面提升公司整体实力

首先，应确立清晰而高效的组织架构。以汉诺威米兰展览（上海）有限公司为例，如图 4-2 所示，项目组（project team）负责招展和服务，市场部（marcom）负责市场推广和观众组织，运营部（operation）负责现场运营，海外部（overseas）负责出展。此外，

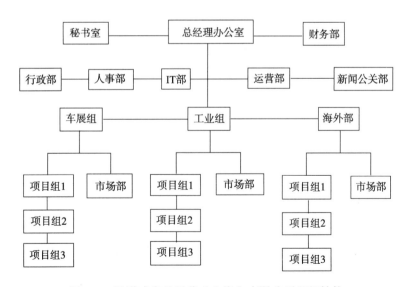

图 4-2　汉诺威米兰展览（上海）有限公司组织结构

---

① 中国国际工业博览会官网. 2018 年工业博览会展后报告. http://www.ciif-expo.com/uploads/file/201811/2018aftershowreport.pdf, 2019-04-19.

人事部、财务部、IT 部和新闻公关部也必不可少。

其次，需完善一切企业发展要素。国际化是全面、系统的工程，管理体系、产品研发、资本运作和文化建设等企业发展要素都要向世界一流企业看齐。

最后，服务型企业最重要的资产始终是人。公司应设立合理的奖励机制，调动员工积极性。除此之外，提供人性化的福利，保持员工忠诚度也非常重要。汉诺威展览公司定期组织各类团队建设活动，提升员工团队意识和归属感，还要做好员工的培训和绩效评估工作。

（三）树立品牌——培养世界领先的品牌展会

品牌造就市场，展览也是如此。品牌展会由于具有多年的举办经验，在业内享有较高知名度，参展商与观众具备较高的忠诚度；因此，在展会移植海外的过程中，品牌效应可为展会带来巨大的积极作用。概括而言，品牌优势主要表现为五个方面，即具有强大的品牌支持、先进的办展理念、雄厚的资金实力、丰富的办展经验和完善的营销网络。

汉诺威展览公司经过多年的积累，已经形成了一批业内领先的品牌展会，如汉诺威工博会、信息与通信技术展、国际地毯及地面铺装材料展和林业木工展等，每年定期在德国、中国、土耳其、俄罗斯、巴西和印度等地举办，品牌效应显而易见，显示出了巨大的商业潜力。

（四）强强联手——降低风险互利共赢

企业在开拓海外市场的过程中，必然是机遇和风险并存。如果能与有实力的企业达成合作，通过整合行业资源优势，共同开发某地区市场，便能有效降低风险，使企业的国际化事半功倍。

汉诺威展览公司和意大利米兰展览公司的合作，堪称强强联手的典范。关于合作，双方除了利用自身资源支持对方的品牌展会，也会引进对方的展会项目，帮助对方进入当地市场。

（五）静水潜流——走一条循序渐进的国际化道路

汉诺威展览公司每年在全球举办超过 130 场专业展览，在全球共有 9 家分公司、55 个代理处和 62 个合作销售伙伴，覆盖了 110 个国家和地区，国际化可说是相当成功。[1]然而，其国际化道路也并非一帆风顺。从 1947 年汉诺威展览公司展览公司成立，到 2008 年 1 月，和意大利米兰展览公司正式签署合作协议，成立合资公司汉诺威米兰国际展览有限公司，其过程同样是漫长而曲折的。

展览企业的国际化，需要沉淀和积累。绝不能为了国际化而国际化，要一步一个脚印走出一条属于企业自己的国际化道路。相信终有一天，我国的展会企业也能走出国门，

---

① 汉诺威展览公司官网. 汉诺威的全球分支机构和合作网络和汉诺威展览公司简介. https://www.messe.de/files/000-fs5/media/pictures/subsidiaries/world.gif、https://www.messe.de/en/company/us/about-us/, 2019-04-19.

我国展览也能被贴上"Made in China"的标签。

参考文献：

1. 刘松萍，刘勇. 外资进入中国会展业的历程和模式分析[J]. 广州大学学报(社会科学版)，2013, 12(4).

2. 孙宽，张柳原. 汉诺威工业博览会——世界领先的工业技术展会[J]. 工程机械文摘，2017(12).

3. 孙富奇. 汉诺威米兰展览与广州巴斯特签约达成战略合作关系[J]. 中国储运，2018(7).

4. 王艳红，赵弢，常蕊. 从 2017 汉诺威国际农机展看世界农机发展趋势[J]. 农业工程，2018, 8(1).

5. Ding Y, Gaida H J, Schwägermann H. Education of event management in Germany and China: A comparison[J]. Handbook Event Market China, 2015.

参考网站：

1. 汉诺威展览公司官网：https://www.messe.de
2. 汉诺威工业博览会官网：https://www.hannovermesse.de/
3. 汉诺威农业机械展览会官网：https://www.agritechnica.com/
4. 汉诺威铺地制品展官网：https://www.domotex.de
5. 汉诺威米兰展览（中国）有限公司官网：http://www.hmf-china.com.
6. 米兰展览公司官网：http://www.fieramilano.it
7. 上海新国际博览中心官网：http://www.sniec.net
8. 亚洲国际动力传动与控制技术展览会官网：http://www.ptc-asia.com
9. 华南国际工业自动化展官网：http://www.iamdshenzhen.com/
10. 中国国际工业博览会官网：http://www.ciif-expo.com/

第三节　上海博华开启展会新模式

一、公司背景

（一）UBM

博闻（United Business Media, UBM），创立于 1918 年，是全球领先的商业媒体集团和展览集团。UBM 的主营业务包括：通过举办展览和会议活动，运营行业网站和报纸杂志，为全球商务人士提供从现场活动到网络及平面媒体构成的多维一体的信息平台。[①] 截至 2019 年 4 月，UBM 在全球超过 20 个国家和地区雇用了约 3750 名员工，每年举办 300 多个商业会展活动，2017 年其营业额达 10.029 亿英镑，比 2016 年增长 13.3%。[②]

UBM 也是世界第二大的展览组织机构，根据德国展览行业协会的报告显示，2017

---

① UBM 官网. UBM 的简介. https://www.ubm.com/about-ubm/, 2019-04-19.

② UBM 官网. UBM2017 年度报告. https://www.ubm.com/sites/default/files/reports/UBM_Annual%20_report%202017%20Bookmarked.pdf, 2019-04-19.

年 UBM 的总收入仅次于励展博览集团，高居世界第三。①

（二）亚洲博闻

亚洲博闻有限公司（UBM Asia 以下简称博闻），隶属于英国 UBM 集团，是亚洲领先的展会组织机构。公司拥有强大的国际网络，总部设在香港，子公司遍布亚洲、跨足美国，于 25 个主要城市设立 29 个办事处，共聘用超过 1 600 名员工。②

博闻在中国内地设立了三家全资子公司，分别是博闻（广州）展览有限公司、亿百媒会展（上海）有限公司和博闻科媒信息技术咨询（北京）有限公司。此外，博闻在中国还通过资本手段与其他民营展览公司合组合资企业，包括上海博星展览有限公司、上海博华国际展览有限公司、深圳贺戎博闻展览有限公司、博闻创意会展（深圳）有限公司及广州闻信展览服务有限公司五家会展公司。③

（三）上海博华

上海博华国际展览有限公司（以下简称博华）是国内领先的商贸展会、会议活动和 B2B 在线贸易采购平台的主办机构，是博闻在中国的中外合作企业，于 1998 年组建而成。博华服务行业超过 20 年，共涉及 71 项国际性展览活动，2017 年所有展会租馆面积达 125 万平方米，并拥有 9 个 B2B 平台网站，每年为来自全球的超过 77 万采购人士创造贸易机会。④具体从属关系如图 4-3 所示。

经过 22 年的发展，博华已发展为国内首屈一指的展览主办方。博华公司总部位于上海，在北京和广州设有分公司，在广东中山古镇设有合资展览公司，员工总数超过 400 人。公司在总经理下共设七大职能部门：项目部、支持部门、财务部、人事行政部、办事处/子公司、B2B 部门、杂志。如图 4-4 所示。

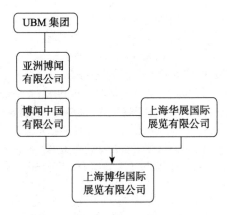

图 4-3　博华与 UBM 的从属关系

二、主要展会

博华目前主办的展会主要涉及六大行业领域：酒店、餐厅、商场设计与装饰；游艇及尚品生活；原料与营养保健品；家具及原辅材料；灯饰；数字技术的标牌、售货机。

---

① 2018 年 6 月 UBM 被 Informa 收购，联合组建了 Informa 全球展览部门，这两家公司合并后，一举超越励展博览集团成为全球第一大会展集团公司。https://informa.com/about-us/our-history/, 2019-04-19.

② UBM 官网. UBM AISA 简介. https://www.ubm.com/global-reach/ubm-asia, 2019-04-19.

③ UBM 官网. UBM 中国简介. https://www.ubm.com/zh-hans/global-reach/our-locations/china, 2019-04-19.

④ 上海博华国际展览有限公司官网. 上海博华国际展览有限公司简介. http://www.ubmsinoexpo.com/zh-cn/about-us/overview, 2019-04-19. 另结合中国国际家具展官网主办方介绍，http://www.furniture-china.cn/zh-cn/aboutus/organizer, 2019-04-19.

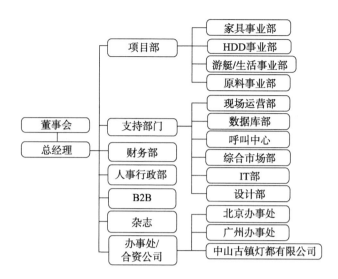

图 4-4 博华公司结构

其中家具展、制药原料展、酒店用品展、游艇展已经成为全亚洲该行业内首屈一指的专业展会，吸引着大量海内外买家前来交流洽谈与采购。

现在，博华是唯一在上海新国际博览中心拥有两个"满馆"展会的主办方，展览规模相当可观。[①]上海新国际博览中心是眼下上海设施条件最完善、运营最良好的第二大展览场地。目前为止，只有极个别行业的龙头展会，可以在 SNIEC 做到"满馆"，如上海车展、中国厨卫展、橡塑展、慕尼黑宝马展和法兰克福汽配展。

（一）中国国际家具展览会

中国国际家具展览会（Furniture China）由中国家具协会和博华共同主办。中国国际家具展览会每年 9 月在上海举行，展示范围涵盖民用家具、办公家具、家居饰品、原辅材料、生产设备以及原创作品，集合上下游采购链，力求打造一站式采购平台。与美国高点家具展、意大利米兰家具展并列世界三大家具展览会，也是博华的最具代表性的品牌展会。

2018 年第二十四届中国国际家具展览会汇聚了来自 20 多个国家和地区的 3500 余家企业的数万款家居新品。举办地点为上海新国际博览中心和上海世博展览馆，总体规模超过 35 万平方米。展会同期举办数十场设计类活动，观展人数达 166479 人次，同比增长 9.82%，其中海外观众占 13%，较去年同期增长 23.87%。[②]

① 博华的中国国际家具展览会 2018 年展出面积达 35 万平方米，详见 2018 年中国国际家具展展后报告。http://www.furniture-china.cn/Portals/3/Templates/FUR2018PSR.pdf, 2019-04-19. 上海国际酒店用品博览会（二期）暨上海国际酒店工程、设计及商业空间系列展展出面积达 21 万平方米，详见 2018 年上海国际酒店用品博览会（二期）暨上海国际酒店工程、设计及商业空间系列展展后报告。https://ubmasiafiles.com/files/sinoexpo/Shay/HOTELPLUS/2018_HOP_PSR1.pdf, 2019-04-19.

② 中国国际家具展官网. 2018 年中国国际家具展展后报告. http://www.furniture-china.cn/Portals/3/Templates/FUR2018PSR.pdf, 2019-04-19.

（二）上海国际酒店用品博览会（二期）暨上海国际酒店用品、工程、设计及商业空间系列展

上海国际酒店用品博览会（二期）暨上海国际酒店用品、工程、设计及商业空间系列展（HOTEL PLUS）由上海市旅游局、中国旅游饭店业协会和博华共同主办。该博览会涉及酒店用品、酒店设计、酒店家具、高端食品、商场用品、建筑装饰、建筑照明、陶瓷卫浴、清洁用品等 11 大主题，是全球酒店、建材业年度盛事之一，也是博华的另一标志性展会。

2018 年上海国际酒店用品博览会（二期）暨上海国际酒店用品、工程、设计及商业空间系列展（HOTEL PLUS）在上海新国际博览中心举行，展出面积 21 万平方米，汇聚了 110 余个国家与地区的 3000 余家展商，吸引来自 126 个国家与地区的 17058 名专业观众到场参观，同比增长 27.4%，[①]为酒店、餐厅、酒吧、商场商铺及商业地产等核心群体的采购者、贸易经销商提供了优质的采购平台。

三、博华成功实现规模经营的因素探究

现阶段博华的规模经营可说是相当成功。2017 年博华的展会总规模达 125 万平方米，占当年上海市全年展出面积的 6.8%，[②]是上海市名副其实的龙头展览企业。探究博华规模经营成功背后的原因所在，既助于帮助我们更进一步了解博华，也可为其他展览公司提供一定的借鉴。下文将从内部和外部两方面，研究博华规模经营成功的因素。

（一）以公司为主体的内部因素

1. 规划布局

当今世界展览会的主办方多是行业协会，它们肩负着协调、引导行业的发展的责任。而这种责任最直观的体现，即主办方通过不断调整展览主题、展品类别、设置研讨会等方式，在展会期间传递行业的最新趋势，引导行业今后的发展。

中国国际家具展览会由中国家具协会和博华联合举办，主办方向来把行业的利益、行业的发展作为首要目标。1993—1999 年，彼时中国家具业正处于改革开放后引进国外先进技术、装备、高端产品做初创的阶段，家具展也以进口为导向。2000 年后，中国家具业开始起步，逐渐进入国际市场，出口导向成了家具展的新主题。到了 2008 年，由于世界金融危机，国际市场需求不旺，家具展的主题调整为内、外销相结合。可以说，家具展一路走来见证了我国家具行业的发展和变革，为行业的发展起到很好的指引作用。

家具展的参展企业以华东地区为主（占 55%），广东地区限定在 25%以内，国内其他地区占 10%，海外占 10%，产品布局以现代民用家具为主，兼顾办公家具、饰品和古

① 上海国际酒店用品博览会官网. 2018 年上海国际酒店用品博览会（二期）暨上海国际酒店工程、设计及商业空间系列展展后报告. https://ubmasiafiles.com/files/sinoexpo/Shay/HOTELPLUS/2018_HOP_PSR1.pdf, 2019-04-19.

② 上海会展行业协会官网. 2017 年上海展览会举办总体情况. http://www.sceia.org/service/Releasedel-76.html, 2019-04-19.

典家具，可见家具展"立足华东、辐射全国"的布局思路十分明显。广东是我国家具业的产能大省，而家具展对广东企业的参展有明显限制，因为广东家具企业早已辐射全国各地市场，且广东省有广州、东莞和深圳三个强势的地域性家具展会。相较而言，华东家具企业更需要上海家具展作为市场拓展渠道。2017 年，中国家具出口额达到 555.77 亿美元，[①]中国家具展览会已成为华东地区家具企业出口的最有效通道。

2. 精品原则

展商和观众是展览会成功的两个关键，两者的关系紧密相连。展商是展会利润的直接来源，他们参展的目的是寻求潜在的客户和订单。观众的质量提升，有利于吸引更多展商参展。相对的，观众前来参观是为了满足自己的实际采购需求，参展商的质量越高，带来的产品和技术越好，越能吸引更多优质观众参观。

以中国国际家具展览会为例，博华一直尝试推动参展企业的品质提升，实行"精品原则"。要求展商做好在线的形象推广，每年必须携带最好的新产品参展，展台的形象设计也要过关。同时，博华近年来大力提倡原创设计，力求改变国外对于中国家具质次、价低、抄袭成风的主观认识。并在每年家具展期间，举办中国设计师作品交易会（design of designer，DOD），吸引海内外众多优秀设计师参与，将国内的优秀设计很好地推向国际市场。

展商质量的提升，导致近年来家具展的专业买家数量逐年递增，尤其是海外买家。2018 年，家具展的海外观众达到 21642 人次，创历史新高。[②]一些专营国际一线品牌家具的海外买家已开始下订单，而就在几年之前他们对中国家具仍持观望态度。精品原则的实行，让家具展的展商和观众两者相辅相成、相互促进，最终使展会的规模不断扩大。

3. 主题拓展

展览会从最初形态的集市、庙会，到后来的博览会，无不体现出综合性的特点。然而博览会形式也有弊端，因为观众没有必要获得和自己关联性不大的信息。展览内容和规模的无限扩大，将必然导致观众体验的下降。所以，展览的专业化是必然趋势。而各个行业通常包含若干细分领域，故现在展会常被划分成若干主题展区，甚至若干独立展会，即展中展。

在这样的背景下，拓展展会主题对于展会的规模扩张有着积极意义。首先，展会的专业性得到加强，展商和观众均可在有限的时间和空间里获得更多有效信息，有利于提升展会效果。其次，主办方的资源将得到充分配置，可集中优势资源深入开发该行业的细分领域市场，组织更多企业参展。因此，展会每增加一个主题，相当于主办方又开辟了一片"新大陆"。通常在展会进入成熟期之后，主办方会通过拓宽展览主题以寻求展会规模的进一步突破。

作者认为，展会可拓展的主题分为两种：细分主题和关联主题。细分主题指以展会

---

① 中国家具协会. 2018 年全年中国家具行业数据概况. http://www.cnfa.com.cn/hangyezixun/xingyezixun/2019/0412/3260.html, 2019-04-19.

② 中国国际家具展官网. 2018 年中国国际家具展展后报告. http://www.furniture-china.cn/Portals/3/Templates/FUR2018PSR.pdf, 2019-04-19.

所述行业内的各个细分领域为主题，而关联主题指以展会所属行业外的相关行业领域为主题。博华家具展仅实体家具部分分为国际品牌、现代家具、家具设计、软体家具、古典家具、户外家具、儿童家具、办公家具和家具饰品等十余项细分主题，每个主题展区均汇集了国内外主流家具企业。而上海国际酒店用品博览会更是涵盖了酒店用品、酒店设计、酒店家具、高端食品、商场用品、建筑装饰、建筑照明、陶瓷卫浴、清洁用品等11大领域，其中多数为酒店行业的关联领域。

4. 展网结合

在现代经济社会中，没人能忽略互联网的影响。由于互联网的出现，几乎所有行业都发生了翻天覆地的变化。展览也不例外，互联网可以帮助展览运营提高效率、规范管理，提供更多增值服务，并将信息的价值最大化。

早在2013年5月博华创始人及董事王明亮就指出博华应着眼于未来，顺应时代发展将互联网与展会高度融合。博华的展网结合主要体现在四个方面：展会官网的经营，合作媒体的网络宣传，微博、微信等新媒体的运用，官方B2B2C平台的建设。

博华的电子商务网站"家具在线"（www.jjgle.com）为保证"家具在线"运行的质量，博华采取强硬控制措施，即如果展商在"家具在线"上传的宣传内容不符合要求，博华将不予展位确认。现在，"家具在线"不仅为家具企业提供了全年的网上展示，更延伸至实体店、网店、招投标、加盟代理和设计师联盟，已成为企业在家具展之外的重要推广平台。家具展的大多数海内外买家来上海参加展会前，会事先在"家具在线"查询参展企业的资讯和产品。

博华的另一电子商务平台——"家店装休在线"（www.jiagle.com）将家具、酒店、建筑、休闲/游艇四大展览会线上线下整合在一起，成为具有汇聚1万高端供应商与200万专业买家，线上线下整合营销垂直型的B2B平台。[①]目前"家店装休在线"不仅可以在线询盘、在线比价，而且还可以实现在线交易，所有在线厂商和买家也都是博华相关展览会的展商和专业观众，由此线上和线下互联互通的博华B2B展览模式就此形成。

5. 历史沉淀

展会历年的积累是绝大多数展会发展的主要途径。展会需要积累的资源包括观众数据库、展商、媒体、供应商、合作伙伴等资源。通过年复一年的积累，各方面的资源将最终转化为展商观众数量的增多、展会规模的扩大，以及品牌影响力的提升。

展会最核心的竞争力是品牌影响力。品牌影响力包括品牌的知名度和认可度。当展会的品牌影响力达到一定程度时，业内的买家和卖家将形成一种不言自明的"默契"，即在每年的某个时间、某个地点，因为某种原因去参加某个活动。例如，每年3月底4月初的上海国际酒店用品博览会汇集了我国整条酒店产业链的众多业内人士，而每年的9月中旬则是一年一度的家具行业盛会，业内专业人士纷纷趋之若鹜。

博华的家具展始办于1993年，第一届展览会不足100家参展企业，展览面积也仅仅3000平方米左右，到2018年第26届家具展汇聚了3000家国内外企业，展览面积也高

---

① 家店装休在线官网. 家店装休在线简介. https://www.jiagle.com/jiaju_guanyuwomen/, 2019-04-19.

达 35 万平方米，展会规模实现突破式增长，成为和米兰、科隆家具展齐名的世界三大名牌家具展之一。[①]

（二）以市场为主体的外部因素

1. 市场环境

行业和市场是决定展览发展最为关键的因素。若行业发展不佳或者市场不景气，展览主办方针对上文的五个内部因素无论如何努力也无济于事。而行业和市场的"好坏"，通常可以根据行业规模的大小、当前的发展状况是否具有政策扶持以及是否具有发展前景等情况判断。

以家具业为例，家具产业可以说是永不衰退的朝阳产业，除战争等特殊时期，家具产业都将随着社会的进步而不断发展。中国家具行业在过去的 20 年间高速发展，已成为世界家具第一大生产国、出口国和消费国。我国家具行业主要分为珠江三角洲、长江三角洲、环渤海、东北、西部五大家具产业区，而珠江三角洲和长江三角洲家具产值占全国的 60% 以上。我国拥有超过 13 亿的人口，随着城乡居民收入的提高、住房条件的改善，家具更新周期不断缩短，加上每年大量酒店、饭店、办公楼兴建，催生日益庞大的家具需求，市场不可谓不大，前景不可谓不好。

纵观国内的优秀展会，无一不是依靠符合市场需求的主题和行业背景而发展壮大，博华的家具展亦如是。在我国家具业繁荣的大背景下，辅以适当的经营方式，家具展顺着市场的大趋势高歌猛进，一切都是顺水推舟，顺势而为。

2. 转型升华

著名作家和思想家斯宾塞·约翰逊（Spencer Johnson）曾提出"唯一不变的是变化本身"的哲学理念。把握趋势、因时而变对于任何企业来说都是头等大事。柯达因拒绝改变而陨落，诺基亚因改变得不够快而衰败；苹果、三星则因为改变和创新而蒸蒸日上。改变对于展览来说也将是永恒的主题。如上文所言，绝大多数展会的成功来源于符合需求主题、行业的繁荣、恰到好处的时机，但主办方在办展理念和方式方法上却鲜有创新，对于展会自身发展的引导和控制能力不强。而博华在这方面却做得很不错。

家具展共经历了三次重大转型，每次均以市场变化为依据。展会成立之初定位于内销，几年后，我国家具业需要引进国外先进技术、装备、高端产品，展会也就顺理成章变为进口导向。2000 年后，我国家具也已颇有起色，企业出口规模不断攀升，出口导向成为家具展的新主题。到了 2008 年，受制于全球金融危机，我国家具企业出口受挫，开始积极开拓国内市场，展会遂作出内、外销相结合的改变。

除了紧跟市场变化，博华能够准确预见市场走向而作出引领性的改变。家具展的改变包括提升参展企业质量，拒绝劣质、抄袭，积极鼓励原创设计。2011 年展会增设 W5 设计馆，2012 年推出中国国际设计师作品展示交易会，一改海外买家"中国家具无设计"根深蒂固的观念。2013 年，展会进入 B2B2C 时代，家店装休网的上线，将家具产业与

[①] 中国国际家具展官网. 中国国际家具展发展历史. http://www.furniture-china.cn/zh-cn/aboutus/history, 2019-04-19.

酒店、建筑装饰和休闲/游艇紧密地结合在一起。①

改变需要具备敏锐的洞察力和良好的执行力。博华为了改变所做出的努力，最终转化为展会规模、买家数量、展会效果、品牌影响力的提升。

3. 合作共赢

合作共赢，是勇敢与智慧者在这个时代发出的强音。展览发展到今天，越来越多的主办方开始意识到合作的必要性。正如本章的前两节所言，无论是汉诺威还是励展，合作是它们开展在华业务的重要手段之一（这里的合作不包括展会并购，展会并购将在下文提及）。通常展览的合作包括宣传推广、代理招商、组织观众、联合办展、合资公司等形式。合作毫无疑问也是博华寻求展会发展的主要途径之一。

2013年12月，在深圳的家具行业年会上，中国家具协会、辽宁省家具协会和博华正式签署协议。今后的五年内，三者将携手合作，共同举办中国沈阳国际家具博览会。博华将全面参与沈阳国际家具展招展及买家邀约，并负责沈阳国际家具展的形象提升、现场管理、海外宣传、团队建设等全面管理工作。

广东中山古镇是闻名海内外的"中国灯饰之都"。2013年10月，博华和广东中山市古镇人民政府成立合资公司，全面介入中国（古镇）国际灯饰博览会（以下简称灯博会）。双方将推行展馆与卖场联动的模式，协调政府各职能部门、各灯饰市场和业内主流企业等携手将展会打造成百万平方米的行业大展。

2014年3月，东莞名家具展期间，主办方广东现代会展管理有限公司宣布，与博华正式确立战略合作伙伴关系。关于合作方式，双方将在各自的媒体宣传、对外广告、官方网站、展会现场以及新闻发布会上，推广对方的展会。双方的资源整合为两个展会注入新的活力，是典型的优势互补、强强联手。

4. 展会并购

展会并购也是展会合作的一种，而由于展会的并购相较于其他合作方式更具有代表性，因此进行单独论述。对于展会并购，人们通常有两个误区：第一，展会的并购是"大鱼吃小鱼"；第二，主办方只有展会做不下去，不得已才出让展会股份。其实不然，只有发展良好、前景可期的展览会，才会成为被并购的对象。展会并购实质上是双方寻求一种深入的资源整合，期望达到"1+1>2"的效果。资源共享，寻求机会，才是展会并购的最终目的。

博华的董事长王明亮先生曾经指出，并购与合作是做大中国展览市场最有效的方式，其中与外资的合作更是重中之重。这一思路符合我国目前展览业界的市场状态和未来的发展趋势。目前，我国展会并购的主体仍为外资企业，国内除中国对外贸易中心（集团）、中展集团、上海东浩集团等少数国有企业外，尚无拥有并购实力的非国有展览公司。展会并购是一种双赢的合作模式。收购方可获得：业务的发展，市场份额的扩大，并顺利进入从未涉及的行业领域，而被收购方可获得：资本的注入，先进的办展理念、方法，进而提升展会品质。

---

① 中国国际家具展官网. 中国国际家具展发展历史. http://www.furniture-china.cn/zh-cn/aboutus/history, 2019-04-19.

2012 年 7 月，博华向上海高登商业展览有限公司收购上海国际葡萄酒及烈酒展览会（以下简称 Winexpo）。Winexpo 始办于 2005 年，主攻目前发展迅速的中国葡萄酒市场，2013 年起合并入博华的 HDD 展。此前，HDD 在咖啡、茶和精细食品领域上已经取得成功，Winexpo 的加入将为来自酒店和餐饮业的买家提供更丰富的产品种类和商机。

2013 年 12 月，博华宣布与上海天盛会展服务有限公司签署全面合作协议，2014 年起，双方将联合举办中国国际自助服务产品及自动售货系统展览会、上海国际数字标牌及触摸技术展览会。此外，博华还与上海景程展览服务有限公司达成协议，2014 年起，双方联合举办上海国际淀粉及淀粉衍生物展览会（简称淀粉展）。

2017 年 12 月，博华正式代表亚洲博文收购华汉国际会议展览（上海）有限公司，标志着博华进入了并购的新阶段。①华汉国际会议展览（上海）有限公司是 ALLWORLD 奥伟展览联盟在上海的展会机构，早在 1982 年其就在中国举办了首次展览会，往后在中国内地和香港地区主办了 70 多场展览会。收购后，尤其是在食品、餐饮、酒店、包装及制造等行业，双方在这些领域的品牌展会，销售及市场推广网络和专业度方面的优势相互叠加将产生更大的协同效用。

5. 竞争对手

优胜劣汰乃是自然界的普遍生存法则，同样也适用于展览。竞争对手的数量，竞争的激烈程度，都将对展会的发展产生重要影响。从这一点来说，进入行业的时机很关键。若进入得早，通常可在竞争者不多情况下，迅速抢占市场，相反进入得太晚，"蛋糕"已被竞争者们分完，此时展会想要寻求发展往往难如登天。

博华进入家具行业已有 26 年。然而博华在业内也并非一家独大。目前我国家具业展览格局为：3 月东莞、广州、深圳地区有 3 个家具展，5 月青岛家具展，6 月苏州家具展，7 月成都家具展，8 月沈阳家具展。而广东历来是我国家具的产能大省，该地区的家具展无疑最具竞争力。

国家会展中心（上海）的落成和投入使用为更多外地展会进入上海创造了机遇。2014 年 9 月，随着一期工程的正式运营，广州家具展每年举办两次，3 月在广州，9 月在上海，对外号称"南北呼应，春华秋实"。值得注意的是 9 月在上海的家具展与博华家具展同期，其虎口夺食的野心不言自明。广州家具展既然敢搬来上海，明显是欲和博华家具展一较高下。因此，如何应对竞争对手的挑战，将成为博华日后发展的关键。

四、小结

展会的成功往往是多方面因素共同支配的结果。有些固然通过适当操作方式可以实现，如展会的布局、定位、发展策略、并购合作等，而有些因素却是不可控的，如整个行业的走势和发展。展览想要实现发展，最佳方式即是选对行业，顺势而为。只有整个行业是不断发展的，展览才有做大的可能，否则一切都无从谈起。

---

① 上海博华国际展览有限公司官网. 华汉国际会议展览(上海)有限公司简介. http://www.ubmsino-expo.com/zh-cn/UBMCIE, 2019-04-19.

参考文献：

1. C-star 欲打造中国最大商业空间采购平台[J]. 中国连锁, 2017.
2. 王钰. 展示家具产品,联通线上线下[J]. 进出口经理人, 2016(4).
3. 叶姿妗. 会展企业项目并购模式分析——以博闻为例[J]. 经营管理者, 2015(32).

参考网站：

1. UBM 官网：https://www.ubm.com
2. Informa 官网：https://informa.com/
3. 上海博华展览公司官网：http://www.ubmsinoexpo.com/
4. 中国国际家具展官网：http://www.furniture-china.cn/
5. 上海国际酒店用品博览会（二期）：https://ubmasiafiles.com
6. 上海会展行业协会官网：http://www.sceia.org/
7. 中国家具协会官网：http://www.cnfa.com.cn/
8. 家店装休在线官网：https://www.jiagle.com/

第四节　1+X：上海国际展览中心的运营模式

一、上海国际展览中心简介

（一）概述

上海国际展览中心是中国最早建成的现代化场馆之一。1992 年场馆建成, 1995 年成立了由三方合资的上海国际展览中心有限公司作为运营上海国际展览中心的运营公司, 该场馆是国内首家引进国外一流管理模式和经验的展览场馆公司, 也是全国首家获得 ISO9000 认证的国际性展览馆。

上海国际展览中心有限公司在全国会展业中保持着较高的知名度, 并积极加入行业内的权威机构和协会组织。该公司是中国展览馆协会副理事长单位、上海市会展行业协会副会长单位、长三角城市会展联盟常务理事单位, 以及国际展览管理协会会员。

（二）发展历程

自 1992 年建成运营以来, 上海国际展览中心的运营模式经历了重大创新与探索。1995 年, 中英合作成立上海国际展览中心有限公司; 1998 年, 自办展项目正式启动; 1999 年, 通过 ISO9000 质量体系, 这一成果可以说是与其服务目标一致的; 2003 年, 向宁波国际会展中心输出管理; 2006 年, 向郑州国际会议展览中心输出管理; 2016 年 6 月, 上海国际展览中心确定拆除重建, 在上海国际展览中心有限公司自办展业务及团队基础上成立上海国展展览中心有限公司。①

---

① 上海国际展览中心官网. 上海国际展览中心历史发展. http://www.intex-sh.com/dsj.php, 2019-04-19. 亲历者说|蔡来兴. 这场历时两年的头脑风暴, 确立了上海建设世界级城市的目标定位. http://www.sohu.com/a/281543903_160789, 2019-04-19. 上海国展展览中心有限公司官网. 上海国展展览中心简介. http://shanghai-intex-sh.com/about, 2019-04-19.

二、1+X 运营模式的探索与确立

（一）1+X 运营模式的探索

1. 主营业务辉煌的历史时期（1992—1998 年）

1992 年上海国际展览中心正式落户于虹桥经济技术开发区，可以说它的辉煌的历史是伴随着虹桥经济技术开发区的发展而成就的。[①]虹桥经济技术开发区主要是以办公、酒店和会展业等服务业为支柱，[②]各种配套设施齐全，也是上海比较典型的一个商贸中心。

在这段时期，上海国际展览中心的业务是以场馆租赁为主。从 1995 年到 2000 年，上海国际展览中心已成功举办各类展览会 183 个，其中国际展 149 个，参展的中外客商达 502 多万人次。[③]因为当时上海的场馆选择范围小，再加上虹桥经济技术开发区的不断发展，上海国际展览中心经历了一段辉煌的时期。

2. 居安思危，开拓自办展业务（1998—2003 年）

从 1998 年开始，上海国际展览中心开始尝试自办展。迫使公司开始思考转变的原因包括外部压力与内部环境两个方面。

从外部压力方面看，首先是上海国际展览中心受到其他展馆的竞争威胁，其压力主要来自光大会展中心的建立与上海展览中心等场馆扩建等。其次是行业需求增大，展会规模扩大，而上海国际展览中心 12000 平方米的面积无法满足展会的规模需求，这使得一些展会纷纷出走，选择其他展馆。最后是来源于外部配套设施的竞争威胁。

从内部环境看，首先是上海国际展览中心的硬核心竞争力丧失，生存的压力使得它们被迫成为"吃螃蟹的第一人"。其次，上海国际展览中心优秀的办展经验，多年来的接待会展服务的经验，使其具有一个非常出色的团队和一个国际化的会展服务网络资源，能以国际化标准保证展会的顺利举办。最后，上海国际展览中心具有成熟的现代企业管理制度，做到了产权清晰、权责明确、政企分开、管理科学，这保证了在自办展的探索过程中，可以大大降低危机风险，为自办展的探索尝试保驾护航。[④]

事实证明，上海国际展览中心开拓自办展业务的尝试是非常成功的。2002 年，首届中国（上海）国际乐器展览会就突破了上海国际展览中心的室内展览规模，达到 1.5 万平方米，创上海国际展览中心自办展项目规模之最，在业内赢得了良好的口碑。2004 年 10 月，第三届中国国际乐器展览会和专业灯光音响展览会首次移师浦东新国际博览中心，展览面积达到 3 万平方米，成为继美国 NAMN 和德国法兰克福乐器展之后，亚洲第一、

---

① 关于虹桥经济技术开发区有关情况可以参见：吴可. 上海对外经贸交往的窗口——虹桥经济技术开发区[J]. 中国对外贸易, 1994(9): 19.

② 冯保新. 依托虹桥，发展长宁[J]. 上海城市规划, 1997(6): 2-4.

③ 华轩. 国际展览业的佼佼者——上海国际展览中心有限公司小记[J]. 中国花卉园艺, 2001(7): 22.

④ 同上。1995 年 8 月上海中英合作成立上海国际展览中心有限公司，积极引进英国先进的会展场馆管理经验。

世界第三的国际乐器展。[①]在这一时期，多达 10 个自办展项目相继举办，成为中国会展场馆自办展的一道亮丽的风景线。

3. 抓住历史机遇，实现管理服务输出（2003—2010 年）

2003 年，上海国际展览中心开始向全国范围输出会展场馆管理，究其原因主要有以下三点。第一，进入 21 世纪以来，发展会展业成为中央和地方政府的共识。各地纷纷兴建会展场馆，但场馆使用率不高，出现"太空馆"现象。在客观上，形成了对专业会展场馆运营的强大市场需求。第二，会展场馆经营不同于一般的物业经营，必须要有专门的经营管理人才。第三，上海国际展览中心自身场馆运营经验和资源丰富。

上海国际展览中心服务输出过的主要有威海国际会展中心、宁波国际会议展览中心和郑州国际会展中心。

（二）1+X 运营模式的确立

1. 主营业务——场馆租赁

与大多数展馆一样，场馆租赁是其主要业务。上海国际展览中心的两层楼面积为12000 平方米，设计现代的国际展览空间配备有先进的宽带网络、多功能会议室、数字化监控设备等多种展览配套服务设施，为国内外参展商提供了一流的展示舞台；底楼 9米的厅高满足了展商制作高展示物和眉板设计的需要。中心与周边的酒店、商务楼、休闲设施，以及便利的交通构成了一个成熟的会展商务区域，是高质量中型展会的理想举办地。

2. 开拓新领域——展览会主承办业务

自办展业务开创于 1998 年，凭借展览场地的优势以及与国内多个行业协会、贸促会和海内外展览公司等建立的良好合作关系，上海国际展览中有限公司先后主承办过 10 多个展览会项目，在行业中享有一定的声誉。如表 4-3 所示，2018 年上海国际会展中心的

表 4-3　主要自办展 2018 年举办情况

展 会 名 称	展览面积（万平方米）	参展商（家）	专业观众（名）
中国（上海）国际乐器展览会	13.8	2252	110381
上海国际专业灯光音响设备与技术展览会	4.8	650	30492
中国国际花卉园艺展览会	4	796	35196
中国国际康复护理展览会	2.5	330	42919
中国国际隧道与地下工程技术展览会	1.5	200	23698
中国国际润滑油品及应用技术设备展览会	1.4	274	12062
亚洲消费电子展	2.6	529	46748
北京音乐生活展	3	300	35879

资料来源：上海国展展览中心官网资料和以上各展会官网资料整理而得。

---

① 中国（上海）国际乐器展官网. 2004 年展后报告. http://188.131.172.48:8090/musicchina/webfile/upload/2018/04-27/11-23-410497-1563598501.pdf, 2019-04-19. 关于首届乐器展的信息详见：陈勇毅.展中国乐器实力与世界乐展接轨——Music China 中国(上海)国际乐器展览会后记[J]. 乐器, 2002(12):1-3.

自办展数量为 9 个，其中许多展会已经形成自己的品牌，2018 年总展览面积达 35 万平方米，参展商总数达 5602 家，专业观众达 321891 名。同时，其自办展也与一些外国会展公司积极合作，发挥各自优势，充分利用各类资源。[①]

3. 管理输出

管理输出的方式有三种：第一种是与委托方下属公司成立合资公司，第二种是与第三方成立合资公司，第三种是成立运营公司接管；管理输出的内容主要包括人才与标准化管理输出。2005 年，上海国际展览中心有限公司、威海万龙会展有限公司共同投资组建威海国际会议展览中心管理有限公司，该公司将经营管理威海国际商品交易中心。该合作项目占地面积 9.16 万平方米，总建筑面积约 5.5 万平方米，其中展览面积 2.6 万平方米，可容纳室内展位 1100 个。会议、办公、洽谈和休息室面积共计 1.4 万平方米，总投资超过人民币 3 亿元。2006 年，接受郑州市政府委托，上海国际展览中心有限公司出资成立合资管理公司，经营管理郑州国际会展中心，托管第一阶段为期 15 年。

三、上海国际展览中心带给我们的启示

（一）会展场馆必须要建立现代企业管理制度，实施所有权和经营权的相对分离

现代企业制度是指以市场经济为基础，以完善的企业法人制度为主体，以有限责任制度为核心，以公司企业为主要形式，以产权清晰、权责明确、政企分开和管理科学为条件的新型企业制度。其主要内容包括企业法人制度、企业自负盈亏制度、出资者有限责任制度、科学的领导体制与组织管理制度。

上海国际展览中心在国内率先建立中外合资的运营管理公司——上海国际展览中心有限公司，比较全面地吸收了英国先进的会展场馆管理运营的经验，这是其获得成功的制度保障。

（二）必须建立符合我国会展场馆的场馆组织模式

当今世界各国都十分重视会展业的发展，会展中心作为会展经济中重要的基础设施，其经营管理模式直接影响着本国的会展业的发展。目前，国际上会展中心的管理模式主要有三种，即由投资方直接经营管理、投资方与专业公司合作经营管理和托管式经营管理模式。

1. 投资方直接经营管理模式

这种经营管理模式是指会展中心建成后，投资方设立管理机构进行管理。这种经营管理模式包括了两种情况：一种是由政府投资建设会展中心，并设立相关部门（机构）

[①] 中国（上海）国际乐器展览会和上海国际专业灯光音响设备与技术展览会是与法兰克福国际展览公司合作，亚洲消费电子展是与美国消费技术协会（CTA）下属的全外资公司——赛逸（上海）会展有限公司合作。http://www.musicchina-expo.com/info/3.html、https://prolight-sound-shanghai.hk.messefrankfurt.com/shanghai/zh-cn/facts-figures/partners.html、http://www.cesasia.cn/zh/about-ces-asia/show-management/, 2019-04-19.

直接经营管理；另一种是由企业投资建设会展中心，并设立机构直接经营管理。

这种管理模式较为适合部分商业型会展场馆、文化型会展场馆和部分体育会展场馆。

2. 投资方与专业公司合作经营管理模式

这种模式是指建设方在会展中心建成后，与专业的会展中心经营管理企业成立企业，共同承担会展中心的经营管理。这种情况在国外相对较少，这种模式主要是我国某些地方政府为了学习会展业比较发达的国家和地区的先进理念、技术和经验，提高会展中心的经营管理水平与降低经营管理风险采取的一种模式。这种模式下的会展中心经营管理企业的业务一般包括场地出租和配套商贸服务等。这种管理模式主要适用于商业型的会展场馆和部分文化场馆。

在企业和政府合作时，企业处于明显的弱势地位，企业的决策在一定程度上会受到政府的干预，进而影响到企业的正常运作，导致会展中心经营管理企业在经营管理上的灵活性较差。对于政府部门来说，在这种模式下，政府如果要适应企业经营管理的需要，那么对政府主办的某些公益性的活动所需要的档期就难以保证。

3. 托管式经营管理模式

这种模式是投资方与受托方就管理事项签订合同，委托管理公司负责会展中心的日常业务经营和管理，管理公司在委托期限内获得固定收益或按经营实际收入的固定比例获得收益。

我国香港的亚洲展览馆是由香港特区政府和香港机场管理局共同投资建设的，建设后选聘私人企业经营管理展览中心。[1]香港国际会议展览中心是由香港特区政府和香港贸发局共同所有，会展中心运营权被委托给了新创建集团全资附属香港会议展览中心（管理）有限公司。[2]公司场馆管理公司只能负责场馆的出租和维修、展场的饮食服务等，不自办展览，也不承担和控制展览设计、摊位搭建等工程。摊位安装、展品运输等服务项目则由办展单位通过招标与合约承包等方式，选聘专业服务公司提供。

我国内地的许多地方展览场馆采用了这种模式。例如，郑州国际会展中心就是由香港展览会议场地管理中国有限公司与上海国际展览中心有限公司成立的合资公司负责经营管理。

这种管理模式主要适用于商业型的会展场馆、体育场馆和部分文化场馆。

（三）场馆定位必须明确

场馆的定位对于场馆的发展规划至关重要，是其发展的导向。在定位过程中一定要突显其"个性"，否则只能淹没在大同小异、定位雷同的展馆当中。展馆定位不仅需要考虑内部的情况，如展馆大小、服务水平和人力资源情况等，而且必须认真分析场馆所在

---

[1] 香港亚洲展览馆是由香港特别行政区政府与香港机场管理局共同拥有的场地，详细参见：亚洲展览馆官网：股东资料及业内专业团体. https://www.asiaworld-expo.com/zh-sc/about-us/about-asiaworld-expo/share-holders-and-membership, 2019-04-19.

[2] 新创建集团官网. 集团领导团队. https://www.nws.com.hk/SC/About-Us/Leadership/Senior-Management, 2019-04-19.

地区的会展经济形态，将展馆的战略管理融入所在城市的发展战略中。

由于展览业的地域特点很强，城市是展馆发展和生存的平台，因此，制定展馆的发展战略，必须对所在城市的产业特点、发展趋势和周边环境加以分析，使展馆的发展战略和城市的发展战略合为一体。

展览类型的划分与定位主要有三种类型。第一种是针对经济发达地区，应该把规划重点放在会议和展览上。例如，上海作为国际化商业大都市，每年都会吸引大量的商务会展游客聚集到上海进行商业研讨、展览交流等。第二种是针对旅游胜地，应该将节庆、会议和奖励旅游作为规划重点，积极发挥城市旅游功能，发展会展旅游业。第三种则针对发展中地区，还是应该将展览和节庆作为发展重点。

（四）多元化经营是克服场馆自身局限的有效手段

特色经营是发挥展馆优势、提高展馆竞争力的必经之路。全国许多城市的展馆已经出现"僧多粥少"的局面，在这场可能长达几年的展会"蛋糕"重新划分的过程中，展馆定位是否准确、能否扬长避短与策略应用是否得当都关系到展馆所争取份额的大小。同时，场馆必须要创新。随着时代背景的不同，场馆的运营与管理也必须与时俱进，在剖析市场的基础上，进行大胆而科学的创新。上海国际展览中心的发展很大程度上都是依靠其敏锐的市场嗅觉，挖掘了市场需求，开拓了新的场馆运营道路。

参考文献：

1. 吴可. 上海对外经贸交往的窗口——虹桥经济技术开发区[J]. 中国对外贸易, 1994(9).
2. 冯保新. 依托虹桥，发展长宁[J]. 上海城市规划, 1997(6).

参考网站：

1. 上海国际展览中心官网：http://www.intex-sh.com/
2. 中国（上海）国际乐器展官网：http://www.musicchina-expo.com/
3. CES 亚洲展官网：http://www.cesasia.cn/
4. 亚洲展览馆官网：https://www.asiaworld-expo.com/
5. 上海国展展览中心官网：http://www.shanghai-intex.com/

第五节 品牌化运营的水立方

一、水立方简介

国家游泳中心，又称"水立方"，位于北京奥林匹克公园内，是 2008 年北京奥运会标志性建筑物之一，总建筑面积约 8 万平方米，由北京市国有资产经营有限公司负责建设、管理和运营，于 2003 年 12 月 24 日开工，2008 年 1 月竣工。表 4-4 显示了水立方的主要信息和数据。

表 4-4　水立方建筑档案

建设地点	北京奥林匹克公园
场地类型	新建比赛场馆园
结构类型	薄膜结构，空间钢架的结构
建筑面积	79532 平方米
建筑高度	31 米
占地面积	62950 平方米
长、宽、高	177 米（长）×177 米（宽）×31 米（高）
赛时功能	游泳、跳水、花样游泳
座位数量	4000 个（永久性）、2000 个（可拆除），临时座位数 11000 个
开工时间	2003 年 12 月 24 日
竣工时间	2008 年 1 月 28 日
建筑造价	约为 10.2 亿元（各界捐献约 8.5 亿元人民币）
业主单位	北京市国有资产经营有限责任公司
设计单位	中建设计联合体，澳大利亚 PTW 建筑师事务所、ARUP 澳大利亚有限公司联合设计
施工单位	中建一局建设发展有限公司
建筑简称	水立方（Water Cube）
英文名称	NationalAquaticsCentre

数据来源：水立方官网。

2008 年奥运会期间，国家游泳中心承担游泳、跳水、花样游泳等比赛，容纳观众座席 17000 个，其中观众座席为 6000 个，奥运会期间增设临时性座位 11000 个（赛后拆除），产生了 42 块奥运金牌，各国运动员在水立方 24 次刷新 21 项世界纪录，被誉为"水魔方"和"游泳运动圣殿"。[①]奥运会后，游泳中心规划既可承担重大水上比赛（如残奥会，世界游泳、跳水锦标赛）和各类常规赛事，同时也是具有国际先进水平的、集游泳、运动、健身和休闲于一体的多功能国际化时尚中心，能为市民强身健体提供良好的基础条件。

二、品牌化运作的创新基础

（一）场馆运营创新的原因：功能规划的创新

水立方在最初的场馆设计方面，就准确定位到"多功能综合时尚中心"，而并非是简单地为奥运会而生。如果是为奥运会而生，那么水立方很有可能就会伴随着北京奥运会的结束而消亡。即便北京奥运会的精神还会延续，但是它却不足成为支撑水立方继续发展的动力。所以，水立方不会一直依靠门票收入，依靠旅游业务生存，而是要把更多的专业功能服务作为其场馆定位和发展的方向。从这一点上来说，水立方虽然是因奥运而生，但是它势必要超越奥运（也不会脱离奥运）才能实现它在设计之初就已经承载的

① 北京市国有资产经营管理有限公司官网. 国家游泳中心有限责任公司. http://www.bsam.com.cn/gzgs_web/static/articles/catalog_2c94bb4441244b9a014124545df90016/article_2c94bb4441bf49a60141c07e61970020/2c94bb4441bf49a60141c07e61970020.html, 2019-04-19.

规划。^①

（二）品牌运营创新的原因：形象设计的创新

水立方在最初的形象设计方面的创新也是使它能够开发出新的运营模式的重要原因。水立方，无论是从外在元素的表现（如建筑外观、建筑材料等）还是内在的含义（如创新、科技等理念），都是其在后续开发利用上宝贵的资源。把一个抽象的活动场馆赋予在一个特定的具象的元素上（水立方是以水分子结构具象化）本身在建筑学上就是一个巧妙的创新，同时，这个创新也开启了水立方场馆在品牌运营上的新业态。^②因为在场馆建筑上有了极具创意的具象的元素，所以通过创意元素衍生出来的周边产品容易具备较强的生命力，这个过程既是一个对创新的沿用，本身也是一种创新。

（三）水立方品牌价值的源泉：科学技术的集大成者

另外，我们必须要看到水立方品牌价值主要来源于水立方设计和工程建设的科学技术创新。水立方主体结构创造性地采用了由气泡理论衍生的新颖合理的多面体空间钢架结构，是世界首次采用，填补了世界工程史的空白。水立方的屋顶和墙体全部采用了 ETFE 膜结构，水立方的双层 ETFE 薄膜由 3097 个气囊组成，覆盖面积达 10.5 万平方米，展开面积达 26 万平米，是世界上规模最大的 ETFE 膜结构工程。^③

水立方建造和施工中取得的多面体空间刚架结构体系、ETFE 气枕围护结构体系设计施工成套技术及其环保节能技术，获国家发明专利 6 项、国家级工法 2 项，出版专著 4 本、发表论文 85 篇，实现了世界首创多面体空间刚架结构和世界最大 ETFE 气枕围护结构，节省造价 1 亿元人民币，每年节电 170 万度，^④不仅荣获 2011 年国家科技进步一等奖，而且也荣获多项国际大奖，^⑤更被美国《商业周刊》誉为中国十大新建筑奇迹。^⑥

（四）功能规划创新和形象设计创新相结合

水立方在运营模式上的创新还来自前期场馆功能规划和形象设计相结合的产物。例如嬉水乐园就是因为有前期场馆规划所预留出的休闲娱乐功能的发展方向，同时又沿用了最初形象设计对水元素的创新利用。两者相结合，不仅使水立方的运营模式更好地切合了最初的设计和策划，同时也为运营模式新业态的开发提供更加广阔的发挥空间，这是一个相辅相成、相互促进的过程。

---

① 郑方，杨奇勇.从体育场馆到公共中心——水立方赛后设计与运营[J].世界建筑, 2013(8): 52-59.

② 郑方. "水立方"的设计思想和新技术的应用[J]. 建筑创作, 2007(7): 88-101.

③ 徐文毅. 水立方多面体空间钢架结构与 ETFE 膜结构探讨[J]. 武警学院学报, 2009(8): 86-89.

④ 中国建筑集团公司官网. 国家游泳中心（水立方）工程建造技术创新与实践. http://www.cscec.com.cn/kccx_new/jx/jx2011/201712/2776145.html, 2019-04-19.

⑤ 国家科技部官网. 国家游泳中心（水立方）工程建造技术创新与实践. http://www.most.gov.cn/ztzl/gjkxjsjldh/jldh2011/2011jlgzts/11gztscysj/201202/t20120209_92299.htm, 2019-04-19.

⑥ 国际在线官网. 前所未有关注中国十大新建筑(图). http://news.cri.cn/gb/9223/2006/02/20/1266@908271.htm, 2019-04-19.

三、水立方品牌建设的必要性

（一）赛中资源的紧缺性

大型体育场馆的运营离不开大型赛事和商业活动。大型赛事和商业活动在全球范围内都是紧缺资源，它们的产权方总是希望本项赛事和活动能够在有影响力、有市场效应的体育场馆举办。这其实就涉及了全球大型体育场馆之间的竞争，要吸引产权方就需要有优质的硬件和相应的软件，场馆品牌的影响力就显得尤为重要。

（二）参与市场竞争的需要

体育场馆的经营是服务业的范畴，提供的产品是要满足大众的娱乐、健身和参与等方面的需求。在现阶段，可以吸引大众消费的活动有很多，如展览会、电影、旅游、演唱会等。由于中国社会的商业化过程还处于探索阶段，消费者的消费意识还不是很成熟，对商品和服务的忠诚度还不高，因此，体育场馆要赢得市场竞争，良好的品牌形象是提升自身竞争力的重要因素。

（三）城市营销的需要

中国的城市营销在近几年进入了我们的视野，而体育元素在城市营销中可以充当重要角色。在国外的城市中，如巴塞罗那、曼彻斯特、都灵都是成功把体育元素作为城市营销"利剑"而获得成功的城市，而中国的北京和上海也是分别通过奥运会、网球大师赛在世界范围内提升了城市形象。这其中大型体育场馆的作用是明显的，没有成功的场馆品牌，体育元素要在城市营销中发挥作用是很困难的。

（四）场馆提高盈利的需要

场馆在经营过程中应对其品牌进行规划和设计，并能够保持长期投入。在达到一个新的品牌形象高度后，场馆的商业价值就不能同日而语了，在以下商业运作中就有很大的盈利空间：首先是冠名权的出售，冠名权的开发是场馆运营的大趋势，也是场馆一项很大的收入来源，成功的场馆品牌可以吸引高额的冠名权转让费。[1]其次是企业赞助，企业在选择赞助时首先会考虑赞助的赛事和活动是否能够达到对自己企业的宣传目的，成功的场馆品牌可以举办大型的赛事和活动，可以达到企业需求，自然可以吸引到大量顶级企业的赞助。最后是广告、特权商品、门票和其他方面。[2]

四、水立方的品牌化运营分析

（一）水立方的运营公司及其运营现状

1. 运营公司的简介

北京国家游泳中心有限责任公司是北京国有资产经营有限责任公司的全资子公司，

---

① 张仁寿，丁小伦. 国外大型体育场馆的运营模式与经验借鉴[J]. 广东经济, 2006(11): 21-23.
② 刘冬梅. 美国大型体育场馆经营管理成功经验的案例分析及其对我国的启示[D]. 华中师范大学, 2009.

全面负责水立方的赛后运营管理。北京国家游泳中心有限责任公司自 2007 年 8 月成立以来，利用场馆本身资源，借助奥运遗产，创新运营模式，以国际、国内体育赛事为龙头，借助"水立方游泳俱乐部"全面开展全民游泳健身运动，举办丰富多彩的文艺演出，培育推广"梦幻水立方"驻场演出品牌和"艺术水立方"大型书画展览展示品牌，稳步推进市场开发工作，推动特许商品转型升级，在场馆综合利用和多元化开发方面取得了丰硕的成绩。

因为赛后运营成果显著，水立方被誉为"奥运场馆赛后利用的典范"，原国际奥委会主席罗格称赞水立方是"设施最完善、开放程度最高、运营效果最好的奥运游泳馆"。[①]

2. 一般运营数据

在北京奥运闭幕十余年后，水立方仍在续写着其的辉煌历史，其赛后运营解答了大型奥运场馆赛后利用这一世界性难题。国家游泳中心水立方已是亚洲最大的室内嬉水乐园，人气高居不下，截至 2017 年年底，共接待游客超过 2000 万人次，举办各类活动 1200 余场次，为 200 万群众提供游泳服务。[②]

（二）水立方品牌化产品

1. 水立方冰川水

水立方冰川水是国家游泳中心（水立方）自主开发的系列产品，产品开发、生产和销售全部由水立方自行完成。水立方冰川水选择优良的水源地——加拿大北部温哥华岛，水源在人烟罕至的岛北部。岛上没有工业污染、农业污染和人类生活的干扰，自然风光优美，温哥华岛北部是第二纪形成的冰山群，是全世界不可多得的优良水源地之一。[③]水立方冰川水具有非循环、纯天然、天然弱碱和超强渗透力等特点，是水立方品牌化运营的重要成果。

2. 水立方特许商品

水立方的特许商品多达上千种，种类繁多、设计精美、质量有保证，得到了广大游客的一致认可。这些商品均可以在天猫水立方旗舰店和微信水立方的官方公众号购买。

3."水立方"就是品牌

水立方[④]的品牌化策略其实是个长期的策划，水立方早就成了国家游泳中心的官方商

---

① 北京市国有资产经营管理有限公司官网. http://www.bsam.com.cn/gzgs_web/static/articles/catalog_2c94bb4441244b9a014124545df90016/article_2c94bb4441bf49a60141c07e61970020/2c94bb4441bf49a60141c07e61970020.html, 2019-04-19.

② 人民网官网. 水立方将变冰立方，泳池上架冰面. http://travel.people.com.cn/n1/2018/0810/c41570-30220643.html, 2019-04-19.

③ 水立方官网. 水立方冰川水. http://www.water-cube.com/cn/branding/glacierwater/index.html, 2019-04-19.

④ 早在 2007 年 9 月 17 日北京国家游泳中心有限责任公司就已经注册了"水立方""冰立方"；WATER CUBE""WATER CUBE"商标，其中 2015 年 2 月 2 日又注册了"水立方 WATER CUBE"，这些商标的注册分类基本上涵盖了 45 个国际标准大类，涵盖上万种商品和服务。参见国家知识产权局商标局官网. 商标近似查询. http://wsjs.saic.gov.cn/txnS01.do?y7bRbp=qmFjM5XVf1yNs.t4H4knk8foU_vHx2.BBGwkrMmjVb2XhF6B-S1VlAflvTdpLiDyF626y3FDqRiAycIcWEchZ260hR7TSvHOO2r4MjPOEAuugP3iB347wAbPPemv_M5LE4sTJESAa1oYh9RtchAX25vsBaqO&c1K5tw0w6_=22mVdvNeNy8ll1cvgSBCYzxU6D3SHJE90sT2BsMjeqXI5wIK34uEhmwPqA4pCeoXiE_DQLCRm3opYSND6x0mFh.MTLdiC1LBFKnjPQ4idqZQPfSYaqT9wqJH7IIiy.rls, 2019-04-19.

标。在奥运会后的操作过程中，北京国家游泳中心有限责任公司就一直把国家游泳中心推成"水立方"这三个字，这其实就是一种品牌意识。其成果有目共睹，现在人们都知道"水立方"，它的知名度很高。这样一来，以"水立方"为品牌制作出的产品，就拥有了更深刻的内涵，使产品本身的附加值提高了。

（三）坚持引进和自办品牌化赛事，不断擦亮世界游泳运动圣殿品牌

水立方积极承办国际级和国内各级水上运动比赛。国际泳联旗下的短池游泳世界杯系列赛、跳水系列赛北京站比赛、国际泳联花样游泳大奖赛和世界女子水球联赛总决赛四项国际最高水平的单项赛事均落户水立方。全国花样游泳冠军赛暨中国花样游泳公开赛等国内一流赛事也在水立方成功举办。

此外，水立方通过与国家体育总局游泳运动管理中心合作，在场馆设立了全国游泳锻炼等级标准（北京）推广中心，在此基础上，水立方游泳俱乐部成立，致力于加强游泳业态运营管理，推广青少年游泳锻炼等群众性体育活动，相继承办了北京业余游泳分站赛（共六站）、北京市第五届体育大会救生比赛、全国少儿游泳锦标赛、全国体育行业技能大赛等群众游泳赛事。[①]

另外，水立方还积极自办品牌化赛事活动和会展，迈出了自主 IP 体育赛事创建之路。2017 年，水立方策划并创办了"2017 北京市游泳俱乐部对抗赛""2017 水立方小铁人成长勋章赛"等自主赛事品牌。

特别值得一提的是水立方将作为承接 2022 年北京冬奥会冰壶和轮椅冰壶比赛项目的比赛场馆，水立方改造后将变身"冰立方"，届时"冰立方"将是冬奥会历史上最大规模的冰壶场馆，改造后的"冰立方"将实现"冰水双轮驱动"，创造世界上唯一一个冰水项目可以同时运行的场馆，成为体育场馆反复利用、综合利用和持久利用最有代表性的"双奥场馆"之一。[②]未来国家游泳中心作为"冰水双驱"的双奥场馆，将全力助推全民游泳健身和"三亿人参与冰雪运动"的发展。[③]

（四）文体融合，不断为品牌注入文化内涵

水立方创新奥运场馆发展模式，培养具有影响力的驻场演出，发力演艺市场。"梦幻水立方"大型声光水景交响音乐会、"梦幻水立方"大型全景芭蕾秀《天鹅湖》、"梦幻水立方"大型水景秀《红楼梦》、"仿佛秀"等演艺活动收获良好口碑。

水立方也极为重视文化创意和场馆经营的结合，不断参与和推出文化会展活动。2014年，水立方首次参展第九届中国北京国际文化创意产业博览会，力图通过文化创意和体

---

① 中国新闻网官网. 水立方：创新运营模式，探索可持续发展之路. http://www.chinanews.com/gn/2015/03-24/7155128.shtml, 2019-04-19.

② 北京市国有资产经营管理有限公司官网. 北京国资公司服务冬奥 国家游泳中心"水""冰"转换正式启动. http://www.bsam.com.cn/gzgs_web/static/articles/catalog_2c94bb4441244b9a01412454f2dd0017/article_2c8080816565d5fd01682c0cde7402f1/2c8080816565d5fd01682c0cde7402f1.html, 2019-04-19.

③ 新华网官网. "水立方"年底开启"水冰改造"助力北京冬奥会. http://sports.xinhuanet.com/c/2018-11/02/c_1123650673.htm, 2019-04-19.

育的结合，打造水立方的文化内涵和核心竞争力。[1]此外，《天人合一水立方》灯光新媒体艺术展、"艺术水立方"国际书画大展和2018年新启动的水立方艺术季[2]等品牌文化会展活动也不断为水立方注入文化内涵。

（五）体育和商业活动结合，为水立方市场化开辟新路

水立方推进多元化运营，与知名品牌合作，举办各类商业活动。赛后运营以来，水立方与各大卫视、大型企业集团、知名品牌等密切合作，引进数百场次商业活动。其中，德国大众集团之夜和宝马奥林匹克盛典从规模、规格上创造了进口汽车企业在中国举办发布活动之最。2018腾讯影业年度发布会、德邦2018战略发布会、蓝箭航天液氧甲烷火箭产品战略发布会、天猫双11全球潮流盛典和今日头条年度盛典等品牌活动均成功举办。

另外，与电视媒体、新媒体的娱乐、节会节目合作也成为水立方市场化发展的一条重要途径。中国侨联2012亲情中华海外侨胞大型公益春节晚会、安徽卫视的"星跳水立方"、第17届华表奖、北京卫视的2018环球跨年冰雪盛典晚会等是这方面的经典之作。值得一提的还有2017年全球首场英雄联盟音乐狂欢节在水立方举办，更提升了水立方时尚、前卫和新潮的形象。[3]

五、水立方给我们的启示

（一）树立品牌观念，重视市场研究

培育会展场馆的品牌，最重要的一点就是使经营者与管理者树立牢固的品牌观念，认识到场馆只有走品牌化的发展道路才是快速发展的唯一途径。只有经营者与管理者树立了这样一种品牌观念，才能从场馆的设计、项目立项、规划、组织与管理、对外经营和服务等方面来实施场馆的品牌化发展。同时，我们必须认识到创建场馆的品牌是一个长期的过程，需要场馆经营者和管理者制定长期的场馆发展规划，确立场馆的品牌发展战略。

场馆品牌要想得到市场的认可，必须要满足客户的需求，要深入通过研究场馆市场状况来准确把握潜在参展商和专业观众的需求。只有得到市场认可，场馆才能得以持续发展和壮大。

经营者与管理者还必须不断拓展场馆的品牌空间。场馆品牌的空间具有三维性，也就是具有时间维、空间维和价值维。时间维是指场馆品牌影响力会随着时间的延续而不断发散和扩张。因此场馆必须尽力延长时间维，使影响力持续长久。空间维是指品牌在地域上的扩张。场馆为了进一步发展，不能够局限在一定地域上，必须要拓宽空间范围。

① 北京市国有资产经营管理有限公司官网. 国资公司文创板块将首次整体参展文博会. http://www.bsam.com.cn/gzgs_web/static/articles/catalog_2c94bb4441244b9a01412454f2dd0017/article_8a8a8a8b49bc2c6a014a2e3f32ed005e/8a8a8a8b49bc2c6a014a2e3f32ed005e.html, 2019-04-19.

② 水立方官网. 水立方艺术季启动：揭幕展"月光如水"诠释体育、科技、文化艺术结合独特魅力. http://www.water-cube.com/cn/news/venue/2018/07091515.html, 2019-04-19.

③ 水立方官网. 英雄联盟音乐节，水立方化身"音乐盒". http://www.water-cube.com/cn/news/venue/2017/11061425.html, 2019-04-19.

价值维是品牌作为场馆的无形资产，其经济价值的含量是可以增加的，场馆品牌价值的提升实际上也为场馆品牌在时间上和空间上的拓展创造了条件。综上所述，场馆要灵活运用各种经营方法和手段，尽力扩大场馆品牌在时间、空间上的影响力，并最终实现场馆品牌价值的提升。

（二）创新场馆品牌建设的设计

在分析和整合了场馆的各种资源后，运营商可以和其他城市的场馆进行对比分析，尽量做到运营业务的差异化，避免正面竞争，以减少场馆在营销上的投入。同时也要考虑和分析同城的其他文化娱乐、商业服务和大众健身等项目的业务范围和水平，做到真正的市场细分。当然分析和选择的前提是对市场进行详细的调研，没有调研的结论是脱离实际的。例如，由于场地限制，"鸟巢"现阶段选择了举办大型商业表演活动，但从长期运营来看，这一模式有待探讨。又如，水立方打造的"梦幻水立方"，符合当前娱乐市场的需求，对于场馆的市场定位是准确的。

在选择了场馆运营的业务范围后，运营商就需要对业务范围进行定位。如果运营商选择举办演唱会作为运营内容，那么就要定位是选重量级歌手还是一般歌手，这对于场馆品牌形象有很大的影响。例如，"鸟巢"的首场商业演出选择了张艺谋的《图兰朵》，水立方则选择了蔡依林，都把场馆定位于高端，符合场馆自身的形象与价值需求。

体育场馆品牌的诉求定位满足的是消费者的精神需求，使顾客的需求具有了价值感、社会归属感和满足感。场馆的条件和市场定位不同，其对品牌设计的要求也不同，但是也有共同点。水立方在这方面做得很好，充分围绕"水立方"的水进行策划，不仅注册了商标，还开发了饮品、服装和酒等相关产品。

品牌竞争所依仗的还有产品的内在质量，产品质量是品牌的生命之所系；体育场馆的产品就是提供给消费者上乘的服务，并通过赛事和活动使消费者有超值的精神享受。水立方选择新型的舞台艺术作为自己的运营方向，把舞台表演融合进现代的灯光、音乐、舞蹈等新的表现手法，取得了很好的效果。在场馆文化方面，体育赛事作为一种文化，其发展离不开历史的沉淀和岁月的积累。我们可以用几年的时间创造赛事规模，却要用更长时间来填充赛事的文化。场馆文化的塑造是给场馆注入血液和精神的工具。

（三）场馆创新是品牌化的基础

国家游泳中心的设计方案，是经全球设计竞赛产生的"水的立方"（$[H_2O]^3$）方案。该设计体现出$[H_2O]^3$的设计理念，融建筑设计与结构设计于一体，设计新颖，结构独特，与国家体育场比较协调；在功能上完全满足2008年奥运会的赛事要求，而且易于赛后运营。

外观结构设计创新。水立方是北京奥运会国家游泳中心，它的膜结构已成为世界之最。它是根据细胞排列形式和肥皂泡天然结构设计而成的，这种形态在建筑结构中从来没有出现过，创意十分新奇。在中国文化里，水是一种重要的自然元素，能激发起人们欢乐的情绪。设计者希望国家游泳中心能激发人们的灵感和热情，丰富人们的生活，并为人们提供一个记忆的载体。为了达到这个目的，设计者将水的概念深化，不仅利用水的装饰作用，还利用其独特的微观结构。

材料设计创新。设计者基于"泡沫"理论的设计灵感，为"方盒子"包裹上了一层建筑外皮，上面布满了酷似水分子结构的几何形状，表面覆盖的 ETFE 膜又赋予了建筑冰晶状的外貌，使其具有独特的视觉效果和感受，轮廓和外观变得柔和，水的神韵在建筑中得到了完美地体现。

环保理念创新，使用了大量新型材料。轻灵的"水立方"能够夺魁，还在于它体现了诸多科技和环保特点。合理组织自然通风、循环水系统的合理开发，高科技建筑材料的广泛应用，都共同为国家游泳中心增添了更多的时代气息。游泳池也应用了许多创新设计，如把室外空气引入池水表面、带孔的终点池岸、视觉和声音出发信号等，这些设计使比赛池成为世界上最快的泳池。此外，用于整个建筑物外层包裹的 ETFE（乙烯-四氟乙烯共聚物）膜是一种轻质新型材料，具有有效的热学性能和透光性，可以调节室内环境，冬季保温、夏季散热，使空调和照明负荷降低了 20%~30%，而且这种透明膜能为场馆内带来更多的自然光。

参考文献：

1. 郑方，杨奇勇. 从体育场馆到公共中心——水立方赛后设计与运营[J]. 世界建筑, 2013(8).

2. 郑方. "水立方"的设计思想和新技术的应用[J]. 建筑创作, 2007(7).

3. 刘冬梅. 美国大型体育场馆经营管理成功经验的案例分析及其对我国的启示[D]. 华中师范大学, 2009.

4. 张仁寿，丁小伦. 国外大型体育场馆的运营模式与经验借鉴[J]. 广东经济, 2006(11).

参考网站：

1. 北京市国有资产经营管理有限公司官网：http://www.bsam.com.cn

2. 中国建筑集团公司官网：http://www.cscec.com.cn

3. 国家科技部官网：http://www.most.gov.cn/

4. 立方官网 http://www.water-cube.com/

第 五 章

会展业经典项目

第一节　中国国际会展平台体系建构：2002—2012

进入 21 世纪以来，随着一大批大型国际会展的举办，如北京奥运会、上海世博会、中国东盟博览会和金砖国家峰会等，不仅中国的国家形象得以改善，而且中国的国家战略利益也得以拓展，中国国际会展平台体系的轮廓也初步形成。如何从新外交战略视角认识中国国际会展平台体系，使其可以为中国国际战略所用，成为国际关系学界一项重要的任务。

一、中国国际会展平台体系形成的背景

进入 21 世纪以来，中国国际战略有了重大的变革与调整，这集中体现在外交战略观念的变革和外交战略取向的变化。

（一）融入战略到影响战略：经历由国际体系参与者到受益者和维护者角色的转换

从党的十六大的报告对外部分使用"国际形势和对外工作"为标题，到党的十八大报告里"继续促进人类和平与发展的崇高事业"的措辞，中国对外战略发生了革命性的变化和调整。

以多种方式支持 G20 峰会、亚欧峰会、中非论坛、中阿论坛和 10+1 等国际论坛组织发挥相应的全球治理作用，中国影响和塑造国际事务的能力在显著提高，同时，中国也正在成为各种地区制度的倡导者和主导者。[①]

以承办北京奥运会、上海世博会、深圳大运会和广州亚运会等国际赛事为标志，中国开始利用国际顶级会展活动展示现代中国的形象。[②]

以相继打造广交会、中国–亚欧博览会、中国–东盟博览会、华交会和东北亚博览会等国家级商业博览会为标志，中国对外开放进入全方位的阶段，中国不仅成为世界工厂，而且正在成为世界各国贸易中枢和最大消费市场，中国开始主动影响世界和带动周边的发展。

以不断涌现的上海、北京等国际旅游节为标志，中国开始重视世界城市的建设，中

---

① King K. Aid within the wider China-Africa partnership: a view from the Beijing Summit[C]. paper to Workshop on China-Africa Links. 2006: 11-12.

② 朱航. 世博会与我国公共外交[J]. 亚非纵横, 2010(3): 11-16.

国不仅要成为世界工厂，还要成为世界休闲娱乐中心，向世界展示美丽中国的国家形象。

以互办各具特色的中法、中俄、中美等文化交流年为标志，表明中国开始利用展览、展示、会谈、比赛和奖励旅游等多种会展形式进行中外民间文化的交流，重视中华文化的传播和弘扬。

（二）参与战略到塑造战略：成为国际体系领导者，成为利益攸关者和变革者

党的十八大报告指出，中国对外政策将继续高举和平、发展、合作、共赢的旗帜，同时还表明将以更加积极的姿态参与国际事务，发挥负责任大国作用，共同应对全球性挑战。

以支持博鳌亚洲论坛和夏季达沃斯论坛等世界民间政治经济论坛组织为标志，以支持、主持或者参与东亚峰会、金砖国家峰会、联合国环境会议、多哈回合贸易谈判、六方会谈和华盛顿核安全峰会等政府间国际论坛为标志，中国对外战略开始逐步实现由参与战略到决策战略的历史性转变。

（三）中国国际战略观的变革

1. 对国际体系的认知发生客观性的变化

党的十六大报告在肯定和平和发展的时代主题的基础上，认为不公正、不合理的国际政治经济旧秩序没有根本改变，指出国际体系的不稳定来源是恐怖主义、霸权主义、强权政治、民族、宗教矛盾和边界、领土争端以及南北矛盾；主张建立公正合理的国际政治经济新秩序，并且用了162个字来阐述国际政治经济新秩序的内容。

党的十八大报告在肯定和平和发展是时代主题的基础上，对世界的认识更加深刻，除了多极化、全球化的判断，新加入了文化多样化和社会信息化的认知；对国际力量对比的基调有所乐观，对国际合作有所期待；认为国际金融危机、世界经济增长不稳定和不确定性、加剧的全球发展不平衡、霸权主义、强权政治和新干涉主义、局部动荡频繁是全球不稳定的来源，其中粮食安全、能源资源安全、网络安全等全球性问题首次进入视野；倡导人类命运共同体意识和人类共同利益。[①]这表明不同于党的十六大的国际政治经济新秩序的概念设计，党的十八大在看待国际秩序和体系时心态更加客观与平和，也有了更加具体的思路。

2. 对国际制度的功能认识有所深化

党的十六大报告对此着墨不多，指出我们将继续积极参与多边外交活动，在联合国和其他国际及区域性组织中发挥作用，支持发展中国家维护自身的正当权益。党的十八大报告除了强调联合国等多边组织的作用外，还加入了在政治领域把中国人民利益同各国人民共同利益结合起来，以更加积极的姿态参与国际事务，发挥负责任大国作用，共同应对全球性挑战；在经济领域则强调加强同主要经济体宏观经济政策协调，积极参与全球经济治理，推动贸易和投资自由化便利化，反对各种形式的保护主义。在实现方式上，我国政府更加重视国际制度在推动国际体系变革中的地位和作用。

---

① 胡锦涛. 坚定不移沿着中国特色社会主义道路前进，为全面建成小康社会而奋斗——在中国共产党第十八次全国代表大会上的报告[J]. 当代江西, 2012(1): 6-26.

3. 对国际体系中的国家权力认识更加多维

我国政府由主要关注国家行为体、恐怖主义等非传统安全，到开始关注文化多样性和社会信息化，深刻认识到文化、观念、发展模式、国际制度和议程的塑造能力，认识到国家形象也是国家权力的来源；同时，对国家权力的认识也更趋进步，提升了全球合作应对如粮食安全、能源资源安全和网络安全等全球问题的高度。此外，国家政府还深刻洞察了权力格局的历史性变化，并作出回应，将扎实推进公共外交和人文交流，维护我国海外合法权益。[①]

4. 对国际政治议事日程的历史性变化作出了精准把握

"冷战"结束以后，特别是进入 21 世纪以来，和平与发展成为世界主题，主要世界大国间的战争不再可能，随着多极化、经济全球化、文化多样化和社会信息化的发展，国际政治关注的领域开始由传统的高级政治日益向低级政治转移和扩散。这促使中国国际战略观念的变革，为了应对内外部环境的变化，在传统的经济主义之上，制度主义、地区主义、和谐主义和全球主义开始进入中国战略家的视野。[②]

二、会展活动和平台作为中国外交战略工具兴起

会展活动是现代服务业中最为重要的一种活动，一般是指在特定时间段和场所内，以一定主题、内容、形式和目的，通过现代传播、展示和交流方式，实现人流、物流、资金流、信息流和能源流积聚的各类商务或非商务活动。德国众多城市的博览会经济影响巨大，瑞士的会议经济几乎独步全球，里约狂欢节、慕尼黑啤酒节等风采各异的节庆活动为其所在的国家带来了众多的国内外游客，英国工业革命后的万国工业博览会、"二战"后美国组织的历次国际会议打造的雅尔塔体系也都给主办国带来了巨大的国际影响力和国家声誉。按照门类分类法，会展活动可以分为会议、展览、节事活动和奖励旅游等。国际上对会展的功能研究目前大多停留在经济层面，而忽视了会展作为整合营销媒介的其他功能。

进入 21 世纪以来，现代会展开始步入中国国际战略视野。

首先，国际会议外交功能和溢出效益得到我国政府的逐步认可和重视。21 世纪以来，以联合国为中心的多边外交舞台成为中国外交的亮点，这有利于打造中国负责任的大国形象。

在地区战略和全球利益扩展上，各种国际会议形式也被频繁使用，并被制度化。例如，民间致力于倡导亚洲区域一体化和亚洲意识的博鳌亚洲论坛、推进中非关系的中非合作论坛、致力于新兴安全观和区域合作的上海合作组织峰会、致力于推动新兴经济体全球作用的金砖国家峰会和致力于推动中美合作的中美战略与经济对话等，这些不同层面、面向不同对象的会议成为中国对外交往的有力工具、杠杆和平台，其制度化和机制化的发展方向也日益为学术界和外交界重视。[③]

---

① 胡锦涛. 坚定不移沿着中国特色社会主义道路前进，为全面建成小康社会而奋斗——在中国共产党第十八次全国代表大会上的报告[J]. 当代江西, 2012(1): 6-26.

② 门洪华. 中国国际战略思想的创新[J]. 外交评论(外交学院学报), 2006(1): 28-35.

③ 杨洁篪. 努力开拓中国特色公共外交新局面[J]. 求是, 2011(4): 43-46.

其次，大型博览会的经贸外交功能日益突出。随着中国世界工厂地位的确立、国内投资和消费市场的不断扩大，中国正日益成为全球各国和跨国巨头的采购目的地；如何便于企业的进出口和采购成为中国政府要考虑和解决的问题。在 2002 年以前，我国的大型博览会主要集中在上海、广州和北京等几个中心城市，国家级大型博览会项目——广交会一枝独秀，但是到 2012 年底，国家级博览会已经在全国范围铺开，主要有广州的广交会、上海的华交会和工博会、深圳的高交会、义乌的义博会、南宁的中国-东盟博览会①、长春的东北亚博览会和乌鲁木齐的中国-亚欧博览会。这些国家级博览会为中国的对外经贸往来打开了便利的大门，有力地促进了进出口贸易的开展，成为衡量中国和世界经济好坏的晴雨表。

再次，体育赛事和节庆活动的公共外交功能纳入官方视野。21 世纪以来，中国政府相继申请并主办了北京奥运会、上海世博会、深圳大运会和广州亚运会等国际体育赛事活动和文博活动，这些活动不仅圆了中国人民的百年奥运梦和世博梦，而且也向世界展示了崛起中的现代中国人民和中国社会的风貌，拉近了世界人民和中国人民的感情距离。②

最后，会展综合性传播功能得到利用。会展活动所具有的政治外交、经贸外交、公共外交和军事外交等全方位功能，使其具有作为外交战略工具的天然优势。在推进中国和东盟一体化战略上，中国初步且行之有效地综合运用了不同会展形态，收到了比较好的效果。其在一体化方面具体是，通过建立中国-东盟领导人峰会推进政治、安全和环境等各领域的对话和合作，制定各领域的合作框架和机制，然后中国加入东南亚国家联盟无核化条约，保证东南亚地区无核化，构建一体化的政治互信基础；在经贸外交领域，通过定期举办中国-东盟博览会，加速落实和推进中国-东盟自贸区的各项议程，密切地区的经济联系，构建一体化坚实的经济基础；在公共外交领域，通过举办不同形式的文化和社会交流活动，如中越文化交流年、中泰文化交流年等活动，推进公共外交的深入，构建一体化深厚的民间软环境基础。这些立体化的会展活动相互交织、互为支撑并且互为补充，构成了中国对东盟战略的不可分割的整体。③

三、中国国际会展平台体系建构内容：2002—2012

从 2002 年至 2012 年中国国际会展平台体系初步建成，按照会展的功能可将其划分为以下三项内容。

（一）多层次、立体化的会议战略外交

在全球层面，中国从中国人民和全人类共同利益出发，为促进人类和平和发展参加了联合国及其下属各个组织的活动，主要涉及全球治理、经济治理、人权保护、国际能

---

① 黄耀东. 中国–东盟的南宁盛会——第三届中国–东盟博览会、中国–东盟商务与投资峰会和中国–东盟建立对话关系 15 周年纪念峰会综述[J]. 东南亚纵横, 2006(11): 1-6.

② 郭可, 吴瑛. 世博会对提升中国国家形象的作用——基于多语种国际舆情的研究[J]. 外交评论: 外交学院学报, 2010(6): 76-90.

③ 黄耀东. 中国–东盟的南宁盛会——第三届中国–东盟博览会、中国–东盟商务与投资峰会和中国–东盟建立对话关系 15 周年纪念峰会综述[J]. 东南亚纵横, 2006(11): 1-6.

源、环境保护、气候变化、核不扩散、粮食安全和公共卫生等多个领域，推进了中国国家利益的实现，维护了国际体系的基本稳定，塑造了负责任的大国形象和可靠的利益相关者的形象。

除了参加现有的全球治理机制和会议，根据全球性议题，中国适时推出自己主导或者倡议的全球治理框架，为推动国际政治经济秩序向更加合理和公正的方向发展起了重要的作用。例如金砖国家峰会及其相关活动，这使中国在全球治理中多了一个同西方国家抗衡的有力的战略杠杆和平台。[①]

在区域合作层面，顺应区域一体化的历史发展趋势和中国外交战略的需要，中国参加、倡议或主导了众多的地区会议活动。这些会议活动基本涵盖了主要的大洲、主要次区域和主要大国，将中国的对外战略通过制度化和机制化的会议平台固定下来。[②]例如，东亚峰会、SCO领导人峰会、中非合作论坛、中阿合作论坛、亚欧论坛、六方会谈及其下属各级别的领导人会议等，这些区域外交会议活动给中国的外交战略实施打开了广阔的空间，丰富了中国的多边外交舞台。

在双边领域层面，各种制度性的会议安排也逐步建立和完善起来。这方面的会议活动主要是围绕主要大国展开，其中，中美战略与经济对话最为重要，其对维护中美关系的稳定健康发展具有极其重要的意义，是中美两国尝试共同管理双边关系和利益的创新型举措，使中美关系获得前所未有的制度性保障。[③]

（二）布局合理有序的国家级博览会经贸外交

我国的《服务贸易发展"十二五"规划纲要》中将会展服务单列出来，成为服务贸易重点发展领域。商务部在《关于"十二五"期间促进会展业发展的指导意见》中更是明确指出：把会展业培育成我国现代服务业的战略先导性产业，逐步提高我国会展业的国际竞争力，力争使我国从会展大国发展成为会展强国。该意见认为，会展业已成为行业间、地区间和国家间交流与合作的桥梁纽带，是宣传推介各行业和各城市的窗口平台，是反映一国文化、经济、社会发展状况的晴雨表和风向标。会展业在推动产业结构调整、进出口贸易和加快转变经济发展方式中的重要作用将日益凸显。

随着经济全球化、区域一体化和中国对外开放的深入发展，我国根据自身实际和对外战略建立了若干国家级博览会项目，形成了服务不同对象，特色鲜明、功能完善的博览会外交框架体系。中国的国家博览会外交始于广交会，基本成型于中国–亚欧博览会。目前，我国的国家博览会体系正在从东部发达省份向西部地区逐步扩展，成为中国全方位对外开放的主要功能平台。

其中，东部沿海地区的广州市举办的广交会和上海市举办的华交会都很好地服务于

① 王永中、姚枝仲. 金砖国家峰会的经济议题、各方立场与中国对策[J]. 国际经济评论, 2011(3): 74-83. 黄耀东: 中国–东盟的南宁盛会——第三届中国–东盟博览会、中国–东盟商务与投资峰会和中国–东盟建立对话关系15周年纪念峰会综述[J]. 东南亚纵横, 2006(11): 1-6.

② 门洪华. 中国软实力评估报告(下)[J]. 国际观察, 2007(3): 15-26.

③ 刘长敏. 中美战略对话机制的发展及其解析——守成大国与新兴大国关系的新探索[J]. 现代国际关系, 2008(7): 1-7.

中国和全球的贸易，参展商和贸易商来自全球各地，是顶级的国家博览会项目，既是观察中国对外贸易形势、政策的重要窗口，也是衡量全球经济和相关国家间经贸外交关系的晴雨表。

位于中国西南地区的南宁市举办的中国-东盟博览会则扩展了中国与东盟间贸易的渠道，成为中国-东盟自贸区加速发展的有力杠杆和平台，加深了中国和东盟国家的相互依赖，深度促进了中国和东盟的一体化进程，是中国执行友邻、富邻和安邻外交政策在东南亚地区的重要形式和载体。①

位于长春的东北亚博览会，立足中国东北，服务于东北亚相关国家的贸易，也已经成为区域深化合作、互利共赢的平台，推动了相关国家的经贸发展、人员资本流动，也有利于东北亚的整合发展，是中国政府高举和平、发展、互利和共赢大旗的有力注脚。

脱胎于乌鲁木齐洽谈会的中国-亚欧博览会在上海合作组织框架下得到了进一步的发展和提升。第一届中国-亚欧博览会举办于 2011 年，外交部、商务部、国家发改委、科技部等 29 个国家有关部委作为主办机构。这突出了博览会的多重外交战略功能，不仅加速了中国与中亚国家间经济融合、人员资本往来，更加促进了上海合作组织在经济层面的纵深发展和中国与中亚的一体化进程。

除此之外，依托特定战略性行业和产业的国家级博览会也相继诞生，这不仅为中国相关产业的贸易发展提供了平台，而且也使中国获得了相应的外交战略杠杆和工具。例如中国深圳的文博会和高交会，主推中国文化事业的发展和高科技产业的国际交流，又如新能源、新材料领域的相关国家级博览会，也为新能源产业和新材料产业提供了展示、贸易和融资的平台，促进了中外的技术交流和进步。

（三）内容丰富、层次分明的节事公共外交

会展的公共外交功能主要体现在大型赛事活动、节庆活动和各类文化交流活动方面。这是会展在低政治领域和权力场域的功能载体，其主要的功能主要有服务于中国总体的外交战略，使中国外交战略的推进更加细致入微，更具有灵活性和可操作性；在推进中外文化、体育和社会等领域的交流的同时，展示现代中国的国家形象、实力和风貌，有利于塑造中国和平发展的国际舆论环境；有利于推进民间交流，夯实中外各国间合作的民间基础。

中国的会展公共外交首先体现在申请和承办若干大型体育赛事和文博活动上。2008 年的北京奥运会、2010 年的上海世博会、2010 年的广州亚运会和 2011 年的深圳大运会等世界顶级体育赛事和会展活动相继在中国城市举办，不仅提升了其所在城市的国际影响力和形象，展示了中国服务全球的意愿、能力和水平，而且向全球展示了中国人民爱好和平的形象，是对国际社会集体、全面而成功的公关。②

中国的会展公关外交还体现在日益增多的国家间文化交流活动上。在相关国家战略

---

① Greenwald A. The Asean-China free trade area (ACFTA): a legal response to china's economic rise[J]. Duke J. Comp. & Int'l L., 2006(16): 193.

② 张源. 试论体育传播优化中国国家形象中的作用和传播策略分析[D]. 复旦大学，2013.

关系框架下，不仅国家间文化交流活动的举办日益增多，而且逐步常规化、制度化和机制化。例如中法文化交流年、中日文化交流年、中美文化交流年和中俄文化交流年等，这些文化交流年活动以丰富多彩的文化展示、交流和会议等形式推进了相关国家间的文化理解、交流和互动，有助于保护全球的文化多样性，促进不同文化和文明之间的对话，促进国际和平与发展的事业。

最后，中国的会展公共外交还体现在类型多样的节庆活动上。传统节庆活动和新兴起的现代节庆活动交相辉映，彰显中国文化大国的建设力量。孔子文化节、青岛啤酒节、上海国际电影节、哈尔滨冰雪节、上海国际旅游节、南宁国际民歌节和拉萨雪顿节等各具地域特色和内容的节庆活动，不仅成为举办地的公关名片和宝贵的无形资产，而且还提升了其所在地的美誉度、吸引力和号召力，逐渐成为中国软实力的来源。[1]

四、中国国际会展平台体系建构特点：2002—2012

通观这十年中国国际会展平台体系的发展，我们不难看出其由粗及细、由隐性到显性、由局部到整体和由高级政治到低级政治的发展过程与脉络。

（一）具有鲜明的时代特征

21 世纪以来，全球战略力量对比发生了历史性变化，新兴经济体要求在国际事务中发挥更大作用，这既体现在全球治理不同层次上的调整，也逐步反映到中国国际会展平台体系之中。联合国全球经济治理权力逐步从 G8 过渡到 G20；中美战略与经济对话在双边和国际事务中起的作用越来越大；博鳌亚洲论坛反映了亚洲崛起的背景下亚洲意识的增强，夏季达沃斯论坛落户中国更是全球权力转移的直接表现。

当今世界除了经济全球化和区域一体化的发展趋势以外，文化多样化和社会信息化的趋势也愈发明显。在传统安全仍然重要的背景下，各类非传统安全在国际社会中的影响与日俱增。中国国际会展体系的初步建立适时、灵活地反映了这些变化，并且进行了行之有效的运转。例如，上合组织的前身是上海五国峰会，其最初成立的目的是同中亚各国与俄罗斯就传统的边界和裁军问题进行谈判。随着传统问题的解决、互信的不断增强，以及恐怖主义、分裂主义和极端主义等非传统安全问题的出现，2001 年上海合作组织成立，并开始朝着机制化、制度化的方向发展。截至 2012 年其合作领域已经由政治合作、安全合作，逐步扩展到经济合作、文化科技等社会各领域，上合组织在地区事务中的影响力也与日俱增，其倡导的新安全观也在国际事务中发挥越来越重要的作用。[2]

（二）与中国国际战略调整和发展相适应

进入 21 世纪以来，中国敏锐地感受和把握到了世界形势变化发展的趋势和实质，并对中国国际战略进行了变革和调整。中国国际会展平台体系的建立和初步发展，不仅反映了中国国际战略观的变革，而且成为中国国际战略变革和实施的最重要体现和成果。

---

[1] Jr N, Joseph S. Public Diplomacy and Soft Power[J]. Scholarly Articles, 2008, 616(1): 94-109.
[2] 苏长和. 中国的软权力——以国际制度与中国的关系为例[J]. 国际观察, 2007(2): 27-35.

中国决定摒弃西方传统的大国争霸的老路，力图通过和平发展走和平崛起的新路，高举和平、发展、合作和共赢的大旗，努力实践新兴安全观和打造新型国家关系，随之上合组织、中美战略与经济对话、金砖国家峰会等国际性会议活动不断兴起，并且制度化、机制化。为了塑造有利的国际舆论和展示中国改革开放以来的国家形象，中国日益重视各类大型体育赛事和文博活动，奥运会、世博会和亚运会等一系列大型活动的相继举办成为现代中国崛起的标志，也展示了中国道路北京模式的成功。①

（三）外交战略工具的地位逐步确立

随着中国的崛起和世界主要大国地位的确立，中国国际会展平台体系也将不断发展和完善。中国国际会展平台体系与中国国际战略日益互为表里、相互支撑，并逐渐成为中国和平发展、和平崛起的有效制度和机制保障。

会议外交日益成为不可替代的多边战略工具。②中国的国际治理需要借助各类全球组织和机制，如联合国、WTO、WB、IMF、G20、金砖国家峰会和多哈贸易谈判等；参加和主导这些平台不仅有助于中国国家利益的实现，而且有助于塑造一个日益中国化的世界。

博览会经贸外交正在成为中国深刻影响世界的主要战略手段。会展不仅是现代服务业的战略性先导产业，而且是国家间关系的重要晴雨表和杠杆。从展品包罗万象的广交会，到日益聚焦特定行业和产业的文博会、高交会与新能源大会，再到聚焦特定区域的中国–东盟博览会、东北亚博览会和中国–亚欧博览会，以及政府日益鼓励中国会展企业走出国门到境外办展，这些都显示着中国对博览会功能的认识正在逐步深化。

文博活动和体育赛事等公共外交正在成为中国日益灵活的战略性公关平台。2008年北京奥运会、2010年上海世博会、2010年广州亚运会等大型体育赛事和会展的成功举办既完美展示了中国，又艳羡震惊了世界，国际媒体和舆论开始客观接受中国。③孔子文化节、青岛啤酒节、上海国际电影节、哈尔滨冰雪节、上海国际旅游节、南宁国际民歌节和拉萨雪顿节等各具地域特色和内容的节庆活动，不仅有利于弘扬民族文化传统，有利于打造现代中国新文化，而且有助于中国软实力的塑造和提升。

（四）具有阶段性和发展性的特点

中国国际会展平台体系目前还处于初步成型阶段，将随着时代的发展、中国自身实力的提升和国际战略力量对比的变化而逐步发展完善。

美国仍然是世界上实力最强大、最全面的国家，现有的国际体系和国际制度反映了以美国为首的西方的价值观、理念和利益。随着中国的全面崛起、世界战略力量对比继续朝有利于新兴经济体的方向转变、经济全球化和人类全球意识的增强以及区域合作一体化不断向纵深发展，中国国际会展体系将日益完善，并不断制度化、机制化，在国际治理中的中国因素也将不断显现出来。

---

① Wang Y. Public diplomacy and the rise of Chinese soft power[J]. The Annals of the American Academy of Political and Social Science, 2008, 616(1): 257-273.

② 毛德松. 峰会外交在全球治理中的地位和作用[J]. 世界经济与政治论坛, 2012(5): 99-111.

③ 杨洁篪. 努力开拓中国特色公共外交新局面[J]. 求是, 2011(4): 43-46.

（五）具有层次性和整体性的特点

中国国际会展平台体系虽然正处于初步成型阶段，但是因其服务于中国和平发展战略而具有明显的整体性和层次性的特点。通过分析不难发现，中国国际会展平台体系涵盖从全球治理到双边关系的各个层面，也基本上覆盖了从高级政治到低级政治的各个层次。

（六）具有开放性和包容性的特点

中国正处于一个深刻变革的和不稳定的世界，并且其自身成长也存在着诸多挑战，这些因素既给了中国国际会展平台体系前所未有的推动力，也给中国国际会展平台体系提出了更高的建设要求。虽然因为世界正在向多极化、全球化深入发展，文化多样化、社会信息化的持续推进，科技革命孕育着新突破，全球合作向多层次全方位拓展，新兴市场国家和发展中国家整体实力增强，国际力量对比朝着有利于维护世界和平方向发展，使保持国际形势总体稳定具备更多有利条件，但是世界仍然很不安宁：国际金融危机影响深远，世界经济增长的不稳定、不确定因素增多，全球发展不平衡加剧，霸权主义、强权政治和新干涉主义有所上升，局部动荡频繁发生，粮食安全、能源资源安全和网络安全等全球性问题更加突出。

会展活动具有多重属性和外交战略功能，基本涵盖人类社会生活的各个领域和层次，随着中国国际地位的提升、国际议事日程的变化以及国际战略的调整，作为中国国际战略设计一部分的国际会展平台体系也必将不断扩充完善，其开放性和包容性也必将更为显现。

五、中国国际会展平台体系的战略意义

在经济全球化、区域一体化、社会信息化和文化多样化的背景下，中国国际会展平台体系的建立给了中国和平崛起有力的战略支撑，成为中国主动塑造、主导国际体系和地区事务的有力抓手和杠杆。这不仅有利于提升中国在国际事务中的地位和影响力，有利于中国国家形象的改善和软实力的提升；而且有助于中国化国际战略体系的最终形成和确立。

参考文献：

1. 朱航. 世博会与我国公共外交[J]. 亚非纵横, 2010(3).
2. 胡锦涛. 坚定不移沿着中国特色社会主义道路前进，为全面建成小康社会而奋斗——在中国共产党第十八次全国代表大会上的报告[J]. 当代江西, 2012(1).
3. 门洪华. 中国国际战略思想的创新[J]. 外交评论(外交学院学报), 2006(1).
4. 杨洁篪. 努力开拓中国特色公共外交新局面[J]. 求是, 2011(4).
5. 黄耀东. 中国–东盟的南宁盛会——第三届中国–东盟博览会、中国–东盟商务与投资峰会和中国–东盟建立对话关系15周年纪念峰会综述[J]. 东南亚纵横, 2006(11).
6. 郭可, 吴瑛. 世博会对提升中国国家形象的作用——基于多语种国际舆情的研究[J]. 外交评论: 外交学院学报, 2010(6).
7. 门洪华. 中国软实力评估报告(下)[J]. 国际观察, 2007(3).

8. 刘长敏. 中美战略对话机制的发展及其解析——守成大国与新兴大国关系的新探索[J]. 现代国际关系, 2008(7).

9. Greenwald A. The Asean-China free trade area (ACFTA): a legal response to china's economic rise[J]. Duke J. Comp. & Int'l L. , 2006(16).

10. 张塬. 试论体育传播优化中国国家形象中的作用和传播策略分析[D]. 复旦大学, 2013.

11. Jr N , Joseph S. Public Diplomacy and Soft Power[J]. Scholarly Articles, 2008, 616(1).

12. 苏长和. 中国的软权力——以国际制度与中国的关系为例[J]. 国际观察, 2007(2).

13. Wang Y. Public diplomacy and the rise of Chinese soft power[J]. The Annals of the American Academy of Political and Social Science, 2008, 616(1).

14. 毛德松. 峰会外交在全球治理中的地位和作用[J]. 世界经济与政治论坛, 2012(5).

第二节 2010 年上海世博会游客苏州旅游意愿

本调查报告是由苏州旅游局就 2010 年上海世博会游客对于苏州旅游意愿进行的专题调研成果。上海师范大学旅游学院会展管理系作为受委托方接受苏州旅游局的委托具体实施了本次调研活动。调研人员 2010 年 6—8 月先后 8 次入园，获得了大量的第一手资料。本次调研旨在了解、分析上海世博会对苏州旅游业拉动作用的表现及其原因，这些对我们了解并利用大型活动的同城效应开展旅游工作有着一定的借鉴意义及帮助作用。

一、调研简述

1. 调研地点

上海世博园内

2. 调研时间

2010 年 6—8 月，其中具体时间为 6 月 16 日（平日）、26 日（高峰日）；7 月 5 日（平日）、15 日（平日）、24 日（高峰日）；8 月 10 日（平日）、19 日（平日）、29 日（高峰日），共计 8 次。

3. 调研对象界定

上海世博园中国籍游客，其中苏州游客除外。

4. 调研方法及调研工具

访谈法、统计分析法、比较分析法，以问卷形式。

5. 有效问卷

本次调查共随机访谈了 20213 位游客，完成有效问卷 1772 份，即有意向或已游览苏州的游客数为 1772 位，比例占询问游客数的 8.7%左右。

6. 调研可能存在的误差

（1）被访问者可能来自同一个旅游团从而导致重复计算及地区代表性不足。

（2）数据是在询问"是否有意向去苏州旅游"时得到的，科学性稍显不足。

二、调研结果分析

（一）调研对象背景资料分析

根据我们对于有效问卷的数据统计，从性别上看，如图 5-1 所示，男性占 54%，女性占 46%，游览苏州游客的男女比例差异不大。从年龄段看，以青年人为主，如图 5-2 所示，25 岁到 44 岁的约占 45%，如果加上 15 岁到 24 岁年龄段，则青年人群的比例上升到 64%。从学历方面看，以有一定的学历基础的人群为主，如图 5-3 所示，专科及以上学历人群的苏州旅游意愿高达约占 73%。从职业机构看，相对分散，主要集中在学生人群和企事业管理人员，如图 5-4 所示，两者合计约占 65%。分析结构显示高学历并且有一定经济基础的青年人群是苏州旅游意愿最强的人群，这类人爱好旅游，并且希望通过旅游拓展视野，在参观了上海世博会之后，通常会选择附近的一些城市进行观光游览，如图 5-5 所示，苏州城区及其下属各县市都有分布。

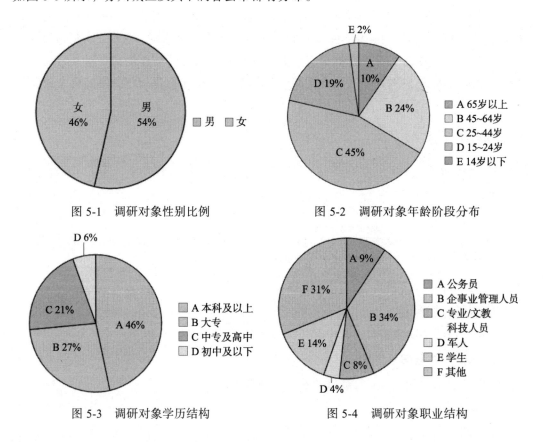

图 5-1　调研对象性别比例　　　　图 5-2　调研对象年龄阶段分布

图 5-3　调研对象学历结构　　　　图 5-4　调研对象职业结构

（二）调研对象苏州旅游特征分析

1. 苏州及周边地区旅游目的地分布

根据数据统计，在 5—8 月，受访者在苏州逗留的天数平均约 1.89 天，其中游客普遍偏好游览苏州城区（占游览人数 66%），如图 5-5 所示。亦有一些游客在苏州城区游览意犹未尽之余，选择苏州城区周边的一些景点继续游览。相对热门的地区是张家港和昆山，分别占到 12% 和 9%。其中大部分游客首先去苏州城区游览，若另有时间可能会安排开展深入游，如图 5-5 所示。

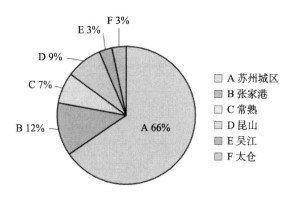

图 5-5　调研对象苏州旅游县区分布

2. 出游方式和旅行资讯获取渠道

受访游客的旅行方式与旅游资讯获取的方式均受上海世博会出游方式的直接影响。如图 5-6 所示，旅行社与单位组织形式的集体出游仍是主流。另有一点值得我们关注，因为上海世博会是中国首次举办的世界博览会，故其媒体聚集效应强。媒体曝光度高，媒体宣传亦是一个重要的信息来源，如图 5~7 所示，约 19% 的人是通过媒体宣传获取苏州旅游信息的。

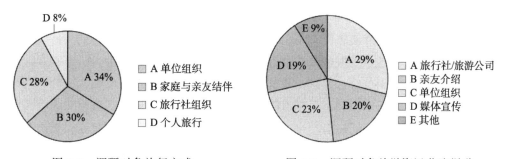

图 5-6　调研对象旅行方式　　　　图 5-7　调研对象旅游资讯获取渠道

3. 苏州的游客满意度（1~5 分的评分机制，5 分为最满意，1 分为最不满意）

在 1~5 分的评分机制下，游客对于苏州的满意度为 4.31 分，如图 5-8 所示，约 85% 的上海世博会游客对苏州的游览非常满意，并且有不少游客表达了想再次去苏州游览的意向，他们认为：

（1）苏州风景优美，园林建筑精致；

（2）城市整体建设与城市形象统一，如一些电话亭、公交车站等现代化设施外形犹如当地园林中的亭阁。

同时在访问的过程中，已游览苏州的游客亦普遍反映了一些问题，分别为：

（1）苏州物价普遍较高；

（2）餐饮水准不高；

（3）苏州的旅游资源管理不善，如公共厕所的环境；

（4）苏州旅游业近几年创新不足。

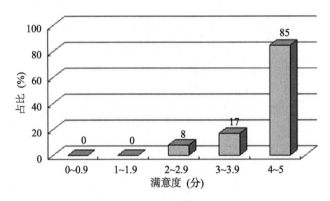

图 5-8　调研对象满意度分布情况表

三、调研对象的苏州旅游决策影响要素分析

影响这些游客前往苏州旅游的因素有许多，在旅游决策影响要素问题上，我们可从旅游活动的供需角度来分析。

（一）需求方：前往苏州的游客（被访者）

1. 被访人群特征：中青年、高学历、高职位人群

首先，从上述调查数据来看，前往苏州的世博游客大多为中青年，他们身体状况佳，体力好，喜欢到处游走，获取旅游咨询渠道广，多为网络。这类人群大多有家庭，乐意与家庭及伴侣一起外出旅游。其次，高职位反映了被访者社会阶层较高，这符合一个普遍规律，即一个人收入水平越高，越可能参加旅游活动。并且这类人群消费能力强、消费意愿强，在游览苏州的同时会产生许多消费。最后，高学历者求知欲强，被访者中不乏许多学校组织、教师团体，他们非常注重旅游的人文性。

2. 被访旅游者类别：大多为消遣型旅游者

前往苏州的旅游者的需求受上海世博会这一大型活动影响，即世博会这一盛会的特性从某种程度上已经使我们了解了被访者的动机与需求。由于世博会展示了各个国家和地区的风俗民情，属于大型展览会，这些被访者的旅游需求不外乎是出于习俗、时尚、方便及新奇心理的需要。他们注重旅游交通便利、旅游产品价格经济、旅游资源的多样性。

（二）供给方：苏州，旅行社

对于前往苏州的世博游客而言，苏州的各项旅游资源及服务是作为旅游活动供给方满足其需求。而旅行社则更像是中介，提供旅游咨询与服务，在此我们也把其归入供给方。

1. 苏州：地理位置优势，旅游资源丰富

首先，苏州距离上海较近，两座城市之间交通便利。随着动车的使用和沪宁高铁的全面通车，如今从上海到苏州的时间仅需 30 分钟左右，其高性价比和乘坐时间的缩短以及交通方式的选择多样性受到了大多数游客的青睐。

其次，苏州拥有丰富的历史和人文资源，对于参观世博会的游客，除了能领略上海大城市的现代感，更能体验江南园林风貌，这是一种旅游资源的互补。受访者当中有接近两成是上海市民，一成左右是浙江游客，他们对于苏州的印象不仅仅停留在江南水乡、苏式园林的表层体验，他们更愿意去体验苏州以及苏州周边更多的文化内涵。他们中的多数人已经不止一次前往苏州旅游，这次去多是携家人或者朋友去领略江南水乡风情。除了最为人们津津乐道的苏州市区外，他们还会游览周边的张家港、昆山、常熟、太仓等地。

2. 旅行社：提供世博大礼包式的服务

据悉，国内许多旅行社为本次世博会推出了"世博长三角"旅游路线，价格实惠。另外，旅行社还提供了旅游咨询的服务。从上述的调研数据可以看出，在出行方式上，28%是旅行社组织，比例最高的单位组织（34%）大部分亦是委托给旅行社的。

（三）从供求关系看旅游者的旅游决策

1. 供求双方多种因素造就了被访者对于苏州旅游的决策

对于前往苏州游览的世博会游客，其旅游消费决策受自身（需求方）特征影响，亦受供给方的特征及其所提供服务的影响。被访者本身完全具备在游览完世博会之后继续游览苏州的需要和动机，而苏州适合青年人购物消费，适合中年人旅游观光，具有迎合注重人文知识的高学历人群的历史底蕴。可以说是苏州这座城市具有的特征吸引了这些被访者。

2. 旅行成本是关键

在谈及世博会这一大型活动对于周边城市旅游影响的时候，人们往往会想到同城效应。我们认为同城效应的关键在于低成本。在本次调研中，有接近 1300 名（占调查总数的 73%）游客在上海世博会召开前就已经决定了苏州旅游的计划，其中有许多中西部游客（安徽 5.34%，河南 5.91%，湖南 3.34%，湖北 3.31%）以及来自华南地区的游客（广东 5.11%，福建 2.22%）。其中一个重要的原因就是为了降低旅行的出行成本。因为上海世博会使他们来到离他们居住地较远的长三角地区，如果不利用此机会游览上海周边的苏州，那下次再来时则又将重新负担相同的长途交通等费用。因此，有效降低旅行成本是影响游客作出旅游决策的关键。

3. 若周边城市再有类似的大型活动，苏州可做些什么

（1）继续拓宽其旅游资源的多样性，发展旅游资源的特色。

苏州旅游资源的特点是人文性强，苏州可据此挖掘不同于周边城市的特色，使其旅游资源与其他城市形成互补，从而在周边城市举办大型活动时能吸引更多的参与者。对

于拓宽旅游资源的多样性上，苏州可针对一些青年人群发展科技旅游等。

（2）重视城市网络营销，注重与旅游商务网站及旅行社的合作。

由于网络已成为大多数人获取信息的方式，苏州可加强旅游网站的建设，使在线预订系统更为便捷。

四、启示

1. 大型活动具有强大的辐射效应

上海是我国东部沿海地区的重要经济增长极，其综合实力的不断提升，也会辐射带动周边城市的发展。随着 2010 年世博会这项特大型活动的举办，高度的媒体聚焦、全球目光的汇聚、源源不断的游客，无疑会极大地促进上海旅游能级的提升，中心城市的旅游发展则会进一步带动区域内其他城市旅游业的发展。

2. 大型活动与周边城市的旅游资源互补性

受大型活动的强大的辐射效应影响，不同地域的旅游产品可以组合成多元化的旅游线路来满足游客的需求。服务于大型活动的工作人员和远途游客会由于工作之余的放松需求、居住地到举办地的旅行成本等因素，考虑选择周边知名景区进行游览。同时，在大型活动的举办期间，举办地居民通常会选择在大型活动举办时逆流外出旅行，以逃避环境的拥挤造成的压抑感，休闲散心。因此，大型活动的挤出效应会给非举办地（如苏州）带来客源。通过区域内旅游资源的互补利用，可以进一步加强大型活动带来的经济效应和社会效应，推动大型活动的旅游市场发展。

3. 大型活动辐射效应利用

大型活动具有影响范围广、持续时间长、公众关注度高、媒体争相报道等特点，带来的经济和社会效应也是显而易见的。对于非举办地来说，发挥自身的旅游资源优势，互动参与大型活动，整合利用资源，协同活动举办地共同将大型活动办好，是对于大型活动辐射效应的有利运用。

五、结束语

上海世博会已圆满闭幕，其中所产生的旅游问题及旅游现象却值得我们不断挖掘和深入研究。我国正不断提升国际形象，不断引入举办世界性会展活动，上海世博会可以成为一个良好的开端，为今后充分利用大型国际会展活动发展地方旅游业提供有益的借鉴。

第三节　品牌会展对阿里巴巴公司品牌形象的影响（1998—2018）

阿里巴巴网络技术有限公司（以下简称为阿里巴巴公司）创建于 1998 年。因其独特的互联网商业模式和"让天下没有难做的生意"的使命感，阿里巴巴公司不断创新。阿里巴巴公司通过旗下多个平台服务和世界各地数百万的买家和供应商从事网上生意，造就了很多利用互联网进行国际贸易而创富的传奇故事，也迅速成长为全球领先的中小企业电子商务企业和全球最具领袖气质的互联网公司，被国内外媒体、硅谷和国外风险投资家誉为与 Yahoo、Amazon、eBay 和 AOL 比肩的五大互联网商务流派代表之一。

公司创始人马云也被世界经济论坛评为"未来领袖"，被美国亚洲商业协会选为"商业领袖"，并曾多次应邀为全球著名高等学府麻省理工学院、沃顿商学院和哈佛大学讲学，是 50 年来第一位成为《福布斯》封面人物的中国企业家。

在阿里巴巴公司这些成功、光环和荣誉的背后，除了阿里巴巴公司本身线上服务的独特性、创新性和领导人马云的卓越眼界外，品牌会展活动的运作同样在阿里巴巴公司的发展史上通过造势、借势和推势起到了关键的助推作用。

一、阿里巴巴公司主要品牌会展

企业按照眼界、影响和格局可分为三类：一流企业做势，即推动新的商业趋势出现、开创时代潮流和大势，这类企业的数量屈指可数；二流企业做市，即在已经形成的市场里开疆扩土，创出自己的品牌，这类企业是行业中的少数精英；三流企业做事，即接受品牌公司的外包服务，进行代工生产，这类企业的数量最多。

阿里巴巴公司无疑是做势的企业，它成立后通过服务于中小企业的进出口贸易迅速使电子商务成为国际贸易的新趋势，并力图通过举办品牌会展活动达到塑造公司品牌形象和开创新商业文明的目的。[①]

（一）"西湖论剑"的起源及影响

阿里巴巴公司于 2000 年倡议举办首届西湖论剑活动，它聚集了商人、政府官员和行业领袖，讨论所有相关者共同合作进一步发展互联网行业和电子商务的思路和方法。[②]

2000 年中国互联网行业正处于水深火热之中，网络股从高潮转入低潮，投资者由狂热变成迷失，风云人物由英雄沦为"狗熊"，媒体由追捧反戈为抨击，创业企业由求发展转为求生存，政策由观望转为治理。正是在这样一个时代背景下，马云组织了"西湖论剑"，将中国互联网新经济的掌门人首次汇聚一堂，不仅完成了马云跻身"中国网络英雄"第一阵营的心愿，也让阿里巴巴公司以惊艳的姿态进入人们的眼球。在西湖论坛上，互联网公司的掌门人们畅谈理想，勾画出一幅中国互联网未来发展的宏图。

从 2000 年起，"西湖论剑"经常于秋季在西子湖畔召开，并连续四届都邀请互联网界的领导者和各界精英共同探讨中国互联网、电子商务和传统行业融合等多个主题（详见表 5-1），为互联网的发展声言造势，争取有关各方的理解和政策支持。这为互联网公司特别是阿里巴巴公司的发展创造了一个良好的舆论和公共环境。

[①] 中国社科院信息化研究中心. 新商业文明研究报告[J]. 中国信息界, 2010(5): 63-66.

[②] 陶情. 网络英雄西湖论剑[J]. 电子商务, 2000(6): 11-13.

表 5-1   历届西湖论剑情况一览表

届别	时间	地点	主题	出席嘉宾	背景
一	2000.09	杭州	新千年、新经济、新网侠	张朝阳、王志东、丁磊、王峻涛、马云、金庸	美国互联网泡沫破灭，中国互联网企业在美国上市
二	2001.10	杭州	经营 赢利 成长	张朝阳、茅道临、丁磊、王炆、马云、金庸	互联网企业度过寒冬，阿里巴巴公司等资本压力不减
三	2002.11	杭州	泡沫后的精彩：网络改变生活	马化腾、周鸿祎、甄荣辉、梁建章、鲍岳桥	世界互联网企业融资面临困难
四	2003.11	杭州	中国：下一浪！	孙正义、王雷雷、陈天桥、邵亦波、李彦宏、马云	非典下中国互联网逆势发展，阿里巴巴公司在电子商务的扩展
五	2005.09	杭州	天下	比尔·克林顿、杨致远、汪延、张朝阳、马化腾、丁磊、马云	互联网企业挺过难关，阿里巴巴公司电子商务威力显现
六	2010.09	杭州	探索和弘扬新商业文明与网商创新发展模式	施瓦辛格、约翰·多纳霍、柳传志、马云、李书福	互联网和传统行业融合，阿里巴巴公司的新使命

（二）网商大会的起源及影响

2004 年阿里巴巴公司首先提出"网商"的概念，并联合中国电子商务协会和杭州市人民政府共同创办了网商大会。经过六年的发展，网商大会已经成为中国规模最大的电子商务行业性会议。

网商大会由贯穿全年的网商评选和盛大的十大网商颁奖典礼组成。2004 年时，网商评选颇具本土化特点。2008 年，网商评选升级为全球十大网商的角逐；2012 年网商大会除了南极洲以外的六大洲的网商都加入了网商评选的行列。停办五年后，2017 年，阿里巴巴再次重启网商大会，马云在该届网商大会上提出了新零售、新金融、新制造、新技术、新能源的五新概念。[①]

网商大会的内容也随着电子商务的快速发展而不断扩展，带动了整个电子商务行业发展。未来，网商大会必将成为全球最具影响力的网商嘉年华活动品牌。通过网商大会，阿里巴巴公司电子商务领袖企业的地位也获得了进一步稳固，成为电子商务王国里当之无愧的无冕之王。

（三）网货交易会的起源及影响

网货交易会是全球最大的网货交易和网商交流的线下平台；是由阿里巴巴公司联合旗下阿里巴巴网和淘宝网，整合支付宝、阿里云、中国雅虎等核心资源的线上平台打造的一个全民参与的社会化体系。

2009 年 5 月 16—17 日，首届网货交易会在广州流花馆举行，该交易会由广东省经济贸易委员会、广东省信息产业厅、广州市人民政府和阿里巴巴公司联合主办。阿里巴

---

① 前瞻网官网. 时隔五年阿里重启 2017 天下网商大会，马云和"五新"概念. https://t.qianzhan.com/caijing/detail/170711-ef9f408f.html, 2019-04-19.

巴公司整合旗下 B2B 和淘宝两家子公司的优势资源，首次以"网货（通过网络交易的商品）"交易形式为中小企业和网络零售商搭建商机平台。400 家参展商与 3 万淘宝卖家集体"相亲"，实现直接供需对接。展会共接待参观者超过 10 万人次，现场现金交易额达 835 万元，成交订单总金额逾亿元。

在全球金融危机下，阿里巴巴公司尝试线下服务，创办网货交易会，成功地创造了"线上+线下"的新会展活动模式。这使阿里巴巴公司的服务开始走向立体化，从而使阿里巴巴公司会员的忠诚度、黏度等获得了极大的提升，有效遏制了会员客户的流失。

一直到 2012 年，网货交易会每年在广州、杭州、成都及上海等地巡回展开，为买卖双方搭建面对面交流和交易的平台。通过线上社区匹配、现场展示交易、论坛交流分享和团购秒杀走秀等多种生动有趣的形式和活动，让参与者增强认识、增进感情、加深信任，从而达成交友、学习和供需对接等多重目的。

（四）双十一网上购物节起源及影响

双十一购物节或双十一节，别称光棍节、购物节，double eleventh，Double 11 shopping carnival，Singles'Day。1993 年源于中国南京大学，最初被称为光棍节，逐步扩散到其他国内高校，成为高校重要的流行亚文化，2009 年被淘宝商城用于网络促销并开始火爆，其后迅速被其他电商跟进，后来也被很多实体商家采用。2018 年"双十一"天猫、淘宝总成交额 2135 亿元，[①]折合 308 亿美元左右，约为 2018 年美国"网络星期一"的 3.89 倍。[②]目前，双十一购物节已经扩散到东南亚、欧洲、美洲和非洲的几十个国家，真正成为风靡全球的以互联网科技为支撑的国际性的购物节。

双十一购物节开启了网络会展购物节的崭新时代。自双十一购物节诞生以来，京东 618 年中购物节、双十二购物节、阿里年货节、京东蝴蝶节、苏宁易购闺蜜节、百度糯米 517 吃货节、天猫 618 理想生活狂欢节、贝贝母婴节、唯品会撒娇节、苏宁易购 2018 年货节、苏宁 818 的电商节、苏宁易购 O2O 购物节等纷纷产生，科技和商业的结合开始显示出科技在推动消费转型升级中的巨大杠杆作用。

（五）淘宝造物节起源及影响

淘宝造物节是阿里巴巴公司继双十一全球购物狂欢节之后针对"90 后"年轻人推出的大规模线下会展活动，首届于 2016 年在上海开办，第二、三届造物节都在杭州举办。淘宝造物节将线上的流量、注意力和创造力经济引导到线下，使其成为带有节庆欢庆特色的最具影响力的创意展览会，其诞生和发展顺应了中国消费升级的大的历史背景，可以打造成从"中国制造"向"中国智造"转型的最重要消费购物平台。

淘宝造物节充分实现了创造力、艺术和科技的结合。自造物节举办以来，不断推出

---

① 新华社官网. 全球来"剁手"——2018"双十一"消费背后. http://www.xinhuanet.com/fortune/2018-11/12/c_1123702356.htm, 2019-04-19.

② Adobe Analytics 官网. 美国数据分析商 Adobe Analytics 称数据显示网络星期一以 79 亿美元打破了在线销售纪录. https://news.adobe.com/press-release/experience-cloud/adobe-analytics-data-shows-cyber-monday-broke-online-sales-record-79, 2019-04-19.

的黑科技引领了时尚消费潮流,如2016年的造物节推出的Buy+——虚拟现实购物体验产品、Gear VR、无人机航拍直播、VR实时直播、VR游戏直播等,2017年造物节推出的无人零售的咖啡店比 Amazon Go 更快一步,阿里人工智能实验室发布了首款智能语音设备天猫精灵X1,预示人类将进入人工智能时代,2018年造物节则推出了MR"淘宝买啊"、未来购物街区等。

(六)云栖大会起源及影响

云栖大会是由阿里巴巴公司主办的全球顶级科技大会,汇聚时代最强大脑,描绘新技术发展趋势和蓝图,展现云计算、大数据、人工智能等蓬勃发展的科技生态全景。从2015年到2017年,云栖大会系列活动已经累计吸引超过十万人现场参与,数千万人在线参与。[①]

2018年云栖大会于9月19日到22日在云栖小镇国际会展中心举行,主要包括181场各类会议、峰会、发布会等会议活动、一场云产业展览会、两场虾米音乐节和一届黑科技运动会,云栖大会实现了"产业会议+产业展览+音乐节+体育竞赛"的大会展运作,充分实现了会展、科技、文化和体育的融合,最大限度地将科技的元素融入生活中的每一个场景。

云栖大会依托于阿里云技术和云生态,旨在打造一个全球开发者的超级发布平台,有效构筑了云计算领域领军企业+行业顶级峰会+行业产业生态集群的发展模式,成为连接全球顶级云计算企业,构建云产业生态,推动云产业发展的全球顶级产业平台。

截至2018年底,阿里巴巴公司旗下拥有数十个线上和线下的国际国内领先的科技类会展活动平台,包括双十一购物节、造物节、云栖大会、阿里巴巴跨境贸易商家峰会、淘宝商家大会、天猫消费电子生态峰会、全球速卖通"中国好卖家"峰会、天猫服务商峰会、全球智慧物流峰会(菜鸟)、阿里巴巴公司DING峰会(钉钉)、"一带一路"阿里巴巴诸神之战全球创客大赛暨人工智能产业发展论坛、公共交通出行峰会(蚂蚁金服)等。

综上所述,我们可以看到阿里巴巴公司的成长与其本身不断推陈出新的品牌会展活动密不可分,阿里巴巴举办的会展活动现在已经对电子商务、传统制造业和相关产业等产生了空前的影响,成为阿里巴巴公司不可或缺的品牌会展活动。

二、阿里巴巴公司品牌会展的特征

自诞生伊始,阿里巴巴公司就非常注重通过会展活动为整个公司的发展塑造和谐有利的内外部环境。品牌会展活动越做越大,并且影响力不断提升,其主要特点有以下几方面。

(一)诞生晚,发展迅速

诞生晚并非指中国会展业的整体状态,而是指阿里巴巴公司的会展的产生相比国外

---

① 云栖大会官网. 2018 云栖大会简介. https://yunqi.youku.com/2018/hangzhou/index?spm=a2c4e.11165380.1104129.11, 2019-04-19.

公司较晚。会展活动在国外一些经济发达国家的企业中已经应用得非常成熟了，而在中国则是方兴未艾。

2000 年第一届"西湖论剑"是阿里巴巴公司与会展活动的首次交锋，发展至今已经有十余年了，期间举办的大小会展活动不计其数。不用说"西湖论剑"和网商大会两个元老级的品牌会展活动了，连起步最晚的淘宝造物节，如今也是炙手可热、人气十足。

2008 年，阿里巴巴公司联合各非政府组织（NGO）共同发起成立了国际展览产业联盟（IEIA）。联盟以"打造诚信、开放、绿色、全球化的会展业新商业文明"为使命，立足于服务全球中小企业，通过电子商务及展览贸易渠道，融合产业链上下游各要素企业，包含展览组织机构、展览场所、展览服务企业、政府机构和非政府组织，为中小企业搭建线上及线下有效的国际营销服务平台，营造以中小企业为主体的产业生态圈。[①]联盟的年度大会也已经成为阿里巴巴公司服务会员中小企业的又一战场。

（二）模式新，市场广阔

阿里巴巴公司主要致力于电子商务，其旗下的淘宝网采取 B2B、B2C、C2C 的运营模式。从宏观角度来讲，阿里巴巴公司办展有益于中国电子商务业的发展，其办展模式也是电子商务业务扩张版图的结果。2009 年 5 月，网货交易会的举办标志着一个新的会展模式进入人们的视野之中，即"线上 + 线下"的互动办展模式。

阿里巴巴公司有着举办展览会的得天独厚的资源和优势：第一，其本身就是电子商务供应商，会员资源丰富；第二，电子商务和网商的发展壮大，释放了网商参展的需求。

会展与电子商务的战略联盟，既提高了会展公司自身的效率，又降低了运营成本。以会展公司——电子商务服务商形成战略联盟为核心，向上连接会展决策者，向下连接会展服务商。与传统会展业相比，产业链层次虽然没变，但新产业链是以战略联盟为核心的。

商务部副部长蒋耀平指出：电子商务近年来发展迅速，电子商务与传统企业的深度结合正在改变着企业生产经营的组织形态，已成为企业加强资源整合和广泛开拓国内外市场的重要手段。阿里巴巴的网货会通过聚合各方资源为各地企业提供有针对性的贸易服务，是帮助各地企业提升国际竞争力，扩大出口，促进区域经济发展的有效途径之一。

（三）地位高，影响深远

阿里巴巴公司创办的西湖论坛、网商大会和网货交易会等品牌会展活动起点高、立意远、影响大。以云栖大会为例，2009 年第一届中国地方网站发展论坛举办，主题为"开放、共享、共赢"，来自全国各地的 200 家地方网站参与了论坛。这是阿里巴巴公司主办的云栖大会的前身。2011 年中国地方网站发展论坛演变成阿里云开发者大会，到 2015 年 10 月正式更名为"云栖大会"，并且永久落户西湖区云栖小镇。

云栖大会的诞生揭开了杭州市乃至中国云计算、大数据和人工智能发展的崭新篇章。

---

① 蔡蓓. 国际展览产业联盟（阿里巴巴）运营模式研究[D]. 上海师范大学, 2011.

云栖大会也是杭州第一个世界级科技类会展活动，是杭州建设国际科技创新中心的旗舰会展活动。

现在，云栖大会不仅带活了浙江省的云计算、大数据和人工智能等产业，而且为广大基于信息技术的创新、创业者提供了创新创业的高地，有助于杭州打造具有全球影响力的"互联网+"创新创业之都和信息技术特色的国际会议展览之都。

（四）互为支撑，协调发展

网货会和淘宝造物节服务于阿里巴巴公司的服务体系，通过线下运作展览会，实现会员服务的线上与线下的互动，是为做市和做事，为阿里巴巴公司的新零售和新制造造势。网商大会则是重点引领电子商务企业的发展，有助于推动阿里巴巴公司新商业文明的早日出现，2017 年重启后的网商大会则是为阿里巴巴的五新战略造势。而西湖论坛重在为新商业文明造势，力争使阿里巴巴公司永远在竞争中立于不败之地。

如果从阿里巴巴公司的五新战略来看，阿里巴巴公司的品牌会展活动布局也较为均衡，基本上做到了"新零售、新制造、新技术、新金融和新能源"五新领域的全方位布局，成为五新战略发展的有力杠杆和推进平台。

此外，阿里巴巴公司的品牌会展活动持续举办也给举办城市带来了全方位的收益。由于淘宝造物节、云栖大会等品牌会展活动的影响，杭州已经成为年轻人的时尚之都和互联网科技创新创业之都。到访中国的世界各国领导人也普遍将参观访问阿里巴巴公司总部当作中国行的必要一站，这是前所未有的现象。①

三、品牌会展活动对阿里巴巴公司品牌形象的影响

纵观阿里巴巴公司的成长史，我们不难发现会展活动隐约贯穿其中；品牌会展活动在阿里巴巴公司品牌塑造过程中，均有着举足轻重的影响。

下面我们将具体分析品牌会展活动对阿里巴巴公司品牌塑造的主要影响。

（一）增强品牌的抗风险能力

2001 年的互联网泡沫、2003 年的"非典"危机和 2008 年的金融海啸，这些危机给互联网企业带来了严重的冲击和影响。但是，阿里巴巴公司通过举办品牌会展活动对互联网企业的困境和出路、对电子商务企业和传统企业的融合提出自己的方案和见解，并且身体力行地实施。这些举措使阿里巴巴公司获得了舆论和政府的高度关注和支持，而且形成了危机时期难得的财富，成功地帮助阿里巴巴公司化解危机，并在几次危机后愈加强大。

（二）提高品牌的行业领导力

阿里巴巴公司是中国最大的网络公司和世界第二大网络公司，在国内外享有较高的

---

① 人民日报海外网. 外国领导人为什么都喜欢去阿里巴巴？http://m.haiwainet.cn/middle/ 3541351/2016/0904/content_30289523_1.html, 2019-04-19.

声誉。一等生意人做势，二等生意人做市，三等生意人做事。马云作为一等生意人，把阿里巴巴公司运营得犹如破竹之势，可谓是势不可当。西湖论剑、网商大会、网货交易会与云栖大会等轮番上阵，聚集了国内外各路高手，吸引了全世界的目光。

通过西湖论剑、网商大会、网货交易会、双十一购物节等品牌会展活动，阿里巴巴创造新商业文明的理念也逐步被社会和学术界认可。

（三）增强品牌的核心竞争力

随着经济的不断发展，市场竞争的日趋剧烈，品牌在当今世界已经变得越来越重要。企业的品牌代表着企业的形象，体现了企业的一种潜在的竞争力和获利能力。

品牌会展活动与企业的互动，不仅使阿里巴巴公司的综合竞争能力获得提升，而且使其核心竞争力的优势进一步放大。品牌会展活动的举办，不仅塑造了阿里巴巴公司互联网企业的领军地位，而且塑造了其电子商务领袖企业的品牌地位。

（四）提升品牌的社会公关力

阿里巴巴公司自主举办的会展活动具有极大的议程设计和执行的便利，极大地提升了阿里巴巴的社会公关能力。每一届的网商大会上，除了评选出全球十大网商，还会评选出"最具诚信力网商""最具创新力网商""最具责任感网商"和"最具创业精神网商"等奖项。这些奖项的设置就是阿里巴巴公司在向社会传递它的商业理念，并通过这些打造阿里巴巴平台的高质量服务品质。

从阿里巴巴公司的电子商务理念、新商业文明到五新理念，我们也可以看到品牌会展活动给了阿里巴巴公司发布平台，可以促使社会和行业最快地接受它的理念、观念和战略变革。2017年网商大会的重启，使马云倡导的五新理念迅速为社会、行业和政府接受，这是自主会展品牌活动的极大魅力所在。

综上所述，品牌会展活动在阿里巴巴公司品牌塑造中有着十分深远的影响。品牌会展活动在多方面影响着阿里巴巴公司品牌的塑造，包括社会责任、营销方式和发展趋势等。美国西北大学凯洛格商学院教授唐·E.舒尔茨认为：营销的过程就是与消费者沟通的过程，因此，营销即传播。在相当的领域中，品牌过程就是营销传播的过程，也就几乎等同于营销过程。

四、启示

品牌会展活动对企业品牌塑造有着深远的影响。企业是会展活动得以发展的母体，会展活动则对企业有高度的依存关系。企业只有通过多种形式的会展活动，持续对外营销，打破传统运营模式，才能不断提升自身竞争力。

会展活动与举办企业可以形成一种良性互动关系、集聚效应关系、信息交流关系与形象互造关系。企业通过举办会展活动，可以提升企业品牌形象、增强企业品牌的抗风险能力、提高企业品牌的行业竞争力、增强企业品牌的核心竞争力，以及提升企业品牌的社会公关力。

阿里巴巴公司在品牌会展活动的影响下塑造了一个电子商务领跑者、开拓者和领袖的形象。组织会展活动对立志于塑造良好品牌形象的企业而言无疑是一条可持续发展的道路。

参考文献：

1. 中国社科院信息化研究中心. 新商业文明研究报告[J]. 中国信息界, 2010(5): 63-66.

2. 陶情. 网络英雄西湖论剑[J]. 电子商务, 2000(6): 11-13.

3. 蔡蓓. 国际展览产业联盟(阿里巴巴)运营模式研究[D]. 上海师范大学, 2011.

参考网站：

1. Adobe Analytics 官网：https://adobe.com

2. 云栖大会官网：https://yunqi.aliyun.com

3. 全球智慧物流峰会官网：http://gsls.cainiao.com/#!/home

4. 阿里巴巴公司官网：https://www.alibabagroup.com

第四节　中国–南亚博览会设立的动因、功能分析及展望

进入 21 世纪以来，经济全球化和区域一体化并行不悖、加速发展的态势日益明显。作为一种国际变量和地区变量，两者深深地影响和塑造着国际关系日程和地区议程。全球化在推动世界各国深度融入人类历史进程的过程中发挥了巨大的作用，但是也造成了国家间和地区间发展不均衡和一系列的负面问题。与此同时，区域一体化也正在重塑国家和地区面临的社会经济环境，促使人们变革观念，形成对传统区域合作模式全新的挑战，并迫切呼唤新的制度安排和机制出现。正是在这样的宏观背景下，中国–东盟博览会、中国–东北亚博览会、中国–亚欧博览会和中国–南亚博览会等国家级博览会相继应运而生，形成了定位明确的针对各自区域一体化的有力回应和制度安排，成为中国和周边各国政府间合作创新的平台。

本文尝试从区域一体化的研究视角,对中国–南亚博览会这一新型区域合作平台产生和发展的多元动因、具有的多种功能进行细致的分析，并在对比同类型博览会的基础上对其可持续性与未来发展进行概括和预测。

一、中国–南亚博览会设立的多元动因

中国–南亚博览会是经中国国务院批准，由中国商务部和云南省人民政府共同主办，并邀请南亚各国商务部门联合举办的国家级博览会。中国–南亚博览会的前身是已经举办了五届的南亚国家商品展。为适应形势发展需要，进一步加强中国与南亚国家的互利合作，2012 年 10 月,中国国务院批准将南亚国家商品展升级为中国–南亚博览会，并从 2013 年起每年在中国昆明举办一届。按照中央外事工作领导小组统一安排，2015 年起中国–

南亚博览会逢单年举办。[①]

（一）全球经济竞争的外部动因

世界范围内区域一体化加速发展，大国主导的各种区域性制度安排不断涌现。进入21世纪以来，以区域一体化为目标的各种制度安排不断诞生，这给国际经济竞争增添了新的变量因素。在北美自贸区、欧洲一体化和中国–东盟自贸区等存在的前提下，不少边缘国家和地区纷纷加入毗邻的各种区域安排，以期在未来的经济竞争中不被边缘化。以中国–东盟自由贸易区为例，2010年该自贸区正式成立，形成了涵盖18.5亿人口，国民生产总值6万多亿美元，年均贸易额4.5万亿美元的大型自贸区，[②]这对周边形成了极大的竞争压力和吸附效应。可以预见，其未来将建成包括日、韩甚至澳大利亚和新西兰在内的世界上最大的自贸区，这将极大地提升区域内各国的经济竞争力，同时也会给周边各国和地区造成极大的竞争压力。此外，在亚洲范围内，海湾合作委员会、阿盟等区域合作组织也在发挥越来越大的作用。

面对金融危机后的全球经济大变局，美国政府将注意力转向国际机制和国内战略调整。在国内，当时的奥巴马政府力图通过实施再工业化战略，增加就业和恢复经济。在国际上，美国试图通过主导建立以跨太平洋关系协定（TPP）为平台的亚太地区经济合作架构，形成区域经济合作的新机制，保持美国在国际经济事务中的主导地位，约束中国等大国的影响力。由于TPP要求参与各国必须采取比目前自贸区更为彻底的开放政策和劳工政策，严重冲击各种自贸安排，因此对中国，也对其他区域内发展中国家和地区形成了明显的战略压力。

（二）国家政策和战略动因

经过四十多年改革开放所带来的高速粗放的发展，中国经济已经到了必须进行结构转型升级、产业转移和全方位的开放的新阶段。随着中国在国际生产链上地位的不断提升和国内消费市场的逐渐启动，原有的工业化和国际化的动力条件在中国经济发展中的地位和作用将趋向弱化，并将被代之以新的动力形式。但是，这并不表示工业化和国际化将彻底退出中国经济发展的动力机制，其将在知识经济时代以新的面貌和形式出现。比如新型工业化，这种工业化因和现代服务业的联动而具有了和原先工业部门不一样的形态、结构、组织形式和营销模式，也将跨越传统意义上的第二产业工业部门和第三产业，甚至和第一产业深度融合。中国现在已经到了"腾笼换鸟"的产业转移的全新时期，而广大的西部和周边国家和地区为我国经济结构转型升级、产业转移提供了广阔的市场和腹地。另外，全方位的开放格局也要求西南边疆成为对外开放的前沿阵地和桥头堡。

中国可持续发展对全球资源和市场的需求已经成为新时期必须要把握好的新的国家利益。截至2012年，中国70%的进口石油来自中东和非洲地区，由于这些石油主要依靠

① 中国贸促会官网. 2001—2015 中国会展业顶层文件一览. http://www.ccpit.org/contents/channel_3900/2015/1218/523356/content_523356. htm, 2019-04-19.

② 顾列铭. 中国——东盟自由贸易区正式启动[J]. 中国证券期货, 2010(1): 60-62.

油轮运输，必须通过狭窄的马六甲海峡，中国的石油运输命脉其实是掌握在美国手中的。[①]而南亚地区在地缘上西接中东地区、北连中国，如果中国可以整合南亚，利用好巴基斯坦的陆路运输和缅甸的有利地理位置，就可以绕开美国对中国的战略围堵，确保中国的能源安全。

地缘战略需求。南亚是亚洲的一个亚区，位于亚洲大陆南端，泛指喜马拉雅山以南的地区，是古时印度板块俯冲亚欧板块形成的，也因此被称为印度次大陆。区域内国家主要包括印度、巴基斯坦、孟加拉国、斯里兰卡、不丹、尼泊尔、马尔代夫和阿富汗。[②]南亚民族与宗教众多，主要国家间矛盾突出，社会矛盾尖锐。由于历史、文化和宗教上的渊源，中国的两大政治分裂势力都与南亚国家有着千丝万缕的关系，并且领土争端也影响着区域的合作和安全。因此，这一地区对亚洲国际政治起着牵一发动全身的作用。中国的南亚战略不仅要消除分裂势力等三股势力的影响，更重要的是通过区域一体化协调发展维护中国的边疆安全，拓展并维护中国的国家利益。

（三）地方政府对外合作的内部动因

作为中国–南亚博览会的主办方之一，云南省政府扮演着重要的角色。历史联系和现实环境是云南省联合商务部和南亚各国商务部共同主办中国–南亚博览会的主要驱动力。虽然在中华人民共和国成立后云南一度与南亚联系减少，甚至对相邻的南亚信息闭塞，但是，共同的历史记忆和经历给了云南和南亚地区合作的原动力。在历史上，茶马古道和南方丝绸之路的开辟将云南和南亚各国相连，沟通了中国和南亚各国的物产、宗教和文化，繁荣了几个朝代和众多沿线城市。二战时期，中缅印战场的开辟更是把中国云南和南亚的命运紧紧联系在一起，中国远征军入缅会同盟军对日作战，飞虎队的运输机和车队从印度沿着驼峰航线和史迪威公路源源不断地将物资运往云南，促成中国人民反法西斯战争的胜利。

云南省在中国对外开放中所处的桥头堡的地位和与同类省区竞争中对机会窗口的把握冲动是其主办中国–南亚博览会的直接原因。虽然云南在地理、人文和民族上更加接近东盟，但是在竞争国家和东盟合作平台时，因为不善把握机会而输给了广西。中国–东盟自贸区的启动和后续政策红利的落实都被广西牢牢地把握在手中，其中面向东盟的经贸合作平台——中国–东盟博览会落户南宁，使云南更不可承受中国与南亚合作平台旁落别处。中国–东盟博览会加速了广西经济的全面崛起，中国–东北亚博览会给了吉林在东北亚发展合作中最有利的位置，新疆的中国–亚欧博览会则将其推到了中国与亚洲、欧洲合作舞台的最前沿，所有这些边疆省区的竞争者也给了云南极大的平台构筑压力。

二、中国–南亚博览会功能分析

中国–南亚博览会的产生具有复合的多元动因，在中国周边外交战略中起着举足轻重的作用，因此其也具有多种功能。

---

① 吴宪荣. 世界石油通道与中国石油安全[D]. 山西师范大学, 2012.

② 南亚区域合作联盟官网. 关于南亚区域联盟. http://saarc-sec.org/about-saarc, 2019-04-19.

（一）经济外交功能

经济外交是新时期国际政治经济化和国际经济政治化的产物，是外交本质在国际经济领域的集中反映。①中国–南亚博览会是在区域一体化潮流下、在应对内外部竞争压力的环境下，中国政府联合南亚各国商务主管部门建立的多边经济合作贸易平台。它不仅将商品贸易、服务贸易和投资合作等集中起来；而且制度化了各种协商机制，使地区内的人流、物流、资金流、信息流和能源流能够自由地多向流动，降低各项交易成本，有利于地区的经济合作和交流，有利于地区整体竞争力的提升。通过中国–南亚博览会的平台和机制，中国政府可以确保中国的能源安全、产业转移基地和商品市场。

随着合作的深入和发展，中国–南亚博览会可以通过制度化的各种安排增加经济外交的形式和内容。例如，设立地区开发基金，协助南亚国家承接中国的产业转移和基础设施建设；设立地区货币互换安排，便于开展双边和多边贸易，促进人民币的国际化，使其逐步成为主要的国际支付货币等。

（二）公共外交功能

随着全球化的不断深入（尤其是全球市民社会的崛起）、通信技术的扩散（特别是互联网在全球的普及），从事外交活动已经不是职业外交家的专利。国家从事外交活动的主体急剧增加，政府不再是唯一从事外交的行为体；越来越多的非政府组织和地方政府正在加入到外交活动中，有些甚至对外交活动发挥着比政府更大的作用，成为影响力日益增大的公共外交②。

中国–南亚博览会的举办将成为中国和南亚各国近距离接触和增加彼此了解的一个综合性功能平台，也将成为相关各国开展公共外交的舞台。因此，中国–南亚博览会应该在经贸交流之外增加更多的公共外交活动的设计。例如，可以设计针对中国和南亚的媒体从业者论坛，促进相互间的了解、认知和互信；围绕中国和南亚各国关心的水、石油和天然气等资源问题，开展特别对话活动，以构建资源命运共同体；围绕城市建设和发展，成立中国–南亚新兴城市合作论坛，开展城市外交。这些公共外交活动或聚焦于公共外交传播手段，或聚焦于不同公共外交实施主体，都可以借助中国–南亚博览会这个巨型传播平台发挥不可估量的作用。

（三）文化外交功能

文化外交在我国也称为人文交流，是指以文化传播、交流与沟通为内容所展开的外交，是主权国家利用文化手段达到特定政治目的或对外战略意图的一种外交活动。③纵观整个外交史，文化不仅是外交的背景、基础和决定性要素之一，而且不断走向外交舞台的前台，独立成为国家对外活动的一部分，并且出现了单独以文化为内容的新型外交形式——文化外交。从冷战结束后，尤其是进入 21 世纪以来的外交实践看，文化外交是继

① 赵可金. 经济外交的兴起：内涵、机制与趋势[J]. 教学与研究，2011(1).
② 高飞. 公共外交的界定、形成条件及其作用[J]. 外交评论，2005(3).
③ 缪开金. 中国文化外交研究[D]. 中共中央党校，2006.

军事外交、科技外交和经济外交之后，又一被国家所倚重的对外策略。

党的十八大报告对人类历史发展的趋势作出了深刻的总结，指出多极化、全球化、文化多样化和社会信息化是人类历史发展的潮流，深刻认识到文化、观念、发展模式、国际制度和议程塑造能力以及国家形象也是国家权力的来源，并决定了我们将扎实推进公共外交和人文交流，维护我国海外合法权益的外交发展方向。

中华文化圈和印度文化圈有悠久的交流传统，中国-南亚博览会的建立也必将促进地区的文化交流和沟通。为了推进文化交流，促进软实力在南亚的扩展，中国-南亚博览会今后应该设计一系列针对双边和多边文化交流的活动。例如，设置博览会的主宾国，南亚国家在任主宾国期间可以在两国国内主要城市举办文化交流活动①；开展与会国文化主管部门和产业的文化论坛，促进相关协议的产生和落实；举办中国和南亚国家旅游主管部门和产业间的合作交流会议，促进民间的相互了解和友好；举办南传佛教地区论坛，促进宗教的交流和互信等。

三、小结和展望

随着区域一体化和中国对外开放的深入发展，我国根据自身实际和对外战略建立了若干国家级博览会项目，形成了服务不同区域，特色鲜明、功能完善的博览会外交框架体系。中国国家博览会外交起始于广交会，基本成型于中国-亚欧博览会，完善于中国-南亚博览会。目前，国家博览会体系正从东部发达省份向西部逐步扩展，成为中国全方位对外开放和区域整合的主要功能平台。

全球竞争的强大外部压力、中国经济转型升级的战略压力和云南地方在国内经济发展中的后起地位决定了中国-南亚博览会所承担和所应具有的主要功能。通过中国-南亚博览会经济外交、公共外交和文化外交的相继展开，中国和南亚的合作必定会上升到一个全新的阶段，这不仅会为中国在全球经济竞争中争得稳固的后方和可靠基地，繁荣中国云南地区的各项对外交流合作，而且将有力保障中国能源通道的安全和西南边疆的安定，同时提升地区互信的级别，有利于塑造发展的和历史的命运共同体的意识，促进中国与南亚地区的一体化纵深发展。

综上所述，在地区一体化潮流、中国经济转型升级以及地方经济竞争的背景下产生的中国-南亚博览会有着广阔的发展空间和前景，其所具有的经济外交功能、公共外交功能和文化外交功能有待于进一步的发掘和展开。中国-南亚博览会功能的全面发挥需要进一步从组织机构上、服务对象上和活动设计上进行全方位的完善。随着中国与南亚合作的深入，中国-南亚博览会必将成为中国与南亚区域合作整合的一大功能性平台，其制度的溢出性效果也将进一步显现。

参考文献：

1. 顾列铭. 中国-东盟自由贸易区正式启动[J]. 中国证券期货, 2010(1).

---

① 中国-南亚博览会主宾国制度已经于2015年设立，详细参见中国-南亚博览会官网. 盘点历届南博会. https://www.csa-expo.com/NBGW2/gw/newsCenter/newsCenter?program=9, 2019-04-19.

2. 吴宪荣. 世界石油通道与中国石油安全[D]. 山西师范大学, 2012.
3. 赵可金. 经济外交的兴起:内涵、机制与趋势[J]. 教学与研究, 2011(1).
4. 高飞. 公共外交的界定、形成条件及其作用[J]. 外交评论, 2005(3).
5. 缪开金. 中国文化外交研究[D]. 中共中央党校, 2006.

参考网站：

1. 南亚区域合作联盟官网：http://saarc-sec.org
2. 中国贸促会官网：http://www.ccpit.org
3. 中国–南亚博览会官网：https://www.csa-expo.com

第五节　展会的成功，游戏的失败
——论中国最大游戏展 ChinaJoy 之"成"与"败"

游戏作为当今最受欢迎的娱乐方式之一，越来越受到民众的关注。游戏产业以展会作为联系消费者与行业内部的桥梁，并通过举办展会来沟通市场。中国国际数码互动娱乐展览会（以下简称 ChinaJoy）经过十五年发展已经成功树立了品牌，也从中国逐步走向了世界，成为世界规模的展览会。然而，ChinaJoy 目前还存在着一些亟待探索的问题。

一、概述

（一）简介

ChinaJoy 是由中华人民共和国新闻出版总署、中华人民共和国科学技术部、中国国家体育总局、中华人民共和国工业和信息化部、中国国际贸易促进委员会、中华人民共和国国家版权局和上海市人民政府等共同指导，中国出版工作者协会游戏出版物工作委员会、中华人民共和国商务部外贸发展局、上海市新闻出版局和北京汉威信恒展览有限公司共同主办。①

ChinaJoy 与德国科隆游戏展、日本东京电玩展（TGS）并为世界三大互动娱乐展览会，同时，也是目前国内规模最大、规格最高、最权威的数码互动娱乐产品游戏展览会。②

---

① ChinaJoy 官网. 2014 年展后报告. http://2019.chinajoy.net/Content/Upload/b74c66c6-d487-4858-8e6c-6e8b427123c9.pdf, 2019-04-19.
② 德国科隆游戏展脱胎于莱比锡游戏展，是世界第一大游戏展，2018 年科隆游戏展展览面积达 20.1 万平方米，有 56 个国家的 1037 家参展企业，参展观众达 37 万名。日本东京电玩展是世界第三大游戏展，2018 年东京电玩展展览面积达 8 万平方米，有 41 个国家和地区的 668 家企业参展，参展观众达 29.869 万人。① 详见科隆游戏展官网.2018 年展后报告. https://www.gamescom.global/media/en/redaktionell/gamescom/downloads_4/pdf_3/teilnahme_und_planung_5/gamescom_report_2018_DE.pdf, 2019-04-19. ② 详见东京电玩展官网. 2018 年展后报告. https://expo.nikkeibp.co.jp/tgs/2019/exhibition/cn/exhibit/report.html, 2019-04-19. ③ Chinajoy 规模位居世界第二位，2018 年展览面积达 17 万平方米，有来自 21 个国家和地区的 980 余家企业参展，参展观众达 34.27 万人次。详见 ChinaJoy 官网. 2018 年展后报告. http://2019.chinajoy.net/Content/Upload/c359e249-2b8e-45a2-bb5d-4c3e69083cfa.pdf, 2019-04-19.

（二）ChinaJoy 的发展现状

从办展初期的规模不大到如今的世界第二，ChinaJoy 见证了中国电子娱乐产业的发展壮大。受 2008 年金融危机影响，2009 年美国 E3 展转向专业展，展览规模严重缩水；东京电玩展的衰落趋势也不可避免；欧洲最大规模的游戏展会——莱比锡电子游戏展宣布将在 2009 年终止这一连续举办了 7 年的游戏盛会，转而举办 GamesCon，探索新的发展之道。与此相反，中国游戏产业前进的步伐并未被这场危机所牵绊。ChinaJoy2011 年参展商突破 200 家，2013 年突破 400 家，2015 年突破 600 家，进而 2018 家达到 980 余家[①]，而参展面积和观众数量也直线上升，迅速超过日本东京电玩展，从而成为世界第二大规模游戏展。

二、ChinaJoy 之"成"

从展会的角度上讲，ChinaJoy 无疑是成功的。评判一个展会是否成功的一般标准包括：展会规模、展出面积、参展商数量、（专业）观众数量、展会连续举办的年数、参展商连续参展率和观众的连续参观率等。

（一）ChinaJoy 展会成功的表现

1. 规模不断升级，现今排名世界第二，成功缔造了展会品牌

在多年的发展过程中，ChinaJoy 的展出面积、观众数量和参展商数量逐年增加[②]，展会的知名度也在不断提高，几乎所有中国游戏玩家都知道 ChinaJoy 这个响亮的名号。

2. 展会销售成功，观众抱怨太挤

2018 年的 ChinaJoy 展出面积达到创纪录的 17 万平方米，参展企业达 980 余家，吸引海内外观众 34 万余人；此外，其门票价格也上涨迅猛，2018 年单天均价 130 元，是首届的票价的 7.43 倍。[③]根据 2018 年展后报告计算，仅门票收入一项，2018 年就达 4455 万元，约为首届门票收入的 42.4 倍。

3. 宣传影响力不断扩大，媒体关注度不断上升

随着"全国第一""世界第二"的诞生，各大新闻娱乐媒体对 ChinaJoy 的关注热情也不断高涨。根据 Chinajoy 官方统计信息，2004 年第二届 ChinaJoy 共吸引国内外媒体 252 家参与报道，其中国际媒体有 9 家，分别为 MCV（英国）、Developer（英国）、非迷通杂志（日本）、Gamespot（美国）、华尔街金融时报（美国）、俄罗斯国际文传电讯社、

---

① ChinaJoy 官网. 2018 年展后报告. http://2019.chinajoy.net/Content/Upload/c359e249-2b8e-45a2-bb5d-4c3e69083cfa.pdf, 2019-04-19.

② 同上。

③ 2018 年 ChinaJoy 票价 4 天分别为 100 元、120 元、150 元和 150 元，详见 ChinaJoy 官网. ChinaJoy 电子票 6.18 火热开售！快去支付宝抢票啦！http://2018.chinajoy.net/News/Detail?Id=1528, 2019-04-19. 2004 年首届 ChinaJoy 票价现场购票 20 元，在线购票 15 元，均价 17.5 元。

法国 2 台、法国回声报和 CMP。①2018 年 ChinaJoy 媒体报道的数字进一步发展为 100 余家（次）平面媒体，近 1800 家（次）网络媒体参与了报道，8889 人（次）海内外媒体记者先后莅临展会，其中中国媒体 7888 人（次），国外媒体 1001 人（次）。②

4. 展会活动多元化，吸引大批参与者及观众

ChinaJoy 的动漫游戏角色扮演嘉年华已经成为国内顶级 Cosplay 赛事，在全国多个一级城市设有 10 个分赛区，赛事覆盖 12 个城市，每年吸引上万名选手参与，是群众广泛参与的大型公共性文化活动。其已快速发展成为我国最大规模、最优品质、最具民族文化特色的动漫游戏角色扮演文化活动，深受全国青少年的喜爱。在国际同行中产生了具有我国浓郁民族文化特色的传播效应。

（二）ChinaJoy 展会成功的原因

1. 政府主办——七大部委联合打造，三大政策点支持的民族游戏出版业

ChinaJoy 2004 年 1 月由中华人民共和国新闻出版总署、中华人民共和国科学技术部等七部委和上海市政府共同发起主办，这种组织方式一直持续到 2013 年。③七大部委之所以合力打造这样的年度游戏盛会，意在加强对中国国内电子娱乐产品行业管理，严厉打击市场上猖獗的盗版及非法复制行为；进一步支持、鼓励正当经营和正版电子娱乐产品的生产、销售，同时也为推动中国电子娱乐产品市场的健康、有序发展提供宣传的平台。

国务院《关于印发鼓励软件产业和集成电路产业发展若干政策的通知》以及《文化部信息产业部关于网络游戏发展和管理的若干意见》等政府部门的批文中均提出：要支持网络游戏产业的健康发展，实施民族游戏精品工程，开展动漫游戏等相关数字娱乐产品业的培训、研发、产业孵化与国际合作等。这一系列正面有利的政策导向使得以电子娱乐互动产品为主角的 ChinaJoy 从起步到成长的发展道路相对平稳和快速。ChinaJoy 可以在众多国内外的同类展览会中脱颖而出，在短时间内成功打造起自己的品牌，与政府的管理与扶持是分不开的。

2. 同行互助——四大国际行业协会鼎力支持

除了政府的大力扶持与有效管理外，ChinaJoy 从初办至今还有不少享有盛名的世界级的国外同行相助。如国际游戏开发商协会（IGDA）和欧洲互动软件联盟（ISFE）、日本计算机娱乐软件协会（CESA）、美国娱乐软件协会（ESA），这些组织都积极从不同角度、不同方面支持此项活动。④此外，各大国际展商也在展会现场展示了大量国际数字娱

---

① 网易游戏. 第二届 ChinaJoy 展会参与报道媒体和观众统计. http://games.sina.com.cn/newgames/2004/10/102154963.shtml, 2019-04-19.

② ChinaJoy 官网. 2018 年展后报告. http://2019.chinajoy.net/Content/Upload/c359e249-2b8e-45a2-bb5d-4c3e69083cfa.pdf, 2019-04-19.

③ 新浪游戏. 中国国际数码互动娱乐产品及技术应用展览会. http://games. sina.com.cn/newgames/2004/01/011011680.shtml, 2019-04-19. 17173 官网. 第十届中国数码娱乐展览会. http://news.17173.com/chinajoy/2012/, 2019-04-19. 17173 官网. 第十一届中国数码娱乐展览会. http://news.17173.com/chinajoy/2012/, 2019-04-19.

④ 新浪游戏. 中国国际数码互动娱乐产品及技术应用展览会. http://games.sina.com.cn/newgames/2004/01/011011680.shtml, 2019-04-19.

乐产业的最新成果，为国内外游戏厂商相互增进了解、沟通行业信息、相互借鉴、取长补短提供了便捷的平台。

3. 多元活动——三大体系支柱娱乐活动超越时间与空间的限制

ChinaJoy 经过多年的历练与发展，形成了三大体系的娱乐互动活动：第一大体系是展览体系，主要由中国国际数码互动娱乐展览会、中国国际动漫及衍生品授权展览会和中国国际智能娱乐硬件展览会三大展览会组成，这也是展览会 B2B 构成的主体部分。第二大体系主要由中国数字娱乐产业年度高峰会、中国国际数字娱乐产业大会、中国游戏开发者大会等构成，这两部分共同构成了 ChinaJoy B2B 的主体。第三大体系是各种赛事活动，包括金翎奖—年度优秀游戏评选大赛、中国优秀游戏制作人大赛、Cosplay 嘉年华全国大赛总决赛、舞艺超群—全国舞团盛典总决赛、ChinaJoy 电子竞技大赛和 ChinaJoy Live 音乐嘉年华，这一部分主要为开发层面和应用层面的人员所设计，通过上述 6 种大赛，ChinaJoy 打造了一个贯穿全年，遍及全国的嘉年华运动，真正突破了专业展览会对时间和空间的限制。

4. 特色制胜——客户拉动品牌与销售

游戏开发是特色非常鲜明的领域。ChinaJoy 举办期间，国内外尖端技术供应商现场展示一流技术和产品，高端游戏从业技术与管理人员进行现场交流，以及国内外知名媒体争相参与现场报道，共享信息对于游戏开发商和运营商来说很有价值。ChinaJoy 的成功在某种意义上就是客户对于品牌和销售进行拉动效果的认同。ChinaJoy 除去每年 30 多万高端游戏玩家参与的现场体验活动，还有约 1.5 万名国内外贸易观众的合作洽谈、1 000 多家国内外媒体的集中报道、100 多名全球产业精英的精彩演讲。不管是展示品牌、进行推广还是商业合作，ChinaJoy 都成为游戏企业的首选平台。

5. 成功的市场营销

虽说深巷藏不住酒香，可是，适时适当的营销推广能为展会赢得更多的媒体关注；因此，ChinaJoy 也免不了利用明星效应和美女效应。2006 年第四届 ChinaJoy 在上海新国际博览中心拉开帷幕，这一年除了 PS3 的正式亮相，还有一个不爱笑的 showgirl 划过众人的视线。这个名叫丁贝莉的女孩在网络上蹿红，照片中她穿着印有"武林外传"字样的工作服；这张火了半年的照片为当时国内游戏业的新兴厂商——完美时空吸引到了更多玩家和媒体的关注，也让整个展会多了一个新亮点。此后，人们对于 ChinaJoy 的关注度逐渐升高，关注的重点也已不再局限于游戏、赠品和周边产品，还扩散到美女和明星。

6. 迅速增长的市场需求和广阔的市场前景是产业发展的原动力

目前我国的动漫展、游戏展并不少，如中国国际动漫游戏博览会、香港亚洲游戏展和穗港澳 ACG 动漫游戏展等。动漫游戏展的兴起与日益增长的人民群众精神文化需求是成正比关系的，有观众就意味着有市场，市场的不断扩充反映着观众数量的增长。

市场信息机构 Newzoo 的报告显示，中国约有 5.6 亿人玩游戏（美国总人口为 3.23 亿人）。数据显示，中国的游戏玩家每年人均花费 143 美元，这已使中国成为世界上最大的游戏市场，市场规模高达 244 亿美元。此外，市场调研机构 IHSMarkit 的研究报告发现，中国电竞观众约占全球观众总人数的 57%，2017 年中国的游戏爱好者约观看 35 亿小时的电竞视频，观看次数多达 111 亿次。①这也是吸引广大游戏厂商参与 ChinaJoy 的一大原因。

三、ChinaJoy 之"败"

尽管 ChinaJoy 表面上看似风光，但是仍有不足之处。

（一）ChinaJoy 展会失败的表现

1. 游戏产品倾斜化发展，网游"一枝独秀"

国音数协游戏工委（GPC）、伽马数据（CNG）联合发布了《2018 年中国游戏产业报告》，报告显示我国游戏行业整体收入 2144.4 亿元，占全球游戏市场比例约为 23.6%。2018 年中国自主研发网络游戏市场实际销售收入达 1643.9 亿元，同比增长 17.6%。受此影响，很多参展厂商游戏商为利益驱动，纷纷加入网游市场，造成游戏产品结构单一化。厂商重心偏向网游而忽视掌机、PC、电视、街机和手机游戏等其他类型的游戏，注重优秀引进，不注重自主研发的现象比较严重。

2. 本末倒置，showgirl 成展会主角

展商希望通过 showgirl 来招徕观众，结果观众大多只关心美女，游戏则沦为配角；而展商若不使用 showgirl 则会失去观众，形成了恶性循环，因此不少观众戏谑地将其称为"人体盛"。在游戏展玩家看不到好的游戏作品，看到的尽是些衣着清凉的少女，有的玩家索性直奔美女而去。这种现象近两年虽然有所缓解，但仍然非常严重。②

3. 泛娱乐展导向，展览会专业程度低

与 E3 纯粹商业展模式完全不同，也不同于科隆游戏展和东京电玩展的兼顾专业展和公众展的办展模式，ChinaJoy 已经成为类似狂欢节的运作模式，展览会不仅不区分专业观众和普通观众的参观时间，而且在参展商的选择方面也比较宽泛，ChinaJoy 展览会规模的扩大是以牺牲展览会的专业性为前提的。

（二）ChinaJoy 展会失败的原因

1. 地基薄弱的 ACG 产业大环境

游戏展的风行靠的不仅是发达的计算机多媒体信息技术，其成功的本质应属日益发达的 ACG 产业。随着轻小说对游戏动漫界影响的不断扩大，现在有了新的"ACGN"一说。ACG 的出现是因为动画、漫画和游戏三者是密不可分的，当某一漫画在市场上走俏时便马上会被嗅觉敏锐的商家"动画化"或"游戏化"，以一种新的形式来延续消费者对该漫画的热情与喜爱，诸如《One Piece》和《Bleach》《银魂》等不胜枚举。当然，也有

---

① 界面新闻官网. 中国玩家数量达到 5.6 亿 每年人均花费 143 美元. https://www.jiemian.com/article/1521122.html, 2019-04-19.

② 澎湃新闻官网. 尺度间的 ChinaJoy：十年前，"拆奶罩"也曾经清纯过. http://m.thepaper. cn/renmin_prom.jsp?contid=1333075&from=renmin, 2019-04-19.

游戏被改编为动画，如前几年热火一时的《RO Online》。

中国同样借鉴了这种做法，姚非拉——被誉为"国内新漫画顶级青年漫画家"，其在《北京卡通》上连载的长篇漫画《梦里人》，被 CCTV 改编成系列动画，但观众的知晓度却远不及一海相隔的诸多日本动漫游戏作品。虽然有《喜羊羊与灰太狼》《熊出没》《大鱼海棠》《大圣归来》等优秀作品，但是仅靠少数几部动画剧和电影的动漫人物来支撑起整个中国 ACG 业发展是不够的。

2. 集群化发展的智力支持不足

尽管我国有一些不逊于国际一流水准的 CG 制作精英团队，在 2010 上海世博会中国馆中由北京一家动画制作公司制作展出的巨幅动态《清明上河图》让世人见证了中国 CG 制作的实力，但是就总体水平而言，我国的低制作水平与国际水准仍有很大差距。伽马数据统计，游戏产业的从业者中，拥有理工（包括数学、物理、化学以及工业工程等）、医疗（包括医学、心理学）、商业（包括企业管理、能源、金融等）、教育以及文化历史等方面的"跨界者"占比仅为 4.9%。相反，大量游戏行业从业者集中于计算机、软件工程、市场营销、动画和艺术相关专业。[①]

3. 自主游戏平台空白

索尼有 PS 家族，任天堂有 NDS、GBA 和 Wii，微软有 XBOX360，中国有什么自有游戏平台？答案显然是"没有"。

4. 缺少现场实物体验设施

除了缺少过硬的游戏产品以外，逼观众把注意力集中在 showgirl 身上的另一原因是展会现场缺少实物体验设施；同比科隆游戏展和东京电玩展，现场的实物体验设施过少，导致观众观展重心倾斜。

5. 主办方的办展理念制约

中国的展览会主办方有一种天然的追求展会大规模的冲动，ChinaJoy 的主办方也不例外。与美国 E3 展览会追求绝对的专业展览会理念不同，也不同于科隆游戏展在专业基础上兼顾大众，ChinaJoy 主办方一开始的运作理念和模式就是大众展，这就使得普通公众比例过高，参展商参展目的由专业交流、行业发布转变为产品针对终端消费者直接营销，也就是说参展商更为重视在消费者中的现场口碑效应，而不是新产品发布本身，这大大降低了 ChinaJoy 本来应该具有的游戏产业技术风向标的功能。

（三）针对性建议

1. 加强人才培养

游戏产业的人才培养主要应结合三方面内容：一是增进产教融合，使人才能够更快适应市场；二是实施人才国际化战略，让技术人员接触到市场前沿信息，了解国际游戏

---

① 雪球网. 中国功能游戏人才报告. https://xueqiu.com/9065001642/124735359, 2019-04-19.

产业发展境况与趋势，及时提升与应对；三是国家应该出台鼓励跨界进入游戏产业的激励政策。

2. 加大监管力度，鼓励自主创新

中国政府相关部门应保护知识产权，控制"山寨"游戏，还中国动漫游戏产业一个良好的外部市场环境，从而为具有中国民族特色的游戏精品的孵化和发展创造必要的条件。

3. 设立国家级产业技术研发中心

用国家力量推动技术创新，推动具有自主知识产权的精品游戏产品不断涌现。现在，在全国各地设立国家动漫游戏研发基地的举措应该被不断推进，同时政府相关部门还应该创造条件吸引国际优秀的游戏人才到中国从事游戏开发和创新。

4. 发展"大游戏"产业，让游戏产品向多元化发展

游戏的概念不应局限在电子游戏上，应该大力发展桌游、手游等市场。

四、ChinaJoy 带来的展会运营启示

（一）政府办展，树立展会正面积极形象

ChinaJoy 始终坚持充分体现和宣传政府的产业政策，促进民族游戏产业发展，鼓励出版内容积极健康文明的游戏，引导未成年人健康娱乐，倡导保护知识产权。尽管 2013 年后国家部委退出了主办单位行列，但是 ChinaJoy 只是弱化了政府主导的特征，政府对展览会的支持并没有削弱。目前，该展会已成为世界游戏产业和知名企业了解我国产业政策、研究我国政府产业政策导向，寻求政府与企业之间高层对话、深入交流的重要渠道，其权威性、国际性、专业性得到了产业内外的一致肯定和好评。

（二）创新创造未来，游戏展向多元化发展

在该展会期间举办的 Cover Coser 封面大赛、DV 大赛、ChinaJoy Cosplay 动漫游戏角色扮演嘉年华、电子竞技大赛、Miss ChinaJoy 和"金翎奖"年度优秀游戏评选大赛并不是横空出世的，每一项都是在前一届的基础上增设、改进的活动项目，并进而演化成更加迎合大众口味、能够为大众所津津乐道的活动项目。这些不断突破创新的辅助配套活动在为展会增色的同时，也推动了展会向多元化发展，丰富了展会的组成结构。

（三）展览会促进游戏行业进步

ChinaJoy 展示的不仅是游戏厂商和新产品，更成为游戏行业的缩影。由于中国游戏产业的发展近况在展会上一览无余，不论是进步或停滞，甚至退步，都会被观众以及媒体观察到，有时甚至会被放大。因此，展览会的举办让全世界看到了中国游戏业的发展状况，从而起到促进游戏行业进步的作用。

参考文献：

1. 邱源斌, 李璐. 世界最大游戏场: gamescom[J]. 进出口经理人, 2015(6).

2. 成宇. 科隆游戏展精彩佳作纷至沓来[J]. 计算机与网络, 2018(16).

3. Weickmann D. Gamescom[J]. 2018.

4. Gaudiosi J, Wang C. 游戏展 Gamescom 在科隆举行电竞成为展览主流[J]. 电子竞技, 2016(17).

5. Rasila L. Event Production in the Games Industry[J]. 2017.

6. Ohlden A. Gamescom: Gaming Industry Trends Create Opportunities in German Market[J]. Education.

7. Fromme J, Unger A. Computer Games and Digital Game Cultures: An Introduction[M]// Computer Games and New Media Cultures, 2012.

参考网站：

1. ChinaJoy 官网：http://2019.chinajoy.net

2. 东京电玩展官网：https://expo.nikkeibp.co.jp/tgs

3. 科隆游戏展官网：https://www.gamescom.global

4. 网易游戏：http://games.163.com.cn/newgames

5. 新浪游戏：http://games.sina.com.cn

6. 17173 官网：http://17173.com